"十四五"航空运输类空中乘务专业系列教材

In-flight Service Psychology

客舱服务心理学

（第2版）

主　编／庞美云

主　审／顾　震

人民交通出版社股份有限公司

北京

内 容 提 要

本书以高等职业教育教学改革和人才培养目标为出发点,结合民航空中乘务和航空服务等专业的需要和本课程教学特点精心编写而成。全书共十二章,内容包括:客舱服务心理学导论、客舱服务中的社会交往、客舱服务中的知觉、个性心理与客舱服务、客舱服务中的情绪、客舱服务中的态度转化、客舱服务中旅客的需要、乘务人员与旅客的群体行为、特殊旅客的客舱服务、客舱乘务人员心理素质的培养与提升、特别情境下的客舱服务以及客舱服务中冲突与投诉的处理。

本书可作为民航空中乘务和航空服务等专业的教材使用,亦可供相关从业人员在生活和工作中参考、借鉴。

图书在版编目(CIP)数据

客舱服务心理学 / 庞美云主编. —2版. —北京:
人民交通出版社股份有限公司,2021.8
ISBN 978-7-114-17024-9

Ⅰ. ①客… Ⅱ. ①庞… Ⅲ. ①民用航空—旅客运输—商业心理学—高等职业教育—教材 Ⅳ. ① F560.9

中国版本图书馆 CIP 数据核字(2021)第 018365 号

Kecang Fuwu Xinlixue

书 名:	客舱服务心理学(第2版)
著 作 者:	庞美云
责任编辑:	吴燕伶 李学会
责任校对:	孙国靖 扈 婕
责任印制:	张 凯
出版发行:	人民交通出版社股份有限公司
地 址:	(100011)北京市朝阳区安定门外外馆斜街3号
网 址:	http://www.ccpcl.com.cn
销售电话:	(010)85285857
总 经 销:	人民交通出版社股份有限公司发行部
经 销:	各地新华书店
印 刷:	北京建宏印刷有限公司
开 本:	787×1092 1/16
印 张:	12.25
字 数:	280千
版 次:	2016年1月 第1版
	2021年8月 第2版
印 次:	2025年1月 第2版 第4次印刷 总第9次印刷
书 号:	ISBN 978-7-114-17024-9
定 价:	39.00元

(有印刷、装订质量问题的图书由本公司负责调换)

第2版前言

转眼间,《客舱服务心理学》已发行五年。在这五年间,该书受到了多所民航院校空中乘务专业师生的欢迎,并多次重印。为了保证教材的时效性和实用性,编者对教材内容进行了相应更新和完善,并对教材使用期间发现的问题进行了修订。

本次再版增加了"拓展与练习"版块。该版块内容是实践性的综合练习,与本章节的心理学理论相对应。比如,第三章内容为"客舱服务中的知觉",相应的"拓展与练习"内容设计为"印象管理"。授课教师可以通过这一版块,引导学生通过完成任务的方式积极运用心理学理论进行思考,潜移默化地提升学生自我反思、自我发展的能力。

本次再版还增加了一些重要内容,比如乘务人员的心理健康、情绪智力测试等。这些内容虽然在第1版教材中也有介绍,但没有被编排为独立的章节,本版对此进行了大幅调整。

针对第1版教材中部分内容在不同章节分散出现的问题,编者对相关内容进行了整合,比如把原先第十一章第一节"航班延误"中的"群体影响"和第八章"群体理论"中的相关内容进行了合并;将对"共情"技术的介绍从第五章提前至第二章,因为第二章内容尽管是"社会交往",但用到了"共情技术"。

本次再版由庞美云独立完成。在修订过程中,编者参考了许多著作、文献,反复向一线优秀乘务人员取经,获得了上海民航职业技术学院、中国民航大学乘务学院和人民交通出版社股份有限公司的大力支持,在此表示诚挚的感谢。

由于编者的学识与经验有限,书中难免有错漏之处,恳请各位读者和专家继续批评指正。

庞美云
2021年2月

第1版前言

民航服务从本质上来讲,是一种人际沟通过程,是人与人的相遇,是心灵与心灵的碰撞。一名优秀的服务人员,一定是沟通的高手,他/她了解自己,也知道如何解读别人的心理。当发生分歧时,他/她知道如何求同存异,互相尊重,从而找到共识,让双方都高兴、满意。

我是一名心理学教师,也是一名从事心理咨询工作多年的心理咨询师。在我看来,任何一个角色,比如学生、服务人员或者旅客,首先是一个人,然后才是一个学生、服务人员或者旅客。每个人既有共同的人性,又有着各自与众不同的个性。人们时时刻刻感知着自己的想法与情感,时时刻刻进行着行为选择。这感知与选择,与他/她的角色有关,更与其个人的态度及个性有关。因此,当我们把一个人仅仅看作某一角色时,就忽视了其更为根本的人性部分,使沟通的路径变得狭窄而曲折。本书多处谈到一些优秀的客舱乘务人员,其服务态度、服务技巧无不体现着其理解人性、尊重差异的智慧。比如"亲情服务法",就是乘务人员在对年长旅客或者孩子进行服务时,尝试运用自己作为子女或者父母的经验,积极调动自己丰富的情感资源,让旅客感受到"亲情般的温暖"。这种服务理念拓展了乘务人员与旅客之间的简单关系,使关系变得更为多元,却更接近人性,使旅客感到更为放松、愉快,甚至喜悦。本书赞赏所有开拓性的服务方法,而所有的方法,都要遵循尊重、理解和适宜的原则。服务在于细节,本书试图通过分析服务现象中的微观心理过程,来说明成功的客舱服务是如何达成的。

本书各章节由理论阐述、心理学实验、案例分析、延伸阅读、技能练习、心理测试与自我反省等内容组成。理论阐述部分为读者提供了心理学基础理论,如人际交往、知觉、态度、个性、需要等理论;心理学实验部分呈现给读者心理学经典实验,如哈洛恒河猴实验、从众行为、隐匿身份后的行为等实验;为了帮助读者把心理学理论运用于服务实践,并更好地理解基础理论,我们在每一节都安排了1~2个案例分析;延伸阅读部分则安排了更为深入、更具拓展性的知识和案例;技能练习部分希望帮助学生利用小组、同伴的讨论与练习,提高心理素养,如练习倾听、观察、劝导能力,分析自己的人际吸引力,练习调节情绪等;心理测试与自我反省部分帮助学生了解自己的心理特点,进而有意识地进行自我反省、自我觉察,使其心理调节能力和心理健康水平获得一定程度的提高。授课教师可以根据课时与专业培养目标的需要,对本书内容进行选择性讲授与安排,而读者则可以根据自己的兴趣及专业学习的需要选择性地进行阅读和练习。

本书行文中多处出现"乘务员"和"乘务人员",这两者的含义不一样,乘务员特指客舱乘务员,乘务人员则包括客舱乘务员和航空安全员两类工作人员,为了防止混淆,特此说明。

我和我的几位同事都曾教授民航服务心理学这门课程多年,然而,空中乘务专业却一直缺少一本针对机上服务的心理学教材。因此,编写一本生动活泼、严谨实用的《客舱服务心理学》一直是我们共同的心愿。本书得以完成并出版,要感谢上海民航职业技术学院、中国民航大学乘务学院和人民交通出版社的大力支持。

本书由七位长期活跃于心理学教学第一线的老师合作完成,其中庞美云、徐海燕、马颖培和徐蔚之老师来自上海民航职业技术学院,白月薇、鲁晓春和吕光千老师来自中国民航大学。第一章、第四章由庞美云编写,第二章由白月薇编写,第三章、第八章由鲁春晓编写,第五章、第七章由马颖培编写,第六章、第十二章由徐蔚之编写,第九章、第十章由徐海燕编写,第十一章由吕光千编写。庞美云作为主编对所有章节进行了修改并定稿。本书由上海航空公司乘务训练中心经理顾震担任主审,在此表示诚挚的感谢。

本书为初版,难免有不当之处,烦请各位读者及同仁不吝赐教。

庞美云

目 录

第一章 客舱服务心理学导论 ··· 1
第一节 什么是心理学 ··· 2
第二节 客舱服务心理学 ··· 7

第二章 客舱服务中的社会交往 ··· 11
第一节 社会交往 ··· 12
第二节 客舱服务交往中的偏见与攻击 ···································· 24

第三章 客舱服务中的知觉 ·· 33
第一节 知觉与社会知觉 ·· 34
第二节 客舱服务中的知觉 ··· 42

第四章 个性心理与客舱服务 ·· 51
第一节 气质 ·· 52
第二节 性格 ·· 61

第五章 客舱服务中的情绪 ·· 70
第一节 情绪理论概述 ·· 71
第二节 客舱服务中的情绪管理 ·· 79

第六章 客舱服务中的态度转化 ··· 87
第一节 客舱服务中乘务人员与旅客的态度表现 ························· 88
第二节 影响乘务人员与旅客态度改变的因素 ···························· 92

第七章　客舱服务中旅客的需要 ·· 97
第一节　需要层次理论 ·· 98
第二节　客舱服务中旅客的心理需要与服务 ·· 101

第八章　乘务人员与旅客的群体行为 ·· 108
第一节　群体概述 ·· 109
第二节　民航旅客群体心理 ·· 114

第九章　特殊旅客的客舱服务 ·· 121
第一节　重要旅客及其服务 ·· 122
第二节　无人陪伴儿童及其服务 ·· 123
第三节　其他特殊旅客及其服务 ·· 128

第十章　客舱乘务人员心理素质的培养与提升 ·· 132
第一节　乘务人员的服务意识 ·· 133
第二节　乘务人员的能力品质 ·· 140
第三节　乘务人员的意志品质 ·· 146
第四节　乘务人员的心理健康 ·· 150

第十一章　特别情境下的客舱服务 ·· 155
第一节　航班延误后的服务 ·· 156
第二节　机上非犯罪情境下的服务 ·· 162
第三节　犯罪情境下的应对 ·· 168

第十二章　客舱服务中冲突与投诉的处理 ·· 175
第一节　客舱服务中冲突的产生与化解 ·· 176
第二节　客舱服务中的投诉及应对 ·· 180

参考文献 ·· 184

第一章

客舱服务心理学导论

- 第一节 什么是心理学
- 第二节 客舱服务心理学

病房外的一棵树,在秋风中,叶子一片片地掉落下来。病房里,一个生命垂危的病人望着窗前的萧萧落叶,身体也随之每况愈下。她说:"当树叶全部掉光时,我也就要死了。"一位老画家得知后,用彩笔画了一片叶脉青翠的树叶挂在树枝上。最后一片叶子始终没掉下来。因为生命中的这片绿,病人竟奇迹般地活了下来。

这就是心理对于生命的巨大作用。

第一节 什么是心理学

一、心理学概述

心理学源于西方哲学。两千多年前,古希腊哲学家苏格拉底、柏拉图和亚里士多德都把对"心灵"的探索作为哲学的主要问题之一。心理学的英文单词Psychology,就是由希腊文中的Psyche与Logos两词演变而成,Psyche意为"灵魂",Logos意为"讲述",合起来的意思是:心理学是阐述心灵的学问。

直到19世纪末,受科学运动的影响,心理学逐渐脱离哲学,成为一门独立的科学。1879年,德国哲学家、生理学家威廉·冯特在莱比锡大学建立了世界上第一个心理实验室,把自然科学中所用的研究方法应用于心理学研究,其所著《生理心理学原理》一书,是他采用科学方法对心理现象进行研究的成果总结。因此,心理学是一门既古老又年轻的学科。

1. 心理学的定义与研究范畴

什么是心理学呢?心理学是研究人的心理现象及其规律的科学。人的心理现象包括心理过程与个性心理。心理过程指人的心理活动过程,包括认知过程、情感过程、意志过程,简称知、情、意;个性心理则指人们在活动中表现出与众不同的心理特征,包括个性心理倾向和个性心理特征。

威廉·冯特

图1-1为心理学研究的基本范畴,所有心理学科都围绕着这些基本内容进行研究,客舱服务心理学也不例外。

2. 心理学的研究方法

几乎每个心理健康的人都能够绘声绘色地描述心理现象。比如看到了什么,有什么情绪;会推测某个行为背后的原因;当心里感到不舒服时,都有一套适合自己的自我调适方法;在人际交往中,察言观色,识别和猜测别人的想法和心情。可见,每个人都掌握了基本的心理常识,看起来都是"心理学家"。然而,心理学作为一门科学,单靠个人体验与常识性的描述是远远不够的。任何科学的理论要想被认定,必须经得起重复研究的考验,也就是说,研究方法必须是科学的。下面,我们来讨论一下心理学运用了哪些科学方法对心理现象进行研究和探索。

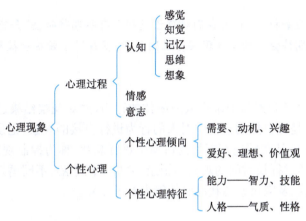

图1-1 心理学研究的基本范畴

（1）实验法

实验法是指在控制情境下，实验者通过系统地操作自变量，使之发生改变，然后观察因变量如何随着自变量的改变而发生变化，也就是探究自变量与因变量之间的因果关系。在心理学实验中，通常要设计实验组与控制组，分别对两组不同的实验对象设定不同的条件，然后比较实验结果。

心理学实验

罗森塔尔效应

心理学家罗森塔尔设计了一些实验，试图证明实验者的偏见会影响研究结果。其中有一项实验是这样安排的：他让大学生用两组白鼠做实验，主持实验的人告诉学生们，这两种白鼠品种不一样，一组十分聪明，另一组则特别愚笨。事实上这两组白鼠没有什么差别，但大学生们都相信白鼠确实不一样，实验结果也一定会不一样。学生们让这两组白鼠学习走迷宫，看看哪一组学得快。结果他们发现，"聪明"的那一组白鼠果然比"愚笨"的那一组学得快。

罗森塔尔对这种结果怎么解释呢？他推测说，这可能是由于实验者对"聪明"的白鼠更友好、更耐心造成的。

在另一项著名的研究中，罗森塔尔及其同事在一所小学，对一群小学生进行智力测验。他们告诉该小学的教师，班上有些学生属于大器晚成者，并把这些学生的名字念给教师听。此后，罗森塔尔的研究小组没有和这些学生接触过。学期末，当他们再对这些学生进行智力测验时，发现他们的成绩显著优于第一次测得的结果。可是，所有这些"大器晚成者"都是从某一班级的学生中随机挑选出来的，与班里其他学生并没有显著不同，这种结果是怎么出现的呢？罗森塔尔认为，这可能是由于教师们认为这些大器晚成的学生开始崭露头角，并对他们有积极的期待，也可能给予了他们特别的照顾和关怀，使得他们的成绩获得了改善。

罗森塔尔效应告诉我们,当我们对自己或别人有所期待时,就会有不一样的态度与行动,结果,那个期待会真的变成现实。正因如此,罗森塔尔效应也被称作"期待效应"。

(2)观察法

观察法是由研究者观察与记录个人或团体的行为,并对观察结果进行整理与分析。观察法分为两种:一种是在自然的情境中对人的行为进行直接的观察、记录,然后进行分析,被称为自然观察法;一种是在预先设置好的情境中进行观察,称为控制观察法。比如,研究者可以对客舱乘务人员进行长时间的观察与记录,分析不同年龄、不同婚姻状况的乘务人员在工作中的行为、情绪以及应对紧急状况时的能力有无差异。

(3)调查法

调查法可采用两种方法:问卷法和访问法。调查问卷一般分为两部分:一部分为个人资料,如性别、年龄、职业等,一般不要求填写姓名,以消除受调查者的顾虑,保护其隐私;另一部分为题目,一般采用选择题、是非题或简答题。访问法是指调查者与被调查者面对面交流,一问一答,调查者进行如实记录。

(4)个案研究法

个案研究法是以个人或某团体为研究对象。比如在客舱服务中,个别旅客的违规行为虽然不具有普遍性,却有一定的代表性。

案例分析

旅客打开紧急出口阻止飞机起飞

2015年1月9日,昆明机场遭遇持续雨雪天气,造成多架航班不同程度延误。原计划于1月9日20时45分起飞的某航班不得不推迟至10日凌晨执行。在该航班等待和登机期间,少数旅客要求赔偿,并拒绝登机。经反复沟通与解释,旅客于10日凌晨1时40分登机完毕。然而,由于机场持续降雪,夜间温度不断下降,为了确保飞行安全,航班起飞前需要除冰雪。等待过程中,又有少数旅客对除冰雪等待时间表示不理解,出现过激言论。最终在飞机除冰雪完毕,滑行过程中,有旅客将机翼上方3个紧急出口打开,试图阻止飞机起飞。

分析与讨论:此个案对民航运输管理及服务有哪些意义?

延伸阅读

第一个有记载的心理学实验

人类历史上第一个有记载的心理学实验发生在公元前7世纪。古埃及有一个名叫普萨姆提克一世(PsamtikⅠ)的法老,为了证明埃及人是世界上最古老的民族,将两个出生不久的婴儿带到一个遥远的地方隔离起来,每天由人供给他们食物和水,却不许同他们讲话。

法老设想,这两个与世隔绝的孩子发出的第一个音节,一定是人类祖先的语言了。他希望这个音节是埃及语中的一个词。等到孩子两岁时,他们终于发出了第一个音节"becos",可惜埃及语中没有这个发音。于是,这位法老伤心地发现,埃及人并不是人类最古老的民族。法老把小孩子的偶然发音当作人类最古老的语言,不但使他大失所望,也使心理学的第一个实验"出师不利"。

二、个体心理的发展

人的心理从出生起开始发展,不同时期完成不同的任务,包括动作学习、语言学习、人格发展、智力发展等。到20岁左右,随着身体发育的成熟,心理也快速发展成熟,人格基本形成,智力、能力的发展也进入平缓期。至25岁左右,记忆力、反应能力开始下降。

延伸阅读　　　　　人类心理发展的关键期

关键期,指人在发展过程中受环境影响最大的时期。关键期中,在适宜的环境影响下,行为习得特别容易,发展特别迅速。若这时缺乏适宜的环境影响,可能会阻碍人在某方面的正常发展。在关键期内,机体对环境影响极为敏感,对细微刺激即能发生反应,因此有的研究者称其为敏感期。例如,胎儿在胚胎期(2～8周)是机体各系统与器官迅速发育成长的时期,若受到外界不良刺激的影响,极易造成先天缺陷。关键期的基本特征是,它只发生在生命中一个固定的短暂时期。下面列举一些关键期。

0～2岁是亲子依恋的关键期;1～3岁是口语学习的关键期;4～5岁是书面语学习的关键期;0～4岁是形象视觉发展的关键期;5岁左右是掌握数的概念的关键期;10岁以前是外语学习的关键期;5岁以前是音乐学习的关键期;10岁以前是动作机能掌握的关键期。

心理学理论的各大流派对心理发展的理解并不一样。下面我们阐述心理学几个重要学派的主要观点。

1. 精神分析理论

精神分析理论的创始人是西格蒙德·弗洛伊德(1856—1939年),奥地利心理学家、精神病学家。他最畅销的著作为《梦的释义》。虽然这本书艰涩难懂,但很多人把它奉为探寻人类心理奥秘的经典。弗洛伊德与马克思、爱因斯坦一起被称为改变人类现代思想的三个最伟大的犹太人。

弗洛伊德认为人的心理其实是一座冰山,人们所意识到的只是心理的一小部分,大部分其实是不能回忆的,不能回忆的这部分被称为潜意识。潜意识包括人们的儿时经验,以及被压抑的欲望、冲突及其他情感和体验(图1-2)。人们出现的心理问题甚至心理疾病,常常与潜意识有关。潜意识虽然很难被回忆,但时时刻刻地影响着人们的行为、动机和反应。因此,精神分析学派是一个重要的心理治疗流派。精神分析师通过帮助来访者理解自己的潜意识,从而理解自己,最终达成治愈。对梦的解析就是理解人们潜意识的一个重要途径。

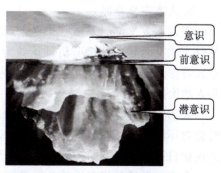

图1-2　弗洛伊德冰山理论

2. 行为主义学派

"给我一打健康的儿童,在由我自己设计好的特定的世界里把他们养育成人,我可以保证,无论其天赋、兴趣、能力、特长和他们祖先的种族如何,都能把他们随机训练成任何一种类型的专家——医生、律师、艺术家、商人、政治家,当然也可以是乞丐、小偷"行为主义创始人华生曾经讲过这样一段话。

看了这段话,你一定会哑然失笑,觉得华生太狂妄了。行为主义学派的理论家认为,人类心理的本质是行为的集合,而行为完全是可以在环境中被塑造的,因此,孩子就像橡皮泥一样,可以被揉捏成各种形状。当然,这一理论忽略了人的主动性与自觉性,只能解释部分行为养成或改变的现象。

行为主义在研究与训练行为养成、态度形成、角色学习、技能学习等方面确实卓有成效,对心理学、教育学的影响非常巨大。它强调环境的巨大影响力,认为奖励、惩罚可以帮助一个人塑造行为习惯,而榜样学习是孩子们成长的重要途径。行为主义理论被广泛地运用于教育、管理及其他领域。

习得性无助是如何形成的

习得性无助的研究开始于实验室的动物研究。在实验1中,狗被套上了锁链,不断受到电击,但又无法逃走。经历几次这样的电击后,狗被放到了学习逃离的情境中:箱子被隔成两个部分。信号一响,狗若越过隔板跳到箱子的另一头,就可以躲避电击。结果发现,先前没有经历过实验1电击的狗,在电击的一开始就乱跑,很快就学会了怎样躲避电击(跳过隔板)。而那些有过实验1经历的狗,在电击开始的几秒钟内也会乱跑一气,然后它们就停下来不跑了,趴在地上,静静地呜咽。这是因为,在无法躲避的电击中,它们曾无数次尝试躲避,都没有成功,于是产生了深深的无助感,以至于在能够逃离电击的情境中,也自动地屈从于无助感。按照行为主义的观点,它们把先前习得的无助感迁移到了新的情境中。

人和动物一样,也容易受到习得性无助的影响。人们在最初无法控制的情境中若获得了一种无助感,在以后的情境中也很难摆脱。

3. 人本主义学派

在人本主义学派发展起来之前,心理学领域中占主导地位的人性理论主要有精神分析与行为主义两种。精神分析理论认为人受到本能冲动与攻击欲望的控制,行为主义理论则把人看作是较大、较复杂的老鼠。这两种理论都忽略了人性中很重要的方面,比如自由意志和人的价值。

人本主义理论与上面的两种观点不同,它认为人应该对自己的行为负责。虽然人们有时会对环境中的刺激自动地做出反应,有时会受制于无意识的冲动,但自由意志使人们有能力决定自己的行动方向,乃至决定自己的命运。

人本主义最具代表性的心理学家是卡尔·罗杰斯(Carl Ranson Rogers,1902—1987年)。

罗杰斯认为人就好比长在大海边上的一棵大树,他/她笔直、顽强、活泼,并且不断地向上生长,这就是潜力被不断开发的过程,也是自我实现的过程。罗杰斯相信,每个人都有潜力变得更好,尽管有时会表现出残酷和攻击性,但只要有可能,都会发展出责任感和向善的力量。

罗杰斯的一位同事这样描述罗杰斯:"他看起来貌不惊人,他不是一个激情洋溢的谈话者,但他总是以真正的兴趣倾听你的谈话。"这种真正的兴趣,正是激发对方活力和潜能的动力。

第二节 客舱服务心理学

一、为什么要学习客舱服务心理学

客舱服务心理学是一门将客舱服务与心理学相结合的学科。本学科将详细讨论乘务人员与旅客在客舱服务中的沟通、印象、情感及态度,讨论个性对客舱服务的影响,从旅客需要的角度探索如何提升旅客对客舱服务的满意度,讨论如何培养乘务人员的服务意识、能力品质及其他心理素质,探讨在某些特别情境下如何调整服务策略等。

为什么我们需要学习客舱服务心理学呢?下面从两方面进行阐述。

(1) 民航服务本质上是一种人际沟通过程

尽管民航服务具有商品性这一特点,但服务从其本质上来讲,是一种人际沟通过程,是人与人的相遇,是心灵与心灵的碰撞。客舱乘务人员一次次地完成飞行任务,迎接和送别千千万万的旅客。每一位旅客都是活生生的人,带着自己的个性、情感和期待进入客舱,他们需要的不仅仅是安全与平稳,也需要愉快和尊重。而乘务人员在履行工作职责的过程中,也需要不断地自我调整,比如调整情绪和想法,调整工作方法,以不断适应各种旅客的需要,唯有如此,才能真正让旅客感受到满足与愉悦,进而提升航空公司的服务竞争力。下面我们用一个优秀乘务员的例子来说明心理学在客舱服务中无处不在的道理。

案例分析

亲情服务

吴尔愉是原上海航空公司的一位空嫂。在一次执行航班任务时,她发现一位老人衣服间隐约露出一条蓝色的腰带,便拿着两条毛毯走到老人面前,微笑着说:"先生,您是否腰不太好,给您两条毛毯好吗?"说着,用手指了指他身上的蓝色腰带,"我父亲与您年龄差不多,也有腰疼病。前些日子,我刚帮他买过这样一根腰带。"她边说边帮他垫好腰。此举让老先生感慨万千:"您对旅客的服务,比护士还细心啊!"

分析与讨论:对吴尔愉的服务过程进行分析,你认为是什么让旅客感慨万千?

一句关切的询问,两条小小的毛毯,却使旅客的心温暖如春。究其原因,因为乘务人员了解老年人的身体及心理需要,又自觉地将旅客的需要放在心上,将满足旅客的需要作为自己的工作信条,这一幕动人、温馨的场景就自然呈现出来了。这一服务理念被称为"亲情服务法",后来被广泛地推广。亲情服务法,简单地说,就是像照顾亲人一样照顾旅客,将对亲人的关心、热心和诚心毫不吝啬地奉献给旅客。试想,如果一位乘务人员对工作缺乏深沉的热情,对别人缺乏深刻的同情心,或者缺乏细致周到的观察力及主动服务的意识,亲情服务是不可能做到的。因此,要想成为一名优秀的乘务人员,应认识自我、了解他人,并且有意识地培养自己的基本能力与良好的个性。本书在编排上设计了"心理测试""技能训练"等环节,目的就是要促进学生的自我成长。

(2)学习心理学可以提升客舱服务质量,提高旅客满意度

据调查显示,服务质量是影响旅客选择航空公司的最重要因素之一,各家航空公司为了争夺客源,纷纷在服务方面大显身手。除了安全、快捷、舒适的座椅外,可口、美味的食物也能吸引旅客,这满足了旅客安全感的需要和身体舒适的需要。旅客还有哪些需要呢?除了这些"硬指标",乘务人员还可以做些什么来让旅客感到心情愉悦、宾至如归呢?不同的人群有不同的喜好,如何有的放矢地服务于各类人群,比如孩子、老人、贵宾?要回答这些问题,就需要研究各种旅客心理,包括旅客的心理需要、个性心理以及在各种特别情境下的心理表现,从而找到好的应对之策。图1-3为未来空姐在练习微笑。

图1-3 未来空姐在练习微笑

延伸阅读　　美国西南航空公司的创意服务

所谓创意服务就是摒弃墨守成规、教条式的服务,用真诚创造性地服务于旅客。

美国西南航空公司是一家低成本航空公司,以低票价、便捷性以及高频度航班为营销策略。由于在航班座椅的舒适度、机上餐食等硬件方面缺乏竞争优势,它就在服务的人性化、趣味性方面挖空心思,取得了很大成功,成为世界上最成功的低成本航空公司。它的创意服务模式,值得我们借鉴。比如,由于天气原因造成航班延误,滞留机场的旅客纷纷抱怨,只有西南航空公司的登机口传来欢声笑语。原来,工作人员宣布临时设立一项数目可观的奖金,奖励袜子上窟窿最大的旅客。在另一次航班服务中,西南航空公司的客舱服务人员鼓励旅客在飞机上随意涂鸦……这样一来,乘务人员与旅客之间原本商业化的关系,在人们的笑声中变得温暖、有趣,有了浓浓的人情味。旅客常常觉得西南航空公司乘务人员就像自己的老朋友,表示喜欢这种不落俗套的服务模式。一位中国旅客说:"西南航空太了不起了,飞机运输敢跟长途汽车

> 拼价格,简直不敢想象,但服务却不廉价,一路上欢声笑语。在中国如果有这样的机会,飞机不提供免费餐食,却能让我开心、快速地到达目的地,我也乐意……"

美国西南航空公司创意服务的成功让我们了解到,旅客不仅需要美味的餐食与舒适的座椅,更需要温暖的情感和平等的尊重,或许后者更令人印象深刻。

二、客舱服务心理学的研究任务

通常,当人们在观察或处理一件事情时,重点关注的是发生了什么事,后果是什么,谁该对此事的后果负责。如果把情境设定在飞机客舱,某一事件发生,人们关心的是旅客或乘务人员做了什么事,有无违规,该不该受到惩罚等。

然而,心理学对客舱现象的分析重点在于"事情是怎样发生的"。也就是说,心理学更关注某事件发生的微观过程。比如,事情的发生为什么是这时,而不是那时;为什么是这个人,而不是那个人;事件发生前分别有哪些因素在推波助澜,使得事件往某个方向发展;哪些节点是可能改变事情发展走向的重要时机。因为任何事件的发生,都可被看作是一系列行为选择的结果,而那些行为选择不单单是由旅客或者乘务人员决定的,而是双方交流和互动的结果。当我们能够从"互动"的微观视角来分析客舱服务时,就可以知道如何避免冲突发生,如何促进合作关系的产生。这就是心理学的视角之一。

客舱服务心理学是一门新兴学科,它的任务是使读者或学生了解与客舱服务相关的心理学理论,从而能够学会以心理学的视角理解客舱服务的各种现象。与本学科联系最为紧密的学科包括普通心理学、社会心理学,民航服务规范及实践也与本学科息息相关。下面介绍一下本学科的主要研究任务:

①以提升客舱服务质量为目的,研究与民航旅客及乘务人员相关的各种心理现象,包括乘务人员与旅客如何建立基本的合作关系,旅客对航空公司及乘务人员的印象是如何形成的,如何保持积极的心境及如何控制负面情绪,个性对客舱服务的影响,如何满足旅客的心理需要,态度是如何形成或改变的,乘务人员如何提升自己的各种能力,如何在特殊情境下工作,如何应对特殊人群等。

②将心理学基础理论充分运用于民航客舱服务实践,对客舱服务的案例进行深入的心理学解读,从乘务人员、旅客以及两者的互动过程等角度进行分析、阐述,逐步养成对客舱服务中心理现象进行微观分析的思维习惯。

③促进学生的自我了解与自我成长,为未来成为一名合格、优秀的乘务人员做好准备。本书在每一章节都设计了心理测试和自我反思的练习,使学生能够及时地将所学的心理学理论与自我体验联系起来,逐渐达到有自知之明和知人之智的境界。

拓展与练习

期 待 效 应

罗森塔尔效应也被称为期待效应。请认真阅读"心理学实验——罗森塔尔效应",完成以下任务。

1.回顾一下,你的成长经历中有哪些符合罗森塔尔效应的体验?详述一两件,可以是自己的亲身经历,也可以是别人的经历。

2.对于未来的自己,你有怎样的期待?可以畅想一下五年后的自己是什么样子,真诚的期待很有可能变成现实哦。

考 考 你

1. 什么是心理学?它的研究范畴有哪些?
2. 简要介绍一下心理学各主要流派的观点。
3. 简述空中乘务专业的学生为什么需要学习客舱服务心理学这一课程。

第二章

客舱服务中的社会交往

❀ 第一节 社会交往
❀ 第二节 客舱服务交往中的偏见与攻击

古时候,有个年轻人骑马赶路,眼看已近黄昏,可是前不着村,后不着店。正在着急,忽然看见路边有一位老汉,他便在马背上高声喊道:"喂!老头儿,离客店还有多远?"老人看了他一眼,回答道:"五里!"年轻人听罢立即策马飞奔,急忙赶路去了,结果一口气跑了十多里,仍不见人烟。他暗想,这老头儿真可恶,说谎骗人,非得回去教训他一下不可。他一边想着,一边自言自语道:"五里,五里,什么五里!"猛然,他醒悟过来了,这个"五里"不是"无礼"的谐音吗!于是掉转马头往回赶。再见到那位老人,年轻人急忙翻身下马,亲热地叫了声:"老大爷!"话没说完,老人便说:"你已经错过客店了,如不嫌弃,可到我家一住。"

读完这个小故事,你想到了什么?

第一节 社会交往

一、社会交往概述

什么是交往?从词源上看,交往一词源于拉丁语的Communis,指共同的、通常的,现在人们一般把它理解为交流信息,分享思想与情感。英语中的Communication、德语中的Kommunikation都由此而来。在汉语中,与交往通用的词还有"交际"。

1. 什么是社会交往

社会交往是指个人与个人、个人与团体、团体与团体之间为了满足某种需要而进行的相互作用、相互影响的活动。

客舱服务也是一种社会交往,是客舱乘务人员与旅客之间进行的一种相互影响的活动。在客舱服务中,乘务人员和旅客的需要都在一定程度上得到满足。这种满足可以是物质的,也可以是精神的。

社会交往可以从不同的角度进行分类,如表2-1所示。

社会交往的不同类型　　　　　　表2-1

分类角度	类型	定　义
根据交往主体不同	个人交往	指个人与个人之间的相互作用及相互影响的活动方式,又称人际交往。人际交往是我们集中探讨的问题
	群体交往	指群体与群体之间的相互作用与相互影响的活动过程
根据交往媒介不同	直接交往	交往双方面对面的相互作用与相互影响的活动过程。直接交往的双方借助于语言、表情等本身固有的属性进行的面对面的交往
	间接交往	借用大众传播媒介或通过其他个人或群众进行的交往。间接交往过程中,交往双方不见面
根据互动性质不同	竞争	不同的社会成员或社会团体为了各自获得同一目标而进行的相互作用方式
	合作	不同个人或团体为了达到同一目的而相互配合的相互作用方式

续上表

分类角度	类型	定　义
根据互动性质不同	冲突	人与人或群体与群体之间为了各自获得共同珍视的目标而采取的斗争、压制、破坏，直至消灭对方的相互作用方式
	顺应	相互作用的各方通过调整各自的行为，以相互适应的相互作用方式
根据交往内容不同	物质交往	人们物质生活的需要，既包括人们在改造自然界中的物质转换，也包括人与人之间其他特定的物质交换、往来
	精神交往	人们精神生活的需要，包括思想、观念、科学、文化、制度模式等的相互交流、相互影响、相互启发的过程
	信息交往	人们在物质交往与精神交往中，语言、文字、图像、动作、表情等信息源的输送传递和反馈

【课堂讨论】参考表2-1，从不同角度分析民航客舱服务交往有哪些类型。

2. 社会交往的功能

（1）信息沟通

信息沟通也叫信息资源共享。在生活中，我们需要获得大量信息以供参考，但是由于个人的活动范围有限，直接获取一手信息资源的能力受到很大限制，因此相当多的信息是通过与他人打交道时获取的。

（2）心理保健

美国心理学家马斯洛把爱与归属的需求列为人的基本需要之一。如果一个人彻底孤独地待上很长时间，会产生孤独感、空虚感，甚至导致精神失常。在社会交往中，人们分享、倾诉、倾听，孤独感悄然消除，快乐如期而至。一句经典名言这样说道："如果你把快乐告诉一个朋友，你将得到两个快乐；而你如果把忧愁向一个朋友倾吐，你将被分掉一半忧愁。"

著名的恒河猴"社交剥夺"实验也证明了社会交往的重要性。实验者将恒河猴（图2-1）的喂养工作全部自动化，隔绝猴子与其他猴子或人的交往，结果缺乏交往的猴子与有正常交往机会的猴子相比，明显缺乏安全感，不能与同类进行正常交往，甚至本能行为也受到严重影响。

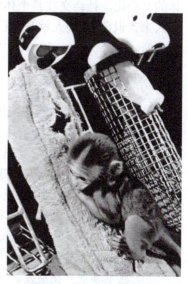

图2-1　实验室里的恒河猴

哈洛恒河猴实验

美国威斯康星大学著名的发展心理学家亨利·哈洛用两个假猴子替代真母猴。第一个代理母猴用光滑的木头做身体，用海绵和毛织物把木头裹起来，身体内还安装一个提供温暖的灯泡；另一个代理母猴是由铁丝网制成，外形与木制母猴基本相同，身上安装能喂奶的乳房,也能提供热量。

哈洛把刚出生的恒河猴隔离在放着两个假母猴的特制房间里。猴子成长所需要的物质条件都能得到满足,如食物与水都能自动供应,但它没有机会与人或其他猴子接触。研究人员发现,幼猴只有在需要吃奶时才会去铁丝母猴那儿吃奶,其余大部分时间里都喜欢抱着绒布母猴。这一现象说明,绒布母猴的接触性安慰对于幼猴来说非常重要。

该研究还表明,隔离时间长的恒河猴,出现了心理上的失调。这些猴子与其他处于正常环境的猴子相比,显示了许多异常的行为模式,如自己咬自己,有表示害怕的怪相,走路身子摇晃,喜欢独自蜷缩在角落里,还有许多刻板的动作。

(3) 建立和协调关系

社会交往是人际关系建立的桥梁,无论是亲人、朋友,还是同事,无论是个人、组织,还是国家,没有交往就谈不上关系,也谈不上建立关系。人们只有在交往中加深理解,增进合作,才有可能出现幸福的家庭、高效的组织,以及和谐的社会。

(4) 个体社会化

个人通过参与到社会关系之中,才由单纯的自然人逐渐转变为社会人,这一过程就是个体的社会化。社会交往是个体学习社会文化、掌握社会生存技能的必要途径。一个人通过别人来认识自己,别人就是自己的镜子,个人对自己的态度体验,也常以他人对自己的态度为参照。

心理测试　　你的社会交往能力怎么样

请同学们根据自己的实际情况对每一题目做出选择。

符合:2分。基本符合:1分。难以判断:0分。不太符合:-1分。完全不符合:-2分。

1. 我去朋友家做客,首先要问有没有不熟悉的人出席,如有,我的热情就会下降。
2. 我看见陌生人常常无话可说。
3. 在陌生的异性面前,我感到手足无措。
4. 我不喜欢在大庭广众之下说话。
5. 我的文字表达能力远比口头表达能力强。
6. 在公众面前讲话,我不敢看听众的眼睛。
7. 我不喜欢广交朋友。
8. 我只喜欢与我谈得来的人交往。
9. 到一个新的环境,我可以接连好几天不说话。
10. 如果没有熟人在场,我感到很难找到彼此交谈的话题。
11. 如果在"主持会议"和"做会议记录"这两项工作中选择,我肯定选择后者。
12. 参加一次新的聚会,我不会结识好多人。
13. 别人请求帮忙而我无法满足对方时,我常感到难以处理。
14. 不是万不得已,我决不求助于别人,这倒不是我的个性好强,而是感到难以开口。

15. 我很少主动到同学、朋友家串门。
16. 我不习惯和别人聊天。
17. 领导、老师在场,我讲话特别紧张。
18. 我不善于说服别人,尽管有时我觉得自己很有道理。
19. 有人对我不友好时,我常常找不到恰当的对策。
20. 我不知道怎样同嫉妒我的人相处。
21. 我同别人的友谊发展,多数是别人采取主动态度。
22. 我最怕在社交场合中碰到令人尴尬的事情。
23. 我不善于赞美别人,感到很难把话说得自然、亲切。
24. 别人话中带刺愚弄我,除了生气外,我别无他法。
25. 我最怕接待工作,因为要同陌生人打交道。
26. 参加聚会,我总是坐在熟人旁边。
27. 我的朋友都同我年龄相仿。
28. 我几乎没有异性朋友。
29. 我不喜欢与地位比我高的人交往,我感到这种交往很拘束,很不自在。
30. 我要好的朋友没几个。

评分标准:

将每道题目的得分相加,算出你的最后得分。

得分在30以上,说明你的交往能力很差,得分在0～30之间,说明你的交往能力比较差;得分在-20～0分,意味着你的社会交往能力还可以;得分在-20分以下,说明你交往能力强,善于交际。

自我反省:

做完此测试后,请你回头检查一下你在哪些题目上给自己打了2分,这些方面正是你有待成长的部分,请进行自我探索,或许你可以了解自己未来成长的方向。愿意的话,和你的同学分享一下。

3.社会交往的工具

【古代故事】

民间传说,唐伯虎为一老妇祝寿,儿女欢天喜地,恭请唐伯虎为之拟祝词。伯虎也不推辞,脱口而出"这个婆娘不是人",一言既出,老妇脸呈怒色。"九天仙女下凡尘",老妇由怒变喜。"生下儿女都是贼",儿女皆惊,恨上心头。"偷来蟠桃献至亲",结语一出,众人欢娱。

上面的小故事让你想到什么,不妨和你的同学分享一下。

在社会交往中,信息的传播必须借助一定的工具——语言系统和非语言系统来进行。

(1)语言系统

语言是人类重要的沟通工具,可以分为口头语言和书面语言。口头语言在面对面交往中最为常用,而且达到的预期效果最快。如聊天、讨论、讲演等都可以起到及时交流信息、交换意见的作用。书面语言在间接沟通中较为常用,它的主要优势是不受时间和空间的限制,并可以较长时间地保留。

在语言系统的使用过程中,语言要辞能达意,要适合交往对象。另外,相同内容的不同表达方式往往会使交流结果不同。比如一个人想拒绝别人的要求,他直截了当地说"不行"或者"不愿意",对方可能会心生不悦,不愿意接受;如果换一种表达方式,如"我再考虑一下""我需要和大家讨论一下",对方则会觉得舒服一些。

【课堂讨论】客舱服务中,语言的运用有何特点呢?

延伸阅读　　　　　运用语言的艺术

1.运用语言要合乎身份与场合,要符合交往对象的年龄、职业、性格、文化背景等特征,要注意时间、地点、氛围等场合。

2.运用语言要得体,称谓要得体,了解禁忌语,觉察自己和别人的习惯用语,说话要委婉。

3.运用语言要准确、有效,语言的内容要严谨,用字准确,用词规范,能够准确表达所要传递的信息,并确保能被对方接收到。

4.语言运用要人性化,通过富有人情味儿的表达,能够在传递信息的同时沟通情感,易于被接受。

5.使用幽默语言,通过幽默手法使交换对象之间的关系变得融洽,同时能够提升自我形象。

(2)非语言系统

非语言系统指的是语言之外的表达方式,包括:无声的动态、无声的静态、辅助语言和类语言。

图2-2　面部表情

①无声的动态:主要包括以下几方面内容。

a.面部表情:指通过眼部肌肉、颜面肌肉和口部肌肉的变化来表现各种情绪状态。人类从婴幼儿时期就了解各种表情的意义。如图2-2所示,四张图片分别表示愤怒、惊讶、愉快、悲伤,当然还有一类重要的表情表示害怕。

心理学家艾伯特·梅热比研究发现:一个信息的传递=7%×语言+38%×语调+55%×表情。这一公式证明了表情在信息传递中起着非常重要的作用。

面部表情构成部位主要包括眼睛和嘴巴。眼睛是心灵的窗户,目光交流传递着非常复杂的信息。两人交谈时,要保持目光接触,但注意既不要盯着对方,也不要飘忽不定,应在以对方面部为中心、肩膀为半径的视线范围内灵活移动。视线最好在同一水平面上,距离1～2.5m。一个人传达坏消息或痛苦感受时通常会避免目光接触。嘴角的指向则传递一个人此时此刻的情绪状态,嘴角上扬表示一个人心情愉快,而嘴角下撇则表示一个人有悲伤或紧张的情绪。

【课堂讨论】图2-3中,你更喜欢哪一位的表情?为什么?

a)

b)

c)

图2-3　不同的面部表情

b.身段表情:坐姿、立姿和行姿是最基本的身段表情。有些姿势和动作常常是人潜意识的表露。比如,一个人坐在沙发上,却不自觉地把身体缩成一团,只占据沙发的一个角落,很少动,表明其心理比较紧张,有退缩的倾向;而另一人却坐满了整个沙发,身体动作较多,说明此人心理比较放松,更为开放。

身段表情非常丰富复杂,与一个人的身份、性别、年龄、性格以及当时的情绪密切相关,也与一个人所在国家的文化有关,因此,双方要彼此了解和尊重,才能避免引起误会。

延伸阅读　　　　肢体语言大解密

人们肢体语言表达的想法往往是最真实的。掌握了肢体语言,你将会拥有与人相处时的一个重要法宝。

1.手指不停地敲敲打打:他已经开始不耐烦,想结束对话。
2.下意识地用手或手指遮住嘴巴:表示撒谎者试图抑制自己说出的那些谎话。
3.飞快地眨眼:对你没什么信心,或者正在用心思考。也可能是很害怕,心脏跳得很厉害。
4.老是摸鼻子:精神没有集中在刚才所说内容上。有些正在说谎的人也会摸鼻子。
5.双臂交叉,紧紧抱于胸前:一个人感到紧张不安想保护自己,或不愿接受他人意见时,会做这个动作。

c.手势:行礼、握手、举手、手语等动作既包含着通用的意思,也常能展现当时一个人的心理状态。手部不同的指向、速度、运动幅度等均可表达不同的含义,如快速、大幅度的手部动作表明一个人的情绪较为激烈,也可能表示此人的性格较为自信、有力。

握手是最常见的表达复杂情感的双向信息交流。初次见面时的握手表示礼貌、亲切的问候,朋友分别时的握手表示相互之间的美好祝愿,人们相互之间有矛盾时通过握手可以和解、修好。

d.触摸:亲吻、拥抱、抚摸、拍肩膀等都能反映出交往双方的身份、地位与关系亲密的程度。触摸也受文化传统、性别、年龄和地位等因素的影响。

【课堂讨论】客舱服务人员在表情动作姿势方面的禁区有哪些?

延伸阅读　　　　各国肢体语言的差异

在各国不同的文化背景下,相同的肢体动作是否代表一样的含义呢?在社会交往中,如果不了解对方的文化背景,有时不小心就会做出唐突之事,甚至造成误解。

世界上大部分国家点头表示肯定,摇头表示否定,但在尼泊尔、意大利、保加利亚、土耳其、伊朗等国,摇头表示肯定,点头表示否定。

如果观察一位阿拉伯人和一位英国人谈话,阿拉伯人认为站得近些比较友好,而英国人则喜欢保持适当的距离,你会发现阿拉伯人往前挪,英国人则往后退,等两人谈话结束,大多不在原来的地方了。

见面表示欢迎,中国人握手致意,波利尼西亚人边拥抱、边抚摸对方后背,瑞典的拉普兰人则互相擦鼻子,因纽特人则用拳头捶打熟人的头和肩。

欧美国家的人们用拇指和食指圈成圆表示"OK"。对阿拉伯人来说,这一动作意味着"恶毒的眼光"。

中国人招呼人时伸出手臂,手心向下,微动手指,意思是叫你过来。这一动作在日本极不礼貌,表示叫狗过来。美国人叫人时,手心向上,握拳,食指伸出前后摆动;中国人则对这一动作很反感。

中国人喜欢摸摸、拍拍甚至亲亲小孩的头,表示亲昵、爱抚。然而,孩子的母亲如果是西方人,可能会招致反感,因为在西方,这些动作是无礼的。

②无声的静态:主要包括空间距离和服饰。

a.空间距离:美国人类学家爱德华·霍尔博士在《无声的语言》一书中,将日常生活中人与人之间的空间距离分为四类,即亲密距离、个人距离、社交距离和公众距离。每一种距离又有近范围与远范围之分,如表2-2所示。

四种空间距离　　　　　表2-2

类　别	亲密距离	个人距离	社交距离	公众距离
交往范围(m)	0~0.45	0.45~1.2	1.2~3.6	3.6~7.5
交往关系	情侣或亲子	朋友	工作与社交	陌生人
交往情境	非正式交往	非正式交往	正式交往	正式交往
主要感觉器官	触觉	视觉、听觉	视觉、听觉	听觉

亲密距离是关系比较亲密的人之间的距离,比如情侣、亲子之间。在这个距离内进行沟

通时,更多地依赖触觉,视觉、听觉及语言均居次要地位。如果最亲近的人长期不能在亲密距离中相处,会导致情感缺失,甚至会在生理上出现不良反应。一项对比试验表明,经常接受母亲抚摸的婴儿神经系统发育得较快,比其他婴儿更活跃,体重增加的速度也会比那些很少受到抚摸的婴儿快47%。

个人距离指双方同时伸手能触及对方的距离,是朋友之间进行沟通的适当距离。人们可以在这个范围内亲切交谈,又不至于触犯对方的近身空间。

社交距离:接近型(1.2～2.1m)用于通常的正式社交活动、外交会谈,是工作时同事之间应保持的一种距离(图2-4),也是服务人员与服务对象之间的合适的距离。2.1～3.6m是远一些的社交距离。商务会谈通常是在这个距离内,相互之间除了语言交流,适当的目光接触是必不可少的,否则会被认为是不尊重对方。

图2-4 适当的社交距离

公众距离是双方之间虽可能交流但相当疏远的一种距离,比如仅仅打个招呼,或者互不理睬。演讲时,演讲者与听众的距离也是公众距离。

人际交往的四种距离只是大致的划分。在不同的文化背景下,把握人际距离的准则会有所差异,但基本规则是相同的。和喜欢的人交谈要靠得近,熟人要比生人靠得近,性格外向的人要比内向的人靠得近,女人之间比男人之间靠得近。

b.服饰:这里指带有交际意图的服装和其他装饰品,包括服装、发型、美容、首饰等。服饰是社会交往的重要组成部分,它可以反映一个人的艺术品位、社会地位、民族文化以及职业类型等,也能反映一个人的情绪。一个人在着装搭配时既要考虑社交场合,也要考虑自己的年龄、职业和体貌特征。发型设计则应考虑脸型、身材、年龄、季节、职业等因素。

小贴士

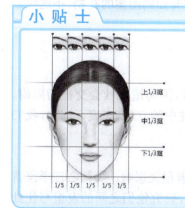

仪容小常识

容貌五官比例"三庭五眼"中的三庭:上庭,从额头的发际线到眉线;中庭,从眉线到鼻底线;下庭,从鼻底线到颌下线。五眼:从正面看,右耳到左耳之间的面部横向距离,正好相当于五只眼的宽度。符合这个比例,会产生匀称感。如果不符合,可用化妆技术调整和弥补。

③辅助语言。声音的音质、音量、音调、节奏、停顿、沉默等都是交往中的辅助语言,起到强化语言内容效果的作用。其中音调的不同可以反映不同的情绪状态和相互关系。音调前低后高、语气上升,表示兴奋、号召、鼓励、反对或申斥;音调前高后低、语气下降,表示紧迫、自信、张扬、祝愿、悲伤;音调平直舒缓,表示庄严、冷漠、不带感情;音调曲折变化,表示惊讶、疑惑、嘲讽、鄙视。

语速太快会使对方产生紧迫感,语速太慢又会使人感觉拖沓,不紧不慢则反映出说话者很自信。沉默,可表达默认或思考,也可表达威慑、抗议、难堪、没把握、不屑一顾等。

④类语言。类语言是指有声音但无固定意义的信息,如笑声、哭声、呻吟、叹息、咳嗽等。例如笑声可以表达愉快,也可表达尴尬或嘲讽,甚至有人用大笑来表达悲伤。

4. 影响社会交往的因素

(1) 文化因素

文化背景对社会交往的影响是不言而喻的。语言的不同带来的是交往困难,而社会风俗、习惯的差异所带来的往往是误解,比如前文"各国肢体语言的差异"中所介绍的内容。

> **小贴士**
>
> **送礼的禁忌**
>
> 1. 日本人无论是访亲问友还是出席宴会都要带去礼品。接送礼物要用双手,不当面打开。忌送梳子,因为梳子的发音与死相近。一般人不要送菊花,菊花一般是王室专用花卉。日本人忌讳绿色,认为绿色是不祥的颜色,忌讳荷花图案。赠送礼品时忌讳赠数字为4和9的礼品。
> 2. 美国人送礼物要送单数,且讲究包装,认为蜗牛和马蹄铁是吉祥物。
> 3. 在德国,不宜随意将玫瑰或蔷薇送人,前者表示求爱,后者则专用于悼亡。
> 4. 英国人爱好名酒和名贵鲜花,送礼一般喜欢在晚餐后进行。一般送价钱不贵但有纪念意义的礼物,切记不要送百合花,因为这意味着死亡。收到礼物的人要当众打开礼物。
> 5. 伊斯兰教徒不能送人形礼物、雕塑和女人的画片。也不能送酒,因为他们认为酒是一切万恶之源。
> 6. 俄罗斯人送鲜花要送单数,用面包与盐招待贵客,表示友好和尊敬。最忌讳送钱给别人,这意味着施舍与侮辱。
> 7. 法国人送花不送菊花、杜鹃花以及黄色的花。不送带有仙鹤图案的礼物,不送核桃,因为他们认为仙鹤是愚蠢的标志,而核桃是不吉利的。

(2) 社会因素

不同社会地位的人们常常有着不同的价值观和审美标准,因而造成社会交往的障碍。性别、年龄以及社会角色的不同也会影响不同成员在社会交往中的立场、态度。比如,我们经常提到的"代沟"就是典型的影响社会交往的因素。

(3) 情境因素

俗话说"远亲不如近邻"。时空接近性对人际关系建立有着很大影响。美国心理学家费斯廷格等人以麻省理工学院宿舍的已婚大学生作为实验对象,研究他们之间的友谊与住处远近的关系。在学年开始时,他们让互不相识的大学生搬到新的住宅。一段时间后,研究者调查每户新结交的三位好朋友的情况。结果证明,各户的新好朋友大多是住得很近的邻居,而距离越远,成为朋友的机会就越少。时空接近性是密切人际关系的重要条件,但有一个现象值得注意,时空过于接近,交往过于频繁,也容易造成摩擦和冲突。

（4）心理因素

认知、情绪和个性方面的差异都会不同程度地影响社会交往的结果。如果一个人对这个世界及别人有着更为积极的认知信念和乐观情绪,他就会更为积极地投入社会交往中;反之,一个人对这个世界及别人有消极的认知和信念及悲观情绪,则更有可能回避群体性活动。一个人如果在个性、修养或品行方面有过人之处,对别人就会有强烈的吸引力,这就是所谓的人格魅力。不利于人际交往的人格特征有：以自我为中心,嫉妒心强,缺乏责任心,冷淡,固执,支配欲过强,或者过分自卑,过于服从,依赖心理太强等。这些特征都会降低一个人的人际吸引力。

二、客舱服务中的社会交往技巧

客舱服务也是社会交往的一种特殊形式。它与一般的社会交往不同,具有一定的特殊性,因其特殊,乘务人员需要有高度的责任心和良好的职业技能,才能令旅客满意。

1. 客舱服务的特殊性

（1）短暂性

由于客舱属于流动的载体,一般情况下,乘务人员与旅客的交往仅仅局限于飞行全过程,交往关系随着旅行结束而终止。

（2）表面性

由于多数情况下,乘务人员与旅客是陌生人之间的交往,属于表面接触,自我暴露程度较低,乘务人员与旅客在交往中都会不自觉地进行自我保护。

（3）不对等性

在交往过程中,旅客与乘务人员的心理预期与行为表现存在着明显的不对等性。通常在接触过程中只有旅客对乘务人员提出要求,而不存在相反的情况。表现在心理与行为上,大多数旅客表现出来的是成人心态,比较理智、冷静。不过,有的旅客采用命令式的家长心态,表现出权威感与优越感;也有的旅客较为任性或者冲动,表现为儿童心态。在交往过程中,无论旅客表现如何,乘务人员都要尽量保持礼貌、热情和理性。这是一种双方角色和心态上的不对等性。

（4）限制性

一般社会交往较为自由,即便有什么误会和不满,完全有机会解释和弥补。而乘务人员与旅客的接触时间很短,地点又局限于客舱。所以,乘务人员要想让旅客满意,必须在每一次与旅客接触的瞬间,都要认真、规范、热情、有礼,否则,如果旅客带着不满和生气离开,给乘务人员留下的就只有遗憾了。

2. 乘务人员在服务交往中所需要的技能

乘务人员不仅要具备一般的社交能力,还要学会应对形形色色的人、形形色色的事。这种能力是乘务人员在不断地学习、不断地自我调整中培养起来的。唯有不断地自我成长,才能真正成为一位合格的乘务人员。

(1)能够换位思考

换位思考是指一个人在认识世界的过程中,转到客体或旁观者的立场来思考问题的一种方式。换位思考可以让人们摆脱"自我中心",更为客观地看待身边的人和事。在服务交往中,乘务人员的换位思考会让旅客感到温暖、舒心,更有助于问题的有效解决。

案例分析

调换座位的风波

乘务员小吴在客舱巡视时,看到一排座位坐着一位旅客和一家三口,婴儿已经熟睡在母亲的怀抱里。乘务员想:如果把那个旅客的座位调一下,孩子就可以平躺下来,这样孩子能休息得更好,母亲也不用那么劳累了。于是她走上前和那位旅客商量:"先生,您看,这位母亲抱着孩子太辛苦了,今天航班中还有空座位,我帮您调换一下,可以吗?"没想到那位旅客竟然断然拒绝这一提议:"我只喜欢坐自己的座位。"乘务员很是愕然,不禁想到:"怎么遇到这样不知道体谅别人的旅客啊,真自私!"

同样的场景,乘务员小李这样处理,她对那位旅客说:"先生,旁边这位母亲抱着孩子,你们坐得都比较挤。今天航班中还有空座位,我帮您调换一下,您可能会休息得更好些。您愿意吗?"那位旅客一听,不仅欣然同意,还称赞乘务员想得周到,而那位母亲也一个劲儿地向乘务员致谢。

分析与讨论:同样是调换位置这样一件事,为什么结果如此不同?

(2)学会与陌生人交往

与陌生人建立人际关系是交往得以继续的前提,乘务人员必须学会与陌生人打交道。首先,第一印象是服务交往的基础。乘务人员要以得体的妆容、真诚的微笑、热情的问候、恰当的引导留给旅客良好的第一印象,使旅客一进客舱就产生宾至如归的感觉。其次,在乘务人员的心目中,旅客应该是有思想、有情感的人,而不仅是"旅客"这一符号。只有这样,双方的交流才会更加自然、更加人性化,乘务人员对旅客的理解也就更加深入、贴切。

(3)正确运用语言艺术

首先,要学会清楚、简练、生动地表达自己的思想,养成对人用敬语的习惯。其次,说话声音要洪亮,吐字清楚,表达要有条理。第三,巧妙地利用语言的幽默,如自我解嘲、用玩笑化解尴尬等。也可参考本节前面的延伸阅读"运用语言的艺术"。

案例分析

"你可真会说话啊!"

乘务员刚给43C的旅客加好茶水放在小桌板上,没想到就被42C旅客重重放下的座椅靠背碰倒了,一杯水弄湿了旅客的裤腿,而前排旅客还不知道身后发生的事情,依旧安然地休息着。43C旅客气愤地伸手就准备去推椅背,要和前一排的旅客理论。乘务员小王及时阻挡了一下他的手,并赶紧将手中的小毛巾递过去,同时说道:"这位先生,怎么称呼您?在这里,我可要沾沾您的福气了!中国古语称水为财,您看这可是空中飞来的财啊,真是一个好兆头,看来您今年一定会发大财的!"旅客听后不禁称赞道:"你可真会说话啊!"小王接着说:"俗话说百年修得同船渡,咱们这一飞机的可都是有缘人啊,所以这杯水只是大水冲了龙王庙,您千万别往心里去了。还带有备用裤子吗?我引导您去卫生间更换一下吧。"这位旅客听完后,一个劲地说:"我没事,没事,麻烦你啦。"前面的旅客也听到了这番对话,知道跟自己有关,十分不好意思地道了歉。

分析与讨论: 上面故事中的乘务员小王用了哪些语言技巧化解了冲突?

(4)掌握倾听的技巧

社会交往中一个重要的内容就是学会倾听。耐心、虚心地倾听对方讲话的内容,同时,灵活运用谈话技巧,才能与对方有效协商。这部分在本书后面的章节中会有详细的讨论,在此就不赘述了。

 模拟练习

空姐日记

昨天执行一个航班,我作为2号乘务员站在紧急出口迎接旅客。出于职责,我会仔细向紧急出口旁边的旅客介绍关于紧急出口的注意事项。后来上来一位女士,手里拎着个旅行袋,刚一坐下,就把行李放在了脚下,于是,我本能地走过去告诉她:她所坐的座位紧挨紧急出口,脚下什么东西都不能放,必须放到行李架上来。她也很爽快地答应了,接着她开始闭目养神。

我开始做安全检查工作,路过她身旁,她突然睁开双眼把我叫住,很不耐烦地跟我说:"你帮我把包拿下来一下!"由于她说话声音很轻,我一开始没听清楚她在说什么,以为她让我帮她找东西。我正要打开行李架时,她竟然很大声地对我说:"刚才是你让我把包放上去的,可你为什么没有好好看住我的包?为什么这么不负责任?"我一头雾水,只好一边把包递给她一边问她到底是怎么回事。

她大声嚷嚷:"刚刚我在睡觉的时候,分明感觉有人打开了我头顶上方的行李架,你为什么不去制止?"

"这位女士,那您包里少东西了吗?"我忍住怒气,温柔地对她说。

"我还没看!"她一动不动地坐在那没好气地说道。

我仍用很平和的语气说:"这位女士,飞行途中有旅客打开行李架是很正常的事。您看这行李架上也不只您一个人的包,或许人家只是拿自己的东西。"

还没等我说完,她打断我继续说:"可是我的包本来是靠边的,为什么刚刚移到行李架的当中呢?"

"人家拿自己东西的时候,挪了一下您的包的位置也不一定啊。还有起飞时飞机倾斜,您的包移动位置不也很正常吗?您现在先看一下,您包里少东西没,如果没少那也就不存在这个问题了。"这时的我已经极度冒火了,但为了专业形象我还是不得不笑脸迎人。"反正就是你们不履行你自己的职责……"她一边还在骂骂咧咧,一边翻看她那只"娇贵"的包。"怎么样？东西都在吗？"我问道。"嗯，少是没少……你们也太不负责了！"她答道。

- 一组三位同学，一位扮演旅客，另一位扮演客舱工作人员，一位作为观察者，以上面案例为模板进行对话。可交换角色。
- 讨论案例中乘务员和旅客的心理，她们的想法、情绪分别是什么？这位乘务员的工作做得如何？有没有需要改进的地方？如果是你，你会怎么说？

第二节 客舱服务交往中的偏见与攻击

无论是什么样的人际交往，交往双方都会有各种各样预设的想法、情感和行为，哪怕对对方一无所知，但一方至少对另一方所属的国家、民族、地区以及文化有一定的印象和评价，于是，就认为对方就是那个"类型"的人，偏见也就产生了，当然，偏见产生的原因有很多。

客舱交往中不可避免地会出现一些攻击现象，我们该如何解读攻击现象呢？又如何应对此问题呢？本节将详细讨论这一主题。

一、客舱服务中的偏见

偏见是个体对他人或某种社会现象所持有的未经检验的观点或信念，有时是对于某一特定社会群体的否定态度（图2-5）。偏见含有先入为主的判断成分，经常让我们基于对某个人所属群体的认识而不喜欢这个人。偏见一经产生，若得不到及时抑制，就会成为一个群体甚至全社会共同持有的态度，并不断延续下去。

当你被要求想象一个暴发户的时候，刻板印象会不会进入你的脑海？

图2-5 偏见示例

偏见可以分为个人偏见和社会偏见，内隐偏见和外显偏见。与偏见相关的因素有：民族、种族、宗教、文化、性别、地域、行业、能力、外貌及年龄。偏见无处不在，如果意识不到偏见的存在，人际交往会不知不觉地掉入偏见的陷阱。偏见的极端形式为仇视行为。

1. 客舱服务中有哪些偏见

客舱服务中的偏见是指乘务人员对某些旅客存有偏见，或者旅客对乘务人员的服务以及其自身存有偏见。

对客舱服务较为常见的偏见有：服务不主动，逃避责任，飞机延误多，空姐是"冷美人"，国外航空公司的服务更人性化等。

针对乘务人员，尤其是"空姐"，常见的偏见有：趾高气扬，瞧不起人；物质女孩；高收入；时尚群体等。甚至社会上有一种刻板印象，认为飞行员和空姐离婚率比较高。

人们对客舱服务及乘务人员的这些偏见，有的来自道听途说，有的则是以偏概全，还有的则因为旅客自己本身，有的旅客在一次飞行中遇到航班延误，非常不满，就认为"民航一天到晚延误"，也有的旅客对客舱服务有过高的期待，就很容易"吹毛求疵"。

在一定程度上，偏见的存在会对服务交往造成障碍。比如一位旅客内心有一种偏见，认为乘务人员是"冷美人"，一旦在具体的交往过程中发生不愉快，或者觉得乘务人员对自己不够热情，他/她就会想："你们本来就不关心旅客，看见了吧？"就好像刚刚发生的不愉快正好证明了他/她原先持有的观点，并且加深和巩固了原有的偏见。这对客舱服务是非常不利的。

乘务人员对旅客也有各种各样的"偏见"，虽然旅客原本形形色色，但对乘务人员来说，有些旅客是"理想旅客"，有些则是"麻烦旅客"。

延伸阅读　　　乘务员心中"最理想"的航空旅客　　　

据报道，一家知名航班比较网通过对来自85个国家的700多名国际客舱乘务员进行调查之后，评选出他们认为"最理想"的航空旅客，结果颇为出乎意料。

根据客舱乘务员的描述，最理想的旅客通常不是商务客，而是以休闲旅行为目的，年龄在30多岁且独自旅行的男性旅客。您觉得贝克汉姆是吗？不好意思，最理想的旅客并不是名人，至少不是乘坐商务舱的名人，独居调查榜首的反而是搭乘经济舱的旅客。

客舱乘务员被视为最具吸引力和最令人向往的职业之一，他们拥有接触各类人群的便利机会。然而，每天有近300万人搭乘航班，他们见惯了各种奇怪的习惯和要求，也需能忍常人所不能忍。

据调查显示，超过四分之一的客舱乘务员最讨厌的旅客行为是打响指来召唤他们。而其他恼人的习惯包括在安全带指示灯尚未熄灭之前着急下飞机，往头顶行李舱内塞太多的东西，还有一些旅客通常在再三提醒之后仍然无视安全示范，有的将垃圾留在座位前方口袋等。

研究者表示："这是我们第一次尝试调查国际客舱乘务员，而调查结果让我们真正了解到他们眼中的旅客，结果当然出乎我们的意料。相反，有趣的是，客舱乘务员选出来的最理想的旅客大多是搭乘经济舱的旅客，而不是商务舱。"

最理想的旅客：男性，独自旅行，年龄介于31岁至40岁，搭乘经济舱，休闲旅行。

最恼人的旅客行为：

1. 打响指求关注——26%。
2. 安全带指示灯熄灭前急着下飞机——13%。
3. 往头顶行李舱里塞太多东西——11%。
4. 投诉行李舱太小，行李没地方放——10%。
5. 安全演示时不停地讲话——9%。
6. 要求增加毛毯或枕头——8%。
7. 把垃圾留在座位前方的口袋里——7%。
8. 要求不同的餐食——6%。
9. 按呼唤铃投诉温度不适——6%。
10. 要求特定品牌的饮料——4%。

2. 偏见对服务过程的影响

偏见对服务过程的影响可以从以下几方面进行讨论：

（1）认知层面。偏见会使一个人在认知上把个体类别化，将人归入不同类别的群体，从而忽视了人们个别的特征，尤其是想法和情感。如果一个旅客认为民航服务质量很差，对航班延误的愤怒感受就格外强烈，对服务人员的服务就会更加挑剔，忽视个别工作人员的努力和热情。乘务人员也会因旅客的身份、性别及年龄而类别化旅客，从而对他们形成固定的印象，认为某些旅客"很难讲道理""动不动就投诉"。

（2）情感层面。大多数偏见带来的是消极、否定的态度，而这样的态度又会影响双方进一步的关系发展。比如你对某人抱有反感，久而久之，对方也会对你产生敌意，于是你就确信自己最初的判断是正确的，反感对反感，敌意对敌意，两人的偏见和隔阂就会越来越深。

（3）行为层面。偏见可能导致歧视行为。在客舱服务过程中，乘务人员如果因旅客具有某一身份或来自某一地区，就不公平地对待他/她，就是因偏见产生的歧视行为。

案例分析

空姐日记：与一位明星的交往

某位明星在飞机上给人感觉很嚣张，刚上飞机就问："这就是你们飞机的头等舱？怎么这么差？"我回了句："小姐，波音757的头等舱都是这么设计的！"当我要求核对登机牌时，她蛮横地说："难道你看我不像头等舱的吗？"她睡觉的时候，一位乘务员按照服务规范拿了一条毛毯轻轻地盖在了她的身上，但不知为什么，她却醒了，大声叫道："乘务员，你没看见我在睡觉吗？你过来打扰我做什么？要签名呀？"飞机下降了，由于这位明星的助理在靠窗户的座位上睡觉，我不太好意思打扰他，就请这位明星帮忙把里面的窗板拉开。她却说："你可以自己跟他说。"天啊！她以为我要跟她搭话吗？怎么这么没有修养。

分析与讨论：本案例中的乘务员与旅客心里分别存在着什么样的偏见？这些偏见如何影响着服务交往？如果你是乘务员，会怎样对待这位明星的"偏见"？

3.乘务人员如何消除偏见

偏见源于对交往对象认识的局限,因此,增加与对方接触的机会,平等地合作,有助于增强了解,从而消除偏见。

(1)有意识地消除刻板印象

偏见的形成原因是复杂的。比如有一部分香港人不喜欢"内地人",认为"内地人"不爱排队、不够讲卫生、喜欢无理取闹等,这些认知显然是以偏概全。如果乘务人员意识到自己对某特定人群持有偏见,这种偏见已经阻碍了自己真正去了解该群体,那么,有意识地改变是有可能的。比如,意识到那些偏见只是某一群体的"标签",面对一个具体的旅客时,把他/她看作是一个特别的人,一个拥有自己情感、思想的人,就会较少地受到偏见的影响,以平常的心态与其交往。

另外,乘务人员自身的修养和职业素养越高,观察力和分析问题的能力越强,对旅客偏见就会越少。反之,则容易对人形成偏见。

(2)理解旅客群体的局限性

偏见的形成与某一群体自身的行为及弱点有关。有的旅客由于缺乏航空常识及法律意识,又缺少理性保护自身权益的信心,干脆就用"无理取闹"的方式来争取权益,这些旅客给乘务人员留下了"不讲理"的印象,这一印象可能会使乘务人员产生"惹不起,躲得起"的想法,从而减少了双方理性协商的可能性。随着社会的发展,人们会越来越理解航空业,旅客群体本身也在不断地发生变化,只要民航业的服务越来越值得信赖,旅客群体就会变得越来越理性。因此,乘务人员也应以发展的眼光看待旅客群体,避免"用老眼光看人"。

(3)增加平等接触,增强共同命运感

乘务人员与旅客接触点还是很多的,如机舱门口的迎接,毛毯、报纸的递送,安全提醒,递送食物,以及其他交流机会。研究指出,接触本身并不能使得偏见减少,不愉快的接触只能使偏见增加。所以只有每次接触时,带着包容、平等的心态,才有助于克服偏见。

另外,在协商问题时,如果乘务人员能够使旅客意识到你们的目标是一致的,你们相互合作,也相互依赖,甚至在"共同奋斗",那么,双方会把焦点转向"共同性"上,从而减少偏见。第二次世界大战后,对美军中白人战士对黑人战士态度的研究结果显示,与黑人战士共同战斗过的白人战士对黑人的偏见要少得多。

(4)利用规范来约束有害偏见

人们有服从和认同社会规范的行为倾向,如果社会规范提倡平等和包容,那么,社会成员就会逐渐修正自己的偏见行为,以适应规范。航空公司如果注意到服务人员对某一群体有偏见,且此偏见已造成沟通及服务的障碍,就需要制定规范,以改变员工的观念和行为,减少此偏见在服务中的负面影响。

二、客舱服务中的攻击行为

🔘 **猜猜看**

小鲁刚工作时,遇到一位旅客,他一上飞机,就说要白开水,小鲁没多想,端来了一杯矿泉水。没想到他突然破口大骂:"傻!我要白开水!"小鲁被骂得直发呆,她的师傅过来劝阻:"先生,公共场合,麻烦你说话客气点!""骂她怎么了?我还骂你呢!"

猜一猜,在此案例中,旅客的行为属于攻击行为吗?为什么?

攻击行为(Aggression)也被称为侵犯行为,是以引起他人身体或心理痛苦为目的的伤害行为(图2-6)。这种伤害行为可以是实际造成伤害的行动或语言,也可以是旨在伤害而未能实现的行为。

图2-6 攻击行为

1. 攻击行为有哪些

攻击行为可被分为多种。从是否违反规则的角度来看,殴打他人、打群架具有反社会性质;警察惩罚罪犯,属于对社会有利的攻击行为;击伤歹徒的正当防卫属于被社会认可的攻击行为。从目的性来看,旨在达成自己的目的,并不想伤害他人的攻击行为,被称之为工具性攻击,如小孩为了抢到玩具而推倒别人;而目的在于伤害别人的攻击行为被称之为敌意性攻击。从攻击方式来看,可分为言语攻击和动作攻击。

排队中的攻击

心理学家哈里斯安排实验助手在商场、银行和售票窗口排队的人群中插队,插到第二个人或者第十二个人的前面。观察表明,第二个人对插队者的反应比第十二个人更具有攻击性。这是因为第二个人比第十二个人能更快地达成目标,所以体验到更多的挫折感。

2. 攻击行为是怎样出现的

(1)生物因素

攻击行为与大脑中称作杏仁核的区域有关。当这个区域被刺激后,温顺的动物会变得暴戾。相反,如果抑制这个区域的活动,暴戾的动物会变得温顺。

5-羟色胺是存在于中脑的一种化学物质,会对攻击行为产生抑制作用,5-羟色胺太少会导致攻击行为的产生。睾丸素,一种男性激素,也影响着攻击行为,研究发现,那些被认为粗野的人,具有较高的睾丸素值。

(2)个人因素

缺乏自信心或者自视甚高的人,都会倾向于表现攻击行为。竞争型或焦虑型人格的个体也容易急躁和好斗。人们对事情的认识也影响着是否出现攻击行为,当一个人意识到攻击行为会给自己带来一定的消极后果时,则其攻击行为可能被控制或者放弃;但是,如果一个人认为攻击行为可以为自己带来好处,就可能纵容此行为。

(3)家庭、社会因素

攻击型家庭会使孩子耳濡目染,模仿成人的攻击行为。研究显示,大众媒体传达的暴力内容以及暴力游戏有可能增加读者或游戏者的攻击行为。

(4) 其他因素

酒精和药物依赖往往是暴力犯罪的一个重要因素。温度也会影响攻击行为的发生,研究显示,温度越高,人们越可能体验到更多敌意,出现越多攻击念头。

(5) 情境因素

当人们承受着比较高的压力时,情绪处于焦虑状态,这时,如果交流一方继续向另一方施加压力,比如批评、指责或误解,气氛会一下紧张起来,即所谓的"火上浇油",攻击行为就很容易出现。

3. 如何减少攻击行为

客舱服务中的冲突在所难免,攻击行为不时出现,最常见的是言语冲突,有可能是旅客攻击乘务人员,也有可能是乘务人员攻击旅客。俗话说:"一个巴掌拍不响",引发攻击行为的原因通常是双方面的。对于乘务人员来说,尽量避免攻击行为的发生,并能够有效地应对旅客的攻击行为,是一门必修课。

那么如何减少客舱中的言语攻击及肢体攻击行为呢?

(1) 提升乘务人员自身的能力与素质。如果乘务人员能够及时、有效地调整自己的情绪和行为,攻击行为自然会减少。从哪些方面做起呢?

① 良好的共情能力是乘务人员摆脱自我中心、理解别人的有效方法。共情是指一个人准确感知到对方的想法和情绪,与对方产生共鸣。有效共情可以起到拉近双方距离、安慰情绪的作用。乘务人员如果能设身处地地站在对方的立场,体会到对方的需要和情感,并真诚地表达自己的理解和善意,双方的关系怎么可能剑拔弩张呢?共情能力的培养并非一朝一夕的事,在日常生活中,有意识地观察别人的言行举止,感受别人的情感,学习用合适的语言表达自己的想法和感受,谦虚地与别人探讨问题,都可以有效提升共情能力。

延伸阅读　　　　　　　乘务人员的共情能力

共情一词源自心理咨询专业,它是心理咨询师的一个基本技能。何谓共情?共情就是一方能够准确地体察和把握对方的内心感受,与对方产生共鸣。它要求一方要尽力站在对方的角度,而不是自己的角度,因而能对对方有充分的理解。俗语说"知己难求",如果一个人的共情能力足够,他/她就可以很容易地成为很多人的"知己"。反之,如果一个人欠缺共情能力,对方就会感觉你的反应与我无关,导致双方没有共鸣之感,无法进行深层次的交流。

如果一位乘务人员具有良好的共情能力,那么面对焦急、愤怒、害怕或者无助的旅客时,他/她就可以很好地理解对方,自然地承担起安抚者和劝导者的角色。旅客遇到问题时,可能前一位乘务人员的回答让他很恼火,而后一位乘务人员的解释却让他心悦诚服,区别究竟在哪里呢?关键在于态度和沟通技巧上的差异。如果乘务人员能够站在旅客的角度和位置上思考问题、体会旅客的情绪情感,旅客就会感到舒服很多,会感受到乘务人员的诚意,因此也就不太会为难对方。这就是共情能力在交流沟通中的作用。

案例分析

共情的力量

一个新乘务员在飞机上出现了差错,导致旅客勃然大怒。乘务长走过来。

乘务长甲站在旅客面前一个劲儿赔不是,为犯错的乘务员说好话,但收效甚微,没能平息旅客的怒气。

乘务长乙径直走到旅客身边,首先以严厉的语气批评指责犯错的乘务员,以感同身受的样子说出旅客受到的"损失",替旅客抱不平,帮助旅客表达内心的愤怒和郁闷:"换我我也生气啊,怎么能这样呢?……确实是我们的错,回头我一定会上报公司,严厉惩罚犯错的乘务员……"结果,旅客反倒说:"算了,反正也没有造成太大的损失!"

分析与讨论:为什么乘务长乙与旅客的沟通更有效?

②良好的自我约束能力是乘务人员避免与旅客发生冲突的前提条件。有的乘务人员平时说话、做事比较冲动,不拘小节,有令人不快的口头禅和习惯表情,比如喜欢皱眉、撇嘴,容易引起旅客的误会;也有的乘务人员在面对"困难旅客"或"困难情境"时,容易着急、烦躁,甚至口不择言,这些都是引发双方攻击行为的潜在因素。因此,乘务人员要有意识地觉察自己的情绪和习惯,能够时时处处自我约束。

③合理宣泄负面情绪是乘务人员调整情绪的重要方法。心理学家弗洛伊德认为,每个人都有攻击本能,当自身的需要得不到满足时,就会倾向于"战斗",以保卫或夺取自己的利益。乘务人员工作压力大,面对的问题多,负面情绪如焦虑、生气、抱怨等,如果得不到及时的处理和释放,积累得多了,再遇到旅客的挑衅或者误解,就可能不自觉地进入"应战模式",对旅客进行言语上的攻击,表现为嘲讽、贬低或者指责。因此,乘务人员要经常有意识地运用倾诉、运动和幽默等方式,及时化解自己的负面情绪。

(2)乘务人员还要学会预防与应对旅客攻击行为的技巧。

旅客对乘务人员的言语攻击甚至肢体攻击在客舱服务中并不少见,乘务人员如何预防与应对旅客的攻击行为呢?

①利用社会规范约束旅客行为。社会规范的约束能够创设良好的环境,使产生攻击意图的人表现出焦虑,这种焦虑可以适当地抑制攻击行为的产生。乘务人员遇到有攻击意图的旅客时,要向他/她强调旅客遵守民航运输规范的义务,同时也可强调双方必须在规则允许的范围内进行协商。当然,乘务人员自己要以身作则,严格按照规范进行服务,在沟通过程中始终恪守"有理、有利、有节"的原则,这样,乘务人员的行为本身会对旅客的言行产生一定的约束作用。如果旅客的攻击行为涉嫌人身伤害,或者影响了飞行安全,则由机组团队按照相关程序进行处置。

②运用互惠技巧稳定旅客情绪。生活中普遍存在"知恩图报"的心理。乘务人员可以灵活运用旅客的这种心理稳定旅客的情绪。比如,当飞机等待流控的时间延长时,客舱往往会出现骚动,各种不满情绪可能一触即发,乘务人员在可能的情况下,可先为旅客送上饮料、果盘或小食品,同时真诚地向旅客表达歉意,旅客获得了这些"好处",心理上得到补偿,或可产

生"机组人员也挺不容易"这样的想法,就不容易产生攻击行为了。

③预测旅客的态度与行为。通常,人的行为受多种因素影响,比如个性、当时的情绪、环境刺激和问题归因等。举例来说,当航班延误时,一位个性比较冲动的旅客情绪比较烦躁,航班延误使他的一个重要约会即将受到影响,而且他认为航班延误极有可能是人为因素,这几个条件叠加在一起导致这位旅客很有可能采用攻击性策略来"捍卫"他的权利。乘务人员可以通过旅客的语速、动作幅度以及表情来判断旅客的心理状态,也可以根据旅客的认知与归因来预测旅客的行为倾向。当乘务人员有一个基本准确的判断时,就可以有的放矢地解除旅客的误会,安抚他/她的情绪,从而进行有效劝导。

案例分析

中国旅客机上侮辱乘务员

2014年12月12日凌晨,网友张先生爆料:"两名中国旅客飞机上侮辱空姐,结果曼谷飞南京的航班,飞了一半又返回曼谷。警察直接上飞机抓人,丢人丢到国外了。"该航班起飞后,旅客闹事,机组人员控制不住局面,返回曼谷,落地后更换机组人员,其他旅客也被迫下机。

当时到底发生了什么呢?同机旅客吴女士说,闹事的是一对20多岁的情侣,由于两人座位不在一起,他们喊空姐协调。后来两人坐到一起,但闹得很不愉快。后来,女旅客拿出自带的泡面,希望空姐能够帮其加满热水。"亚航是廉价航空,不提供免费餐食,水也是要收费的。所以旅客不愿意了,于是产生纠纷。"乘坐该航班的一旅行社负责人说道,"女旅客最终付了钱,才接到热水。但可能心里过不去,就拿起泡面朝空姐泼过去了。"

随后场面大乱,被泼空姐跑进后舱,男旅客起身大骂:"我跟你讲,我连你飞机都炸掉。"女旅客又敲窗户又敲门,扬言要跳飞机。

有旅客回忆,在冲突过程中,这对情侣后排的两名旅客也帮着指责乘务人员。但是多数旅客都在帮忙劝阻、协调。

机组人员商议后决定掉头返航。旅客回忆,下飞机后,这名女旅客便称自己有抑郁症,最终这两名旅客以及帮腔的两人被泰国警方带走。

分析与讨论: 你对这两名年轻旅客的行为有什么看法?这起事件可以避免吗?如何避免?

拓展与练习

读　心

以下任务可二选一。

1.在某个场景中,有几个人在交流(至少两人,最好是陌生人)。你作为观察者,静静地观察。你听不到他们说话的声音,只能通过表情、声音、身体动作、距离远近、服饰等各种非语言信息来判断他们的关系、情绪、个性甚至聊天内容。尽量详细地描述你的观察与判断,写一篇报告。
　　2.我们可以通过阅读一个人的表情、声音、肢体等非言语信息来了解其内心,请借助自己的经验、课外资源等,写一篇以"读心"为主题的短文。

考考你

1.客舱乘务人员的语言技巧有哪些?
2.社会交往的非语言系统包括哪些内容?
3.客舱服务中,偏见形成的原因与结果是什么?
4.客舱乘务人员如何避免攻击行为的发生?

第三章

客舱服务中的知觉

- 第一节 知觉与社会知觉
- 第二节 客舱服务中的知觉

日常生活中,你是否常常遇到这样的情况:与别人初次打交道时,我们都格外注意修饰自己的服饰仪表,并且也会特别留意对方的外貌及言行举止,并试图给对方留下一个好印象;与朋友交流过程中对方可能流露出生气的神情,这会让我们有些不知所措;不论是陌生还是熟悉,我们都希望成为别人喜欢接近的人。

试图给别人留下一个好印象,成为一个让人喜欢的人,需要我们尽可能地把自己的优势表现出来。朋友生气的表情会让我们努力回想并推测这种表情背后的原因。这一切,都和我们的感知觉有关。在客舱服务中,乘务人员和旅客大多是初次见面,即便在如此短暂而陌生的环境中,我们同样渴望彼此相处愉快,互有好感,这一切都涉及客舱服务中的知觉。

第一节 知觉与社会知觉

一、感觉与知觉

1. 什么是感觉与知觉

感觉与知觉,是人类最基本的心理现象,是对世界的感性认识,合称感知觉。

(1)感觉

感觉是人脑对客观事物个别属性的反映,是最简单的心理过程。每个人都生活在一个丰富多彩的世界里,当人们认识一种事物时,首先认识事物的颜色、声音、气味、温度、硬度等个别属性。客观事物的这些个别属性通过人的各种感觉器官反映到大脑中,大脑便获得了外部世界的各种信息,产生了相应的感觉。于是,人们就看到了美景,闻到了芳香,听到了音乐,感受到了冷热及坚硬与柔软。

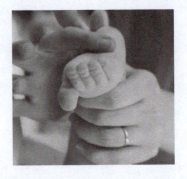

(2)知觉

知觉是人脑对直接作用于感觉器官的客观事物的整体反映,也称印象。知觉对事物的反映不是各种感觉的简单相加,而是对事物多种属性和各部分之间相互关系的综合反映,是对感觉信息的组织和解释的过程。比如,你吃着一个苹果,你既尝到了它的酸甜,也闻到了它的清香,看到了它的颜色,也触摸到了它的硬度,它是一个苹果,它是整体的。这就是你对这个苹果的知觉或印象。人们对事物的知觉中常常夹杂着个人情绪的体验和价值观的判断。比如,某旅客进入民航客舱后,看到乘务人员笑脸相迎,听到乘务人员亲切的问候,看到机舱内的座位、行李架、灯光布置等,其头脑中就会呈现飞机客舱的整体印象,他可能感觉很愉悦,也可能感觉很厌烦,这些情绪会掺杂于他对客舱的整体印象中。

(3)感知觉是人们认识世界的基础

感知觉是人类认识世界最基本却最重要的能力。第一,人们对客观世界的认识是从感知觉开始的。没有感知觉,就没有直接的经验,就不能认识世界,也不能获得任何知识。第二,感知觉是人类一切心理活动的基础。没有感觉和知觉,外部刺激就不可能进入人脑,人也不可能产生如记忆、思维、想象、情感等一系列复杂的心理活动。第三,感知觉是维持和调节正常心理活动的重要因素。"感觉剥夺"实验就是最好的例证。这个实验证实,没有刺激,没有感觉,人不仅不能形成对新事物的认识,原有的心理机能也将遭到破坏,如注意、记忆、思维、言语能力等都会出现不同程度的障碍。由此可见,感觉和知觉对于维护人的正常心理、保证人与外界环境的平衡起着极为重要的作用。

 心理学实验

感觉剥夺实验

1954年,加拿大麦吉尔大学的心理学家首次进行"感觉剥夺"实验。实验中给被试者戴上半透明的护目镜,使其难以产生视觉;用空气调节器发出的单调声音限制被试者听觉;手臂戴上纸筒套袖和手套,腿脚用夹板固定,限制被试者触觉。被试者单独待在实验室里,几小时后开始感到恐慌,进而产生幻觉……在实验室连续待了三四天后,被试者会产生许多病理心理现象,如:出现错觉、幻觉,注意力涣散,思维迟钝,紧张、焦虑、恐惧等。实验后需数日方能恢复正常。

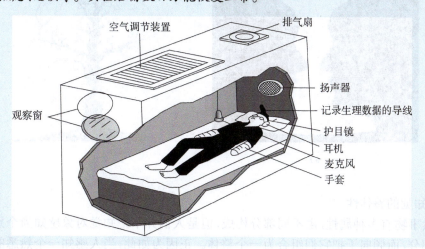

2. 知觉的特性

(1)知觉的选择性

人在知觉事物时,常常在复杂的刺激环境中有选择地选取某一部分作为知觉对象,而把

其他部分作为知觉背景,这就是知觉的选择性。比如在图3-1所示的两张图中,你分别看到了什么?当你描述你所看到的图案时,是怎样选取注意角度的?

图3-1 双关图

人们可以依据自身的目的对知觉内容进行调整,比如使对象和背景互换,如图3-1所示的双关图,也叫两可图,图a)可以看作是少女,也可看作是老妪,图b)则包含着猫和老鼠两个动物的图案。你看出来了吗?

【练一练】在下面的双关图中,你看到了什么?和同学们讨论一下,你们看到的图案一样吗?

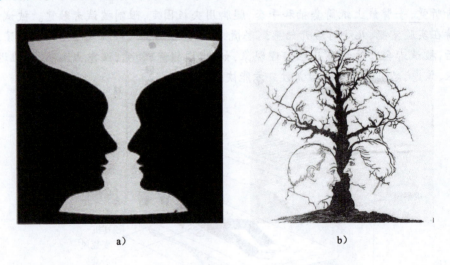

(2)知觉的整体性

虽然事物有多种属性,由不同部分构成,但是人们并不把知觉对象感知为个别的、孤立的几个部分,而倾向于把它们组合为一个整体。正因为如此,当人感知一个熟悉的对象时,哪怕只感知到了它的个别属性或部分特征,也会凭经验判断该对象的其他特征,从而产生整体性的知觉。例如,面对一个残缺不全的零件,有经验的人还是能马上断定它是何种机器上的何种部件。当一个残缺不全的部分呈现到人的眼前时,人脑中的神经联系马上被激活,把知觉对象补充完整。视野上相似的、邻近的、闭合的、连续的易被感知为一个图形,如图3-2所示。

图3-2　知觉的整体性

(3)知觉的理解性

知觉的理解性是指在知觉过程中,人们用过去所获得的有关知识和经验,对感知对象进行加工理解,并以概念的形式将其标示出来。其实质是旧经验与新刺激建立了多维度、多层次的联系,以保证理解的全面性和深刻性。在知觉的理解过程中,知识经验是关键,例如,面对一张X光片,不懂医学的人很难得到有用的信息,而放射科的医师却能看出病变与否。

人们在知觉过程中,并不是被动地感知某对象的特点,而是以过去的知识经验为依据,对知觉对象进行解释,使其具有一定的意义。例如,当人们看图3-3时,会将分散的黑色斑点组合为一匹马,将树枝组合为一张人脸。

图3-3　知觉的理解性

(4)知觉的恒常性

当知觉条件发生变化时,知觉的印象仍然保持相对不变,这就是知觉的恒常性。在视知觉中,知觉的恒常性十分明显。

视知觉的恒常性包括大小恒常、形状恒常、亮度恒常、颜色恒常。从不同的角度看同一扇门,视网膜上的投影形状并不相同,但人们仍然把它知觉为同一扇门,这是形状恒常性(图3-4)。一个人由近及远而去,在视网膜上的成像是越来越小的,但是人们并不会认为这人在慢慢变小,这是大小恒常性。煤块在日光下反射的光亮是白墙在月色下反射的光量的5万倍,但看上去我们仍然认为煤是黑的,墙是白的,这是亮度恒常性。

图3-4 知觉的恒常性

二、社会知觉

社会知觉与传统意义上的知觉有所不同,它是一个人对他人印象的形成过程,既包括对他人外部特征的知觉,又包括对其人格特征的了解,以及对其行为原因的判断与解释。人们往往通过观察他人的言行举止、仪表神情以及行为习惯而获得社会知觉,形成某种印象,尤其重要的是表情、身体动作、空间距离以及说话时的语调节奏等信息。下面我们重点讨论一下影响社会知觉的因素有哪些,以及在社会知觉过程中会发生哪些偏差。

1. 影响社会知觉的因素

在对别人形成印象的过程中,知觉者的主观因素会对知觉过程和结果产生一定影响,被知觉对象的特征以及情境也相当重要。

(1) 知觉者

①知觉者的经验:每个人都有自己的知识结构和生活经验,形成了自己的一系列认知模式。不同的人,观察相同的人和事物,会有不同的解读,形成不同的印象。比如,一位经验丰富的客舱乘务员,由于驾轻就熟,即便遇到了"困难"的旅客,也应对自如,丝毫不感觉吃力,同样的情形却会让一位新手乘务员感觉身心俱疲,这是主观经验决定的。

②知觉者的动机与兴趣:人们往往会忽略自己不感兴趣的事情,集中于自己感兴趣的事情。同样,能满足知觉者需要的事物往往会成为知觉者注意的中心。显然,对知觉者来说,兴趣与需要加强了他/她的注意力和热情,使得他/她对待某事的态度完全不同,形成的印象也自然不同。一名对空乘工作很感兴趣的乘务员,与一名对工作没多少热情的乘务员对待工作的态度会完全不同,而工作对于她们的意义以及留给她们的印象也会不同。

③知觉者的情绪:当知觉者处于积极情绪状态下时,倾向于给他人赋予积极品质,用积极的"眼光"知觉他人;反之则用消极"眼光"去知觉他人。比如一个心情愉快的乘务员,会觉得工作很有意思,旅客也很可爱。

(2) 客观因素

①知觉对象特征:如果知觉对象新奇独特、色彩艳丽或者与背景形成鲜明对比,则更容

易吸引知觉者的注意力。运动的事物也比静止的事物更吸引人的注意力。

②自我表演:心理学家戈夫曼(Goffman)认为,每个人都在通过"表演"来控制别人对自己的印象,比如强调自己的某些属性而隐瞒其他的属性。同一个人在不同的时间和场合可能表现不同,也使不同人对其印象不同,有人认为他/她热情大方,有人则认为他/她沉默固执。因此,知觉对象的自我表演确实会影响他/她留给别人的印象。

③背景参考:人们往往认为,出现于某特定环境的人必然会出现某种行为,一个人的个性特征也可以通过环境来判断。比如,经常出现于舞会的人,可能是个喜欢交际和娱乐的活跃分子;而常常出入图书馆的人,可以推知他/她喜欢安静读书。

④信息加工:信息过多、环境嘈杂会影响知觉的选择与准确度。旅客刚上飞机时,人头攒动,乘务人员很难对某一旅客形成鲜明印象,只有在信息量相对适中、注意力相对集中的情况下,人们才能正常地加工信息。

> **延伸阅读**　　　　　S航首创"儿童演绎版"客舱安全演示片
>
> 为响应中国民用航空局关于提高航空安全水平、创新安全引导模式的号召,2014年4月29日,S航正式发布了新版客舱安全演示片。新版演示片形式活泼,极具趣味性。
>
> S航前期的机上安全演示片采用的是平铺直叙式的常规模式,该模式属于国内航空公司惯用模式,欠缺亮点,无法给旅客留下深刻印象。S航此次推出的机上新版安全演示片创新性地采用了儿童演绎乘务员和机上旅客的形式,对客舱安全须知进行了全新的诠释。例如:小空姐讲解到行李不能阻碍通道时,小旅客将放在过道的书包主动安放到行李架上;在发生紧急情况后,小旅客按照小空姐的提示,将氧气面罩按要求戴在头上等。演示片一经播出就引起了活动现场观众们的积极讨论,大家对演示片的创意以及片中小朋友惟妙惟肖的角色扮演表示了肯定。
>
> 目前,国内航空公司启用的机上安全演示片主要是成人或动漫演绎形式,由于安全须知枯燥、乏味,旅客关注度不高,对安全应急知识了解不够,以至于在乘机过程中发生人为的不安全因素事件,不仅给旅客生命财产安全造成巨大隐患,也给航空公司带来不必要的损失。
>
> 观看过S航新版客舱安全演示片的旅客马先生说:"自己多年来频繁乘坐飞机出行,常常能看到各航空公司的安全演示片,感觉都较为传统,可看性不足,而S航推出的演示片创意新颖,内容也容易记住,使旅客的注意力更容易集中。"

2. 社会知觉偏差

俗话说"眼见为实",但事实上,我们的知觉往往不是那么准确。由于受某些知觉规律的影响,社会知觉可能发生以下偏差。

(1)首因效应与近因效应

俗语"良好的开端是成功的一半""新官上任三把火"指的就是首因效应。所谓首因效应,是指在印象形成过程中,最初获得的信息对印象形成具有更大的影响。此现象也被称为第一印象作用。在交友、求职等社交活动中,如果你能给对方留下一个好的第一印象,以后的交流就要容易得多。

近因效应则是指新近获得的信息对印象形成的影响要比以往获得的信息影响更大。熟悉的人,如朋友、同学、同事,特别是亲密的人之间容易出现近因效应。例如,一直要好的同事或搭档,忽然冒犯了自己,自己会感到恼怒,轻则很不愉快,重则反唇相讥、针锋相对,使双方的关系和印象受到很大影响。因此,在熟人之间尽量不要"把话说死,把事做绝",要时不时给对方留下一点好印象,才能一直维持良好的关系。

延伸阅读　　　　　第一印象的作用

一位心理学家曾做过这样一个实验,他让两个学生都做对30道题中的一半,但是让学生A做对的题目尽量出现在前15题,而让学生B做对的题目尽量出现在后15道题,然后让一些被试人员对两个学生进行评价:两相比较,谁更聪明一些?结果发现,多数被试人员都认为学生A更聪明。

有这样一个故事,一个新闻系的毕业生正急于寻找工作。一天,他到某报社对总编说:"你们需要一个编辑吗?""不需要!""那么记者呢?""不需要!""那么排字工人、校对呢?""不,我们什么空缺也没有了。""那么,你们一定需要这个东西。"说着他从公文包中拿出一块精致的小牌子,上面写着"额满,暂不雇用"。总编看了看牌子,微笑着点了点头,说:"如果你愿意,可以到我们广告部工作。"这个大学生通过自己制作的牌子表达了自己的机智和乐观,给总编留下了美好的"第一印象",引起其极大的兴趣,从而为自己赢得了一份满意的工作。

与之相反的一个例子,《三国演义》中大才子庞统面见孙权,打算效力东吴。孙权见庞统相貌丑陋,心中先有不快,又见他目中无人,更觉不快。最后,这位广招人才的孙仲谋竟把与诸葛亮齐名的奇才庞统拒于门外。

无独有偶,美国总统林肯也曾因为相貌偏见拒绝了朋友推荐的一位才识过人的阁员。当朋友愤怒地责怪林肯以貌取人,说任何人都无法为自己的天生脸孔负责时,林肯说:"一个人过了四十岁,就应该为自己的面孔负责。"虽然林肯以貌取人并不可取,但我们却不能忽视第一印象的巨大影响力。

(2)晕轮效应

晕轮效应是指我们在观察某个人时,对于他的某种品质或特征有清晰明显的知觉,从而掩盖了对这个人其他特征和品质的知觉。晕轮效应也被称为光环效应,本质上是一种以偏概全的认知上的偏差。中国有一个寓言生动地描述了"晕轮效应"现象:有一个人丢了一把斧子,怀疑是邻居偷的,于是他留心观察,发现这个邻居一举一动都像偷斧子的人;后来,他在山上砍柴时找到了丢失的斧子,再仔细观察那个邻居,又觉得邻居不像偷斧子的人了。故事中的人用部分信息概括了邻居整个人,这是以偏概全的典型故事。生活中的晕轮效应随处可见,人们会根据一个人的装束、谈吐来判断这个人的身份、性格及社会地位;也会因为喜欢或者讨厌某人的某一特点,而喜欢或者讨厌他/她这个人。

（3）投射效应

俗语"以小人之心度君子之腹"生动地描述了人际交往中的投射效应。所谓投射效应，是指以己度人，人们把自己的感情、意志、想法投射到外部世界，并强加于人的一种心理。在人际认知过程中，人们常常假设他人与自己具有相同的观点、爱好或倾向，也常认为别人理所当然地知道自己心中的想法。

心理学家曾做过这样的实验来研究投射效应，在80名参加实验的大学生中征求意见，问他们是否愿意背着一块大牌子在校园里走动。结果，48名大学生同意背牌子在校园内走动，并且认为大部分学生都会乐意背；而拒绝背牌子的学生则普遍认为，只有少数学生愿意背。可见，这些学生将自己的态度投射到了其他学生身上。

在日常生活中，我们常常会把自己的想法和意愿投射给别人，自己喜欢的东西，以为别人也喜欢；自己厌恶的东西，以为别人也厌恶；父母总喜欢为子女设计前途，为孩子选择学校和职业，以为那也是孩子喜欢的。凡此种种，让我们失去了人际沟通中的客观性，因主观臆断而陷入偏见的陷阱。

（4）知觉防御

知觉防御是指人们对不利于自己的信息会视而不见或加以歪曲，以达到防御和自我保护的目的。当知觉者发现被知觉对象与自己已定型的心理模式不相符合时，便会通过忽略那些不相符的部分，或者加以歪曲，从而有效地避免"挫折感"或"不适感"。

知觉防御的积极作用是能够缓冲刺激，当人们受到强烈刺激时，需要一定的防御机制，以增强心理承受能力。但是，要真正解决问题，光靠回避和歪曲知觉对象是不行的，必须客观地修正自己的心理定型模式，使之与外部世界相适应。

（5）刻板效应

刻板效应，又称为"定型效应"。所谓刻板效应，是指人们对某一类人或事物有固定、概括、笼统的看法。人们头脑中的定型不胜枚举。比如，说到商人，容易和"无商不奸"相联系，说到军人,容易让人联想到"刚强、威武、守纪律",这是职业上的刻板印象;不同地区的人,人们也有一定的刻板印象,比如东北人豪放、幽默,上海人精明、守信;对于不同职业,在人们的心目中,知识分子是戴着眼镜的"白面书生",农民则是粗手大脚、质朴安分。

第二节 客舱服务中的知觉

对航空公司来说,民航旅客对航空公司的印象是非常重要的,它影响着旅客对航空公司的选择,也影响着航空公司的社会形象。旅客对航空公司的印象来自旅客对乘机环境、服务人员的知觉,也来自与服务人员交往过程中的想法和感受。客舱乘务人员不仅要善于观察旅客,而且要了解自己,这样才能知己知彼,给旅客留下好的印象。

一、乘务人员对旅客的印象形成

乘务人员通过感知旅客的外部特征,结合自己的经验,对旅客形成一定的印象,进而对其行为、情感、意图及动机有了相应的认识。俗话说,"听其言,观其行而知其人。"这里所说的"行"是个宽泛的概念,包括人的面部表情、身体姿态及言行举止等。

由于客舱服务的短暂性、限制性和不对等性,而旅客们又都形形色色,乘务人员需要在短时间内对各位旅客形成一定的印象,并根据该印象对旅客的身份、个性形成判断,以便在服务过程中进行言行上的"微调",使服务更加个别化。比如,有的旅客需要更多的关注,也有的旅客不喜欢被打扰;有的旅客要小心谨慎地对待,有的旅客则可以开开玩笑。因此,乘务人员要掌握一定的"读心术",透过外表了解旅客的特点,以便使用不同的交流方式,尽量令每位旅客满意。

1. 影响乘务人员对旅客印象形成的因素

(1)旅客的外部形象和言行举止

①外部形象:一个人的外部形象是其内在愿望、审美、动机等的综合表达,中国人素有"相由心生"的说法,如果一个人长相端庄、和善,会立刻让人心生好感。乘务人员可以通过旅客的外部形象大概猜测其职业、喜好及内在性格。比如,服饰比较新奇、别致的旅客,通常追求美观、独特,也比较有自我主张;服饰颜色鲜艳、样式夸张的人,性格一般外向、热烈、大胆;而穿着较为宽松、随意的人,通常比较追求自由自在,不喜欢服从。

②旅客的言行举止:旅客的个性与需要通常经由其言语、表情、动作表现出来。下面我们来描述一下部分客舱旅客的言行举止,并分析其性格,尤其列举出乘务人员需要特别关注的旅客的言行举止。

在客舱里大声喧哗的人,通常不太在意别人的感受;不讲究卫生的人,可能不会很尊重别人的劳动。

说话声音响亮而放松的人,通常爽朗好相处;声音响且缺少耐心的人,可能是冲动型性格,特别需要别人的关注;而声音适中柔和,伴随着温和眼神的旅客,情绪稳定,通常也较为体谅别人。

因为一张报纸、一杯水就大声嚷嚷或胡搅蛮缠的人,说明其情绪很不稳定,或者特别斤斤计较,乘务人员要特别谨慎地对待他/她,避免与之发生冲突。

放行李、坐座位喜欢多占地方,进入飞机时使劲儿往前挤的人,特别在乎利益得失,在自认为利益受损时会特别激动。

反复按呼叫铃,喜欢抱怨的人,希望获得更多关心和尊重。

趾高气扬、喜欢指使乘务人员的人,希望自己高人一等,想要别人承认他/她的价值,他们如果对服务不满意,可能会大动干戈,比如骂人或者投诉。

说话时不看人眼睛,保持双臂交叉的坐姿,说明该旅客刻意与人保持距离,不太信任别人。

（2）乘务人员的兴趣与情绪

当一位乘务人员对一位旅客做好了热忱服务的准备,情绪也较为平静、愉快时,哪怕在工作中碰到再大困难,旅客留给她的印象也不会太坏。相反,一位乘务人员对工作感到厌烦,或者情绪低落,当旅客多问几句或提出一些正常要求时,她就容易感到"麻烦",同时会对旅客印象不佳。比如遇到无人陪伴的儿童旅客或者需求比较特别的老年旅客,工作过程或许确实不易,但乘务人员的心理状态会决定他/她如何看待旅客的需求,也决定他/她如何看待旅客。

（3）社会知觉偏差

社会知觉偏差是人们在相互交往中普遍的心理现象,没有谁可以例外。首因效应强调第一印象的重要性,晕轮效应描述的是以偏概全的知觉现象,刻板效应指人们对某一群体有标签性的看法,投射则描述人们以自己的想法、情感揣度别人的知觉方式。无论哪种知觉效应,都可能使人对观察对象持有不完全客观的看法,从而造成沟通障碍,或者形成误会。

2. 印象形成如何影响客舱服务工作

乘务人员对不同的旅客留有不同的印象。这些印象会对客舱服务有帮助吗？会不会对交流产生障碍呢？比如一位年轻的乘务人员注意到一位儿童旅客很兴奋,动作语言很多,对他产生的第一印象是什么呢？乘务人员与儿童打交道的经验并不多,会不会产生畏难情绪呢？乘务人员有时可以巧妙地利用对旅客的印象,进行个性化的服务,有时又需要及时地调整自己的心理状态,心平气和、一视同仁地对待不同的旅客,这就需要乘务人员能正确理解旅客印象与客舱服务的关系。

①对旅客的印象形成可以帮助乘务人员有的放矢地为各类旅客服务。民航服务不可能选择旅客,乘务人员要敏感、细心地观察旅客,了解各类旅客的基本特点,有的放矢地与之交流。比如,对冲动型旅客要及时满足其要求,不要让其等待太长时间;对情绪不稳定的旅客要注意安抚其情绪,避免"火上浇油";对需要关注的旅客,多一些眼神接触,多问询、多指点;对特别"高傲"的旅客要表现得更加谦虚、包容,不要计较他们的态度。乘务人员会遇到形形色色的旅客,只要持以真诚、热情和善意的态度,灵活运用"待客"之道,就会让旅客产生"宾至如归"的舒适感。

②乘务人员要积极调节自己的动机与情绪,以对旅客形成更为正面的印象。动机是人

们行为的驱动力,而情绪则使人际关系之间弥漫着或明快或灰暗、或温暖或冷漠的色彩。无论面对什么样的旅客,哪怕有的旅客给人印象不佳,只要乘务人员对于工作的态度是积极的,情绪是稳定的,对旅客就能更一视同仁,遇到问题就能更耐心地解决,哪怕旅客不讲道理也能更好地包容和谅解。因此,动机和情绪对于工作来说是一种心理准备,具备积极的动机和情绪会使乘务人员对旅客的印象更为正面。

③避免知觉偏差对客舱服务的影响。乘务人员既要利用第一印象或刻板印象里所包含的信息,对旅客进行情绪、行为及性格方面的分析与判断,使服务更有针对性,又要尽量按照旅客"此时此地"的表现对其进行回应,提醒自己不要戴着"有色眼镜"看人,不要以偏概全,避免知觉偏差的影响。

二、乘务人员的印象管理

乘务人员与旅客的交流基于双方信息的交互性和意愿的自觉性,信息的交互性是指双方的言行始终是相互回应、相互影响的,意愿的自觉性是指双方愿意积极主动与对方交流、合作。乘务人员作为"客舱的主人",是具有主动性的一方,不仅要积极地影响旅客,更要有意识地引导旅客。因此,乘务人员要力求给旅客留下好的印象,才能使人心悦诚服。这就是印象管理。乘务人员要了解自己的优缺点,了解自己与人相处时的风格,也要了解自己在工作中扮演的多重角色,管理好自己的职业形象,真正做到"知己知彼,百战不殆",使自己的服务能力迈上新的台阶。

1. 深入了解自己

乘务人员各有各的个性,各有各的人际交往模式,甚至智商也是不同的,这些都不妨碍一个人成为一名优秀的乘务员。重要的是,乘务人员需要客观地了解自己,如果有人问你以下问题,你会如何回答呢?比如,你的长相有亲和力吗?你的笑容自然吗?你说话的习惯给人感觉如何?你喜欢这份职业吗?你控制情绪的能力如何?你的自信心水平如何?你害怕面对冲突吗?你有工作激情吗……这些问题的答案或许并非一成不变,无论是刚刚参加工作的乘务人员,还是成熟的乘务人员,都要不断地觉察自己的想法和感受,也要了解自己留给别人的印象,唯有通过了解,才有可能不断地调整自己对工作及旅客的认识、感受以及行为,才有可能不断地成长和发展,从而在客舱服务中扬长避短,成为真正优秀的乘务人员。

2. 增加人际吸引力

客舱服务是乘务人员与旅客人际交往的过程,成功的人际互动以良好的人际关系为基础,尽管客舱服务具有临时性和短暂性的特点,但是每一位乘务人员要能够快速与旅客建立关系,并在此后的交流中维持关系,这是一种基本的职业素养。人际知觉的一个主要特点是有明显的情感因素参与,例如乘务人员喜欢某一类型的旅客,对另一些旅客反感;旅客同样如此,喜欢某位乘务员,却不喜欢另一位乘务员,但却说不清楚原因。

乘务人员对自己的人际吸引力、人际交往特点都应有所了解,比如自己是一个讨人喜欢的人吗?沟通技巧如何?面对不喜欢的旅客,能正确地应对吗?倾听和表达的能力如何?这些问题都是乘务人员需要回答的。人与人交往,顺利与否,取决于相互理解与合作的程度,两个相互吸引的人更容易交流成功,两个相似的人容易互相理解,交流的次数越多,越有可能相互吸引,当然也有可能随着了解的增加而相互排斥。乘务人员需要了解如何提升自己的人际吸引力,详见"延伸阅读:如何提高人际吸引力"。

延伸阅读 　　　　　　如何提高人际吸引力

　　人际吸引是个体与他人之间情感上相互亲密的状态,是人际关系中的一种肯定形式。人际吸引是在合群需要的基础上发展起来的。按吸引的程度,人际吸引可分为亲和、喜欢和爱情。亲和是较低层次的人际吸引,喜欢是中等程度的人际吸引,爱情是最强烈的人际吸引形式。

　　人们喜欢与情绪愉快的人在一起,也喜欢与能给予他/她"好处"的人在一起。有的人非常具有人际魅力,有的人则遭人排斥,这到底是为什么呢?

　　影响人际吸引的因素主要有以下几点:

　　1. 熟悉与邻近

　　熟悉能增加吸引的程度。此外,如果其他条件大体相当,人们会喜欢与自己邻近的人。熟悉性和邻近性均与人们之间的交往频率有关。处于物理空间距离较近的人们,见面机会较多,容易熟悉,产生吸引力,彼此的心理空间就容易接近。常常见面也利于彼此了解,使得相互喜欢。但交往频率与喜欢程度的关系呈倒U形曲线,过低与过高的交往频率都不会使彼此喜欢的程度提高,中等交往频率时,彼此喜欢程度较高。

　　2. 相似性

　　人们往往喜欢那些和自己相似的人。比如,价值观及人格特征的相似,兴趣、爱好等方面的相似,社会背景及地位的相似,年龄、经历的相似等。实际的相似性很重要,但更重要的是双方感知到的相似性。

　　3. 互补

　　当双方在某些方面看起来互补时,彼此的喜欢也会增加。互补可视为相似性的特殊形式。以下三种互补关系会增加吸引和喜欢:需要的互补;社会角色的互补;人格某些特征的互补,如内向与外向。当双方的需要、角色及人格特征都呈互补关系时,所产生的吸引力是非常强大的。

　　4. 外貌

　　在生活中不难发现,大家都喜欢漂亮的人,因为爱美之心,人皆有之。一个人的体型、长相、动作、风度及服饰会给人留下第一印象,在交往初期,第一印象非常重要,它甚至使人联想到其他特征,比如性格、身份等。人们往往以貌取人,外貌美能产生光环效应,人们倾向于认为外貌美的人也具有其他的优秀品质,虽然实际上未必如此。

　　5. 才能

　　才能会增加个体的吸引力。但是,如果这种才能对别人构成社会比较压力,让人感受到自己的无能和失败,那么才能不会对吸引力有帮助。研究表明,有才能的人如果犯一些"小错误",会增加他们的吸引力。

6. 人格品质

人格品质是影响吸引力的最稳定因素,也是个体吸引力最重要的因素之一。美国学者安德森研究了影响人际关系的人格品质。排在最前面、喜爱程度最高的六个人格品质是真诚、诚实、理解、忠诚、真实、可信,它们或多或少、直接或间接同真诚有关;排在系列最后、受喜爱水平最低的几个品质如说谎、假装、不老实等也都与真诚有关。另外,热情这一品质对人际吸引力的影响也很大,热情容易让人联想到友善、助人、合作等美好品质,因此,它是一个"中心"品质。

影响人际吸引力的几个方面并不孤立地起作用,是相辅相成的互补关系。比如一个长相和衣着都很漂亮的人却出口伤人,显得粗俗无知,他/她将失去外表的吸引力而被人厌恶。"我很丑,但很温柔",就是性格弥补了长相,内在美弥补了形象的不足。

【练一练】 和同学讨论并分享一下,你的人际吸引力中最具优势的部分是什么?待提高的部分呢?

3. 扮演好乘务人员的职业角色

所谓角色是指某个人在某个场合中的身份,同时社会对该身份有一整套权利与义务的规定及行为模式的期待。每个人都担负着多个角色,比如一位乘务员,对父母来说是女儿,对丈夫来说是妻子,同时可能还是某些人的朋友,是社会公民,或许还是一位母亲。人们对各种角色都有一定的社会期待,每个人都要根据自己在某时某地扮演的角色而调整自己的行为。

乘务人员是一个工作角色,代表某家航空公司为旅客服务,但是从微观的角度看,乘务人员可能是服务员,也可能是协调员,遇到旅客生病,又可能是医生或护士,遇到需要特别照顾的人,也可能是一位照料者,或许还是搬运工,甚至是出气筒。

总之,乘务人员要扮演好旅客所需要的各种角色,才能让旅客最大限度地满意,为航空公司塑造良好的企业形象贡献一份力量。

延伸阅读 乘务人员的这些"角色"你们知道吗?

"在几天前的航班上,发生了这样一个令我感触颇深的事情。临近航班落地还有1个小时,一位60岁左右年纪的阿姨突然发生了呕吐现象,伴随着呕吐还出现了胸口疼痛、呼吸困难等症状。我们询问后得知这位阿姨有心脏病史,于是我们迅速在她随身携带的行李中找到自带药物,并帮助她服下,同时还帮助她松解开衣物、放倒椅背,打开通风口,但她还是有急促的呼吸声,表情也比较痛苦。我们又拿来了氧气瓶、温水、湿毛巾等,阿姨看着这些吃力地向我们点点头,表示这些措施确实都是她需要的。经过努力,阿姨通过吸氧呼吸平缓下来,最后也可自主呼吸了。看着她转危为安,我们都松了口气。"一名南航新疆分公司乘务员娓娓道来。

或许对于很多旅客来说,每天在飞机上,乘务人员的工作无非就是微笑着为他们端端茶、送送餐饮;又或者是在他们读报时,为他们打开阅读灯;他们睡觉时,为他们盖上毛毯,尽己所能为旅客提供一切优质服务。殊不知,虽然乘务人员做的是服务工作,但她们的工作在高空,一旦舱门关闭,乘务人员作为客舱的主人,保证客舱安全将是她们做好服务工作的前提和基础。因此每年航空公司都会花大量精力和时间,用在乘务人员年度定期复训上,其目的就是为了让乘务人员熟练掌握专业的客舱医疗救护知识和应急处置技能等,当面对一些突发情况时,她们能扮演多重角色,在可控的情况下,给予旅客最大帮助,尽可能地避免任何危险发生。

1. 乘务人员有时需要做"白衣天使"

"对于一个心脏病人来说,这几分几秒的抢救十分重要,抓住了这几分几秒就有可能挽救生命。在这样的时刻,我们空中服务人员必须成为'白衣天使',让旅客转危为安。"在每年乘务年度定期复训的应急医疗救护课程中,培训教员总会对乘务人员重复说这样一句话;而每年的应急医疗救护训练课程,培训教员也总会要求乘务人员严格按照一个客舱乘务组的模式进行编组,在救护实际操作中模拟客舱中发生的真实场景;要求每一位乘务组人员都要亲自上手,严格遵照胸外按压与人工吹气,成人30:2,儿童和婴儿单人30:2、双人15:2的比例,徒手进行完整的心肺复苏操作,并将判断客舱周围情况、判断旅客意识、报告乘务长寻找医生、人工吹气、胸外心脏按压等步骤连贯起来,进行应急救护操作。

与此同时,乘务人员还要接受传染(污染)源及可疑传染病的防护,客舱内血液、尿液、呕吐物和排泄物消毒处置及隔离方法等一般训练,以及创伤止血、现场包扎、骨折固定、搬运护送、妊娠及分娩处置等特殊训练。

2. 乘务人员有时需要做"消防员"

还记得有一次在乘务人员危险品培训中,培训教员模拟了这样一个场景:一架飞往某城市的飞机上,一名高中生正在专心致志地玩着笔记本电脑。突然间,他慌张地从座位上蹿起来,大叫着:"啊!我的电脑着火了。"只见他的笔记本电脑冒出阵阵白色的烟雾,并散发出刺鼻的气味,他身边所有的旅客全都大喊了起来,顿时,整个客舱乱作一团。

"低头、俯身!"客舱乘务员安抚着旅客,组织旅客用湿毛巾捂住口鼻,使用灭火瓶实施灭火、降温。发现火情的第一位乘务员在第一时间内迅速做出判断,并在传递消息的同时已经取出了客舱最近的灭火器实施灭火,同时对第二位最近的乘务员喊着:"我来灭火,你去报告!"这时,已经有第三位乘务员送来了增援的灭火瓶。整个乘务组应对突发事件的处理过程紧张有序,有条不紊。

在飞机上,舱壁突然着火该怎么办?由于不明液体引发客舱着火该怎么处理?该如何更好地妥善保护旅客?空中失火的处置对于乘务人员就像平日里客舱服务程序的实施一样熟练。一旦发现火源,在安抚并疏散旅客的同时,必须确定火源的性质,选择合适的灭火设备进行科学灭火。乘务人员危险品培训主要就是锻炼乘务人员的反应能力以及她们的配合默契。

3. 乘务人员有时需要做"水上救生员"

"抱紧防撞!Brace for impact!抱紧防撞!Brace for impact!"一声声清晰、

准确、有力的机上应急撤离口令声从乘务员的口中喊出,紧接着她们迅速打开舱门、滑梯充气、跳水、快速引导旅客跳水撤离、协助旅客游泳并登上救生艇……这是乘务人员在进行紧急撤离训练,水上救生演练中出现的一个场景。

在乘务人员定期复训中,培训教员会模拟飞机在起飞时,突然发生舱壁失火,飞机发动机失效、中断起飞,机长决定进行水上迫降后,乘务组采取的一系列"无准备的水上应急撤离"程序。其中包括用口令指示旅客采取防冲击姿势;教员通知水上迫降,乘务人员组织旅客撤离飞机,协助旅客游泳登上救生艇,上船后解开系留绳,将救生船划离飞机等一系列应急措施。

由于是应急情况,乘务员为了保证旅客有序撤离,在撤离中做到不慌乱,全都是背对着舱门跳入水中的,容不得半点犹豫和踌躇,跳下水后还要对还在客舱中的旅客大喊:"一个一个来,请不要紧张、不要慌乱",同时还要协助不会游泳或者是因为紧张导致腿部抽筋等突发情况的旅客游到救生艇上。看似娇柔的她们必须熟练掌握游泳救生技巧,熟练掌握帮助旅客撤离逃生的技巧,一旦险情发生,她们必须首当其冲,帮助旅客脱离险境。

不过,不管是"白衣天使""消防员"还是"水上救生员",或者其他"角色",这些美丽的乘务人员从飞上蓝天那一刻起,就被烙上了服务安全守护者的烙印。或许对于她们来说,只要是旅客需要,她们都会尽可能地多扮演一些角色,给旅客提供及时的帮助,因为她们肩上所背负的是旅客的安全,是客舱的安全。

【练一练】你认为自己哪个角色做得最好?哪个有待提高?

三、旅客在客舱服务中的知觉

旅客是服务的接收者,也是客舱服务的评价者,客舱服务留给他们的印象来自多个方面。

1. 旅客对航空公司及飞机的知觉

各种民航客机的功能基本相同。而旅客对航班的选择,主要与以下几方面因素密切相关:起飞时间、是否准点到达、经停次数、民航服务人员的态度、飞机类型及相关硬件设施等。

首先,现代人选择乘坐飞机,最主要是出于对时效性的考虑。因此,航班是否准点起飞、降落,以及航班具体的起降时间就格外重要。

其次,旅客在相同条件下,会希望选择直达航班。因为直达航班起降次数少,最大可能地避免了因经停而造成的航班延误以及其他麻烦的发生。

再次,民航服务人员的态度是影响旅客选择航班的关键因素之一。相互竞争的航空公司,除了起降时间外,往往价格无太大差异,这样一来,服务人员的服务态度成为旅客选择航空公司的一个重要参照。

最后,飞机类型、大小,驾驶员飞行经验与水平,飞机上的相关硬件设施,甚至航餐是否可口等,都是旅客选择航班的标准。

总之,旅客对航空公司及飞机的知觉线索,主要与该航空公司能否满足旅客的基本需求有关,如对时间、安全、舒适及尊重的需求。

2. 旅客对环境的知觉

机上服务是整个民航服务的重中之重,乘务人员与旅客在狭小封闭的客舱内,在几十分钟至几小时或几十小时的时间内所完成的互动,在很大程度上影响着旅客对整个航程及航空公司的印象。

(1) 旅客对机上服务环境的知觉

环境的色彩、温度、湿度、灯光照明、气味以及广播音量大小等,都直接影响着旅客的各种感觉。心理学实验表明,室内闷热,会使人注意力分散,心烦,情绪急躁。客舱温度维持在17～25℃之间,根据季节适度微调,旅客会感到比较舒服。广播声音不要太响,也不宜过轻,温和、轻柔而清晰的声音能够创造温馨、和谐的客舱氛围。视觉是人体最重要的感觉,人们所获得的信息绝大部分来自视觉,对颜色的感知就是重要的心理现象之一。比如,红色象征喜庆,让人产生热烈、兴奋的感受;绿色让人感觉到青春、活力和希望;黄色让人联想到豪华和温暖;蓝色使人放松、镇定;白色则象征纯洁和开放。比如,中国东方航空公司第五套制服以藏青色为基本色,配以鲜红的宽腰带,既体现了海派风格,又具有国际时尚感。丝巾以莲花和康乃馨为主题,向旅客着传递温馨、舒适、踏实的感觉。

案例分析

机上感受"云南印象"

从昆明飞往上海的某航班上,旅客们在机舱内感受到了浓郁的云南风情"请问您是要木瓜鸡肉饭,还是要猪肉过桥米线?"身穿云南少数民族服饰的空姐不厌其烦地向旅客提供云南美食。

在此航线上,除了美食,旅客们还可以享受到各类特色服务,参与"看云南——民族风光之旅""听云南——民族音乐之旅""品云南——普洱茶文化之旅"等专题活动。旅客在乘坐飞机时,能看到、听到、品尝到、触摸到具有云南特色的文化,还能得到云南干花香包、牛骨粉系列挂饰等具有浓郁云南特色的礼品。

分析与讨论:在此案例中,航空公司采用了哪些方法来"讨好"旅客?如果你是该航班上的一名旅客,航程结束后,你会如何描述你对此航程的印象?

(2) 旅客对机上乘务人员的知觉

旅客对机上乘务人员的知觉是通过以下几个方面获得的。

首先,旅客对乘务人员的外在仪表有直观的视觉印象,如乘务人员的外形、服饰及发型都是旅客首先感知到的信息。自然端庄、大方得体是乘务人员留给旅客美好印象的基本条件。

其次,乘务人员的言行举止和表情动作是旅客知觉的重要内容。我们知道,人的社会知觉不仅包括对事物外在特点的认识,更包含着对该事物内在特征、动机归因方面的推测与判断。在服务过程中,旅客通过乘务人员的一言一行,甚至细微的表情、动作,来推断其服务态度的好坏和职业能力的高低。

因此,要想赢得旅客的喜爱,给旅客留下一个美好的印象,客舱乘务人员不仅要从外在形象上严格要求自己,还要在言行中体现出良好的职业素养,让旅客感到放心和满意。

> 拓展与练习

> **印象管理**
>
> 1.一个人的形象包括打扮、喜好、性格、社交风格等,请按以下步骤进行资料收集。
> (1)访谈同学或父母,收集他们对你在以上几方面的印象。
> (2)从以上几个方面,对自我形象进行描述,如果不太好描述,用"我是""我喜欢/我不喜欢""我经常"等作为开头造句。
> (3)你希望自己未来的形象是怎样的?
> (4)如果需要,你打算如何提升自我形象?
> 2.根据以上材料,以"自我形象描述与展望"为主题,撰写一份报告。

1.知觉的特性有哪些?
2.影响社会知觉的因素有哪些?
3.生活中有哪些现象反映了知觉偏差?客舱服务中如何识别和利用这些知觉偏差?
4.在客舱中,乘务人员可以做哪些努力使旅客对航空公司留下好印象?

第四章

个性心理与客舱服务

* 第一节 气质
* 第二节 性格

在机场或者飞机客舱里,细心的乘务人员会发现,有的旅客喜怒哀乐都写在脸上,说话又响又快,有的则轻声细语,动作轻柔;有的情绪火爆,动辄会跳起来,有的则平静如水,仿佛对任何事都无动于衷;有的旅客看起来非常果断,并且有主见,有的则人云亦云,跟着瞎起哄;有的旅客十分尊重乘务人员,有的则一副自以为是的样子……旅客的这些特点,其实既反映了他们当时的心情与需要,也反映了他们的个性特点。

在本章,我们主要介绍气质与性格这两种个性心理。

第一节 气质

一、气质概述

气质,通常指的是一个人在谈吐之间流露出来的高雅与低俗、高傲与谦和,古人云"腹有诗书气自华",此处的"气"指的就是通常意义上的气质。然而,心理学的专业名词"气质",其含义与通常意义气质完全不同,它指的是人们心理过程的快慢、强弱、外向性与内向性等特征,与高雅庸俗等完全无关。

1. 什么是气质

气质是人的个性心理特征之一,是一个人心理活动稳定的动力特征。所谓动力特征,是指人们在心理活动过程中的动态特征,包括:

(1)心理过程的强度,如情绪的强弱、意志努力的程度等。

(2)心理过程的速度和稳定性,如知觉的速度、思维的灵活程度、注意集中时间的长短等。

(3)心理活动的指向性,如有的人倾向于外部事物,有的人倾向于内部体验。

人的气质在很大程度上是由遗传决定的,具有先天性。因为气质的特性依赖于神经系统的特征,而神经系统是由遗传决定的。因此,气质在人的一生中不会轻易改变,具有极大的稳定性。根据研究表明,具有相同遗传生理特性的同卵双胞胎,要比特性上不完全相同的异卵双胞胎在气质上相似得多,即使把同卵双胞胎放在两种不同的生活条件、教育条件下进行抚养,他们的气质特性也不会有显著的差别。

2. 气质的生理基础

为什么不同的人具有不同的气质特征呢?人类一直对此现象深感困惑,也试图利用有限的知识和想象来解答这一问题。

我国古代《黄帝内经》认为,"人之生也,有刚有柔,有强有弱,有短有长,有阴有阳。"它还指出男女性别之间的气质差异,女子"有余于气,不足于血"。它根据人体阴阳之气的比例将人分为太阴之人,少阴之人,太阳之人,少阳之人,阴阳和平之人。"盖有太阴之人,少阴之人,太阳之人,少阳之人,阴阳和平之人,凡五人者,其态不同,其筋骨气血各不等。"阴阳五态之人是《黄帝内经》归纳出的五种典型类型,但在一般人中典型类型是少见的,因此它将人的气质又进一步划分为阴阳二十五种类型。《黄帝内经》中对气质的类型划分早于盖伦300余年,早于巴甫洛夫2000多年。

古希腊医生恩培多克勒(约公元前495年)提出,人有四根,即身体的固体部分是土根、液体部分是水根、呼吸系统是空气根、血液是火根。他认为,人的心理差异是由于人身体上的"四根"相互配合的比例不同而产生的。之后,古希腊著名医生希波克拉底,发展了"四根说",提出人体内有血液、黄胆汁、黑胆汁和黏液。他认为血液生于心脏、黄胆汁生于肝、黑胆汁生于胃、黏液生于脑。根据人体的四种液体混合的比例不同,分为四种气质:血液占优势的属于多血质,黏液占优势的属于黏液质,黄胆汁占优势的属于胆汁质,黑胆汁占优势的属于抑郁质。显然,希波克拉底划分四种气质的依据缺乏一定的科学性,但他提出气质类型的名称一直沿用至今。

在希波克拉底之后,罗马著名的解剖学家兼医生盖伦,首次使用"气质"这一概念。他除了用生理与心理特性之外,还加进了人的道德品质,这些因素组成13种气质类型。从那时起,人们就一直使用气质这一术语来说明人的自然心理差异。

在近代、现代心理学中,研究气质学说的人有许多,也有各种不同的说法和观点。其中影响较大的有体型说、血型说等。如德国精神病学家克列奇默提出的体型说,他根据人的体型把人分为肥胖型、瘦长型、斗士型和虚弱型四种。日本古川竹二提出气质是由血型所决定的,认为人的血型有A型、B型、O型、AB型,这些血型形成人的四种气质类型。这些划分都缺乏一定的科学依据,所以未能被人们接受。

由于气质本身的复杂性,研究手段及研究者们所持观点的局限性,以上研究均未能从根本上揭露气质的本质和作用。直到20世纪20年代末,俄国生理学家巴甫洛夫提出了关于神经系统的基本特性的学说,才为气质奠定了科学的生理基础。

巴甫洛夫在研究动物的条件反射现象时发现,不同动物的高级神经活动过程是不同的,因此,其反应和行为也有所不同。

延伸阅读　　　　　巴甫洛夫与条件反射　　

巴甫洛夫·伊凡·彼德罗维奇

1849年9月26日,巴甫洛夫出生于俄国,他是一位实验生理学家,专注于对消化系统的研究。19世纪末的一天,在研究胃反射时,巴甫洛夫注意到了一个奇怪的现象:没有喂食时,狗也会分泌胃液和唾液。比如,在正式喂食前,如果狗看见喂养者或者听见喂养者的声音,就会分泌唾液。然而,听见喂食者的声音或看见喂食者的形象,这两种刺激很显然都与分泌唾液这种反射行为没有直接的联系,它们又是如何引起这一反射行为的呢?

为了研究这一问题,巴甫洛夫设计了这样的实验:在喂食之前先出现中性刺激——铃声,铃声结束以后,过几秒钟再向喂食桶中倒食,观察狗的反应。起初,铃声只会引起一般的反射——狗竖起耳朵来,但不会出现唾液反射。但是,经过几轮实验之后,仅仅出现铃声狗就会分泌唾液。巴甫洛夫把这种反射行为称为"条件反射",把铃声称为分泌唾液这一反射行为的"条件刺激";食物到狗的嘴里后,唾液就开始溢出这种生理反应被称为"非条件反射",引起这种反应的刺激物——食物被称为"非条件刺激",如图4-1所示。

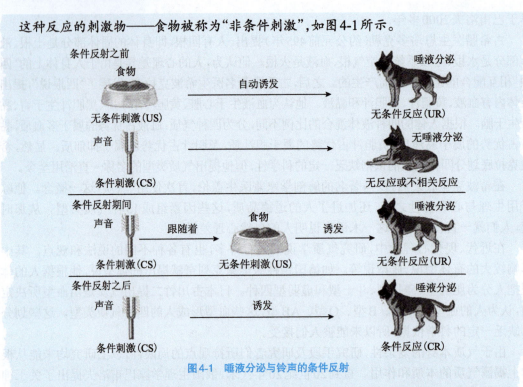

图4-1 唾液分泌与铃声的条件反射

不仅动物的条件反射遵循这一规则,人类的条件反射也同样遵循这一规则,因此,我们才学会了区分不同的刺激,对不同刺激做出不同反应,知道"红灯停,绿灯行"。

巴甫洛夫在研究条件反射的过程中,发现不同的狗条件反射形成和演变的特点各有不同。例如有的狗在外界强烈刺激下,能产生相应的兴奋反应,有的狗则不能产生兴奋,甚至产生抑制;有的狗能连续耐受抑制,时间长达5～10min,有的狗则不能,只能抑制15～30s。他发现这些差异都与狗的神经系统有关,通过进一步研究,根据动物神经活动的差异,他提出了个体条件反射的个别特点,即神经系统活动的特性,并进一步指出神经系统的特性是气质的生理基础。

【名人轶事】

巴甫洛夫很忙

"巴甫洛夫很忙……",这话不是别人说的,是巴甫洛夫对别人说的。

"巴甫洛夫很忙……"是巴甫洛夫在生命的最后一刻说的,当时有人敲门,想进来看看他。

巴甫洛夫将自己关在屋子里忙什么呢?忙着写遗嘱、分财产、交代后事吗?忙着向万能的主祈祷吗?忙着过电影一样回顾一生中那些精彩的瞬间吗?忙着哀求医生不惜一切代价用最好的药吗?

都不是。在生命的最后一刻,巴甫洛夫一直密切注视着越来越糟糕的身体情况,不断地向坐在身边的助手口授生命衰变的感觉,他要为一生至爱的科学事业留下更多的感性材料。对于人们的关心、探望,他只好不近人情地加以拒绝:"巴甫洛夫很忙……巴甫洛夫正在死亡。"来人被拒之门外,只好心情复杂地走了。

巴甫洛夫在生与死的较量濒临高潮时所表现出来的勤奋、豁达、超然、镇静、无私、无畏,令人深深折服。对一切生命有机体来说,生与死是一对矛盾,有生必有死,有死必有生。在巴甫洛夫的眼里,死不是生命的终结,而是生命的升华。一句"巴甫洛夫很忙……巴甫洛夫正在死亡",不是诗篇,胜似诗篇。

二、气质类型及其特征

1. 气质的类型

巴甫洛夫发现高级神经活动的基本过程是兴奋过程与抑制过程,有机体的一切反射活动都是由这两种神经过程的相互关系决定的。兴奋过程与有机体的某些活动的发动或加强相联系,抑制过程与有机体的某些活动的停止和减弱相联系。兴奋过程和抑制过程虽然作用相反,但又相互依存、相互转化,在大脑皮层的某一部位有时兴奋占优势,有时抑制占优势,兴奋与抑制机能必须相互协作,才能帮助大脑完成注意、思考、记忆等任务。

巴甫洛夫认为,由于高级神经活动类型不同,人们的气质也就不同。人类神经活动的兴奋过程和抑制过程有三个基本特性:强度、平衡性和灵活性。强度是指大脑皮层细胞经受强烈刺激或持久工作的能力,平衡性是指兴奋过程和抑制过程之间的强度是否相当,灵活性则是指神经对刺激的反应速度以及兴奋过程与抑制过程相互转换的速度。神经特性的不同决定着气质类型的不同,如表4-1所示。

高级神经活动类型与气质　　　　表4-1

神经系统特征			神经活动类型	气质类型
强度	平衡性	灵活性		
强	不平衡(兴奋占优势)		兴奋型	胆汁质
强	平衡	灵活	活泼型	多血质
强	平衡	不灵活	安静型	黏液质
弱	不平衡(抑制占优势)		抑制型	抑郁质

2. 各类气质的特征

气质类型特征是一类人身上共有的心理特征的典型结合。胆汁质、多血质、黏液质及抑郁质四种类型的气质在行为和情绪体验上表现出不同的特征,下面我们详细描述4种类型气质的典型特征。

(1)胆汁质:主要表现为精力充沛,情绪发生快而强烈,易冲动,心境变换剧烈,易怒也易喜,言语、动作急速,难以克制,内心外露,表情明确热情,急躁坚韧。《三国演义》中的人物张飞,人称"猛张飞",脾气火爆,其气质很可能是胆汁质。

(2)多血质:主要表现为好动,姿势活泼,敏感,情绪快发而多变,表情丰富,思维与言语敏捷,注意力与兴趣易变,乐于交往,乐观、轻率、浮躁。《红楼梦》中的人物王熙凤爱讲笑话,善于交际,哄得"老祖宗"贾母特别开心,其气质极像多血质。

(3)黏液质:主要表现为安静、稳重,情绪发生迟缓而且弱,思维和言语以及其他反应动作迟缓,内心较少外露,注意稳定,但难于转移,善于忍耐、执拗、冷漠。《三国演义》中的诸葛亮小心谨慎,思虑周全,可谓黏液质的代表人物。

(4)抑郁质:主要表现为情感体验深刻,心理反应慢,情绪容易发生,但表现微弱而持久,内心体验较多,较为细腻,言语动作细小、无力,内向,不善于与人交往,受挫后往往心神不宁,但是这种人比较聪明,对力所能及的任务表现出较大的坚忍精神。《红楼梦》中的林黛玉多愁善感,聪颖过人,是抑郁质的典型代表。

由于气质主要由神经活动类型决定,所以是基本稳定的,在人的一生中不会有大的变化,即便由于心理成熟或复杂经历而导致某些变化,也只是局部变化。

无论哪一种气质类型,就其本身来说无好坏之分,任何一种气质都有积极的一面,又有消极的一面。例如,胆汁质的人虽有急躁、情绪变化快而强烈、难以克制等不足之处,但热情、爽朗、富有进取心。多血质的人虽然情感丰富、活泼,但也有情感易变、轻浮不踏实的弱点。黏液质的人冷静、实干,但也冷淡、固执、拖拉。抑郁质的人或许有多疑、怯懦、缺乏自信心的一面,但也有情感深刻、稳定、聪慧的特点。

在现实生活中很少有人是以上四种气质的典型人物。大多数人往往是近似一种气质,同时又具有另一种气质的某些特点,表现为混合型或中间型。但气质类型的结合,一般是临近结合,比如,胆汁质与多血质结合,黏液质与抑郁质结合,不会出现胆汁质与抑郁质结合。

猜猜看

迟到后的剧院观众

某剧院的演出正式开始了10min后,剧院门口来了四个迟到的观众,工作人员按照惯例,禁止他们入场。

先到的A听到检票说迟到10min禁止入场后,走进了旁边的肯德基,拿出手提电脑,安心等待下一场演出的开始。B被禁止入场后,激动不已地向检票员怒吼:"我有票为什么不让我进,规矩是人定的,为什么偏偏是10min,而不是11min?再说是因为塞车我才迟到的,你认为塞车是我的过错吗?我也是受害者,你得让我进去……"一边说一边用力推搡检票员。这时候,一直在旁边寻找机会的C趁B推搡检票员的瞬间,偷偷从检票员上举的右臂下钻了进去,边走还边回头做鬼脸。在这期间,同样迟到的D暗暗抱怨:"我怎么这么倒霉,昨天不小心摔坏了一只珍贵的花瓶,今天看演出又迟到了,要是我早点来,现在不就看成了,唉……"

猜猜看:A、B、C、D分别是哪种气质类型?

3. 气质与职业

一个人的气质并不能决定一个人的社会价值和成就的高低。据苏联心理学家的研究,俄国的四位著名作家各有不同的气质类型,普希金以胆汁质为主、赫尔岑以多血质为主、克雷洛夫以黏液质为主、果戈理则以抑郁质为主,他们虽有自己不同的气质类型,但都没有因为气质类型的原因而影响他们文学上的成就。

但是,气质可以影响人的活动效率、情感和行为。例如,胆汁质类型的人,比较难以适应持久、细致的工作,而黏液质或抑郁质类型的人,对一些要求迅速、灵活、反应快的工作则较难适应。因此,气质与职业选择有一定的关系。例如,胆汁质的人较适宜于担任演员、外事接待人员、节目主持人、导游、公关、推销员等,多血质的人较适宜从事管理、军事、外交、医疗、法律、新闻、驾驶、纺织、体育等工作,黏液质的人则较适宜于从事播音、话务、出纳、会计、法官等工作,抑郁质的人较适宜从事机要秘书、雕刻、刺绣、保管、化验、排版、打字、校对等工作。

三、气质识别对于客舱服务工作的意义

气质是一个人表现于言行举止间的动态特点,对一个人的行为有很强的预测性,也就是说,如果我们了解了一个人的气质类型,就能够基本预测他/她在某一情境下的行为特点。比如,在航班延误时,胆汁质旅客最容易冲动,黏液质的人则较少与服务人员发生冲突。

1. 乘务人员的气质

乘务人员只有了解自己的气质类型,才能扬长避短。

(1)胆汁质:胆汁质的乘务人员工作热情高,精力充沛,与人交流时非常有感染力,但在长时间的工作中持久性差,情绪容易大起大落,处理问题时容易粗心、冲动。因此,胆汁质的乘务人员在工作中要适当地降低自己的兴奋水平,使自己能够更加持久地进行某一单调的工作;当遇到脾气火爆的旅客时,绝不能"以牙还牙",要有意识地控制自己的情绪,不断地暗示自己"要耐心""冲动是魔鬼",来避免与旅客发生不必要的冲突。

(2)多血质:多血质的乘务人员活泼机敏,有幽默感,与人交流时受人欢迎,但由于多血质的人不喜欢枯燥、单调的工作,所以在工作中容易分神。这一气质类型的乘务人员在与旅客交流时,要充分发挥自己所长,比如亲和力好、反应敏捷、善于聊天,工作中不要耍小聪明,要经常提醒自己"大事小做,小事细做"。感觉疲劳时要提醒自己集中注意力,还要注意控制

自己的表情和身体动作，不要给人留下过于随意、不够庄重的印象。

（3）黏液质：黏液质的乘务人员大多数考虑问题细心、周到，条理性强，对于单调的工作和环境不太会感觉厌烦，是令人放心的工作人员。在与旅客打交道时，容易给人留下踏实、稳重的印象。黏液质的乘务人员在工作时可以适当提醒自己"加快些节奏"，比如在说话、走路时，可稍微加快速度，遇到紧急情况，要及时、果断地进行汇报和处置，避免出现因犹豫不决而使问题不能妥善解决的情况。

（4）抑郁质：抑郁质的乘务人员安静、细心，对周围人的需要和感受具有更高的敏感性，而且工作的持久性强。这一气质类型的乘务人员不喜欢嘈杂的环境，应付多个旅客或复杂情况时或许会有困难。因此，抑郁质乘务人员要有意识地提升自己对环境的适应性，在感觉到焦虑、紧张时，要不动声色地随时进行深呼吸，放松身体，或者运用转移注意力、自我暗示等方法进行情绪上的自我调整。在与旅客及同事交流时，要更主动、更积极。

案例分析

一件行李引发的冲突

一位男旅客上了飞机后，指着一个大件行李箱叫道："小姐，你把我这个行李放到行李架上去。"男乘务员小李听到后，走过来，脸部表情非常不悦地说："你这个男人，叫人家小姐拿行李，拿得动吗？"男旅客一听，非常生气："你凭什么教训我！"一把抓住小李的衣领，冲突一触即发。

分析与讨论： 请分析一下男乘务员小李可能的气质类型。他做得对不对？请说明理由。

2. 旅客气质不同，服务方式也不同

只要细心观察，识别旅客的气质类型并不很难。观察的重点是旅客动作、言语的快慢与强度，以及旅客的外向性和内向性。基本上，胆汁质与多血质的人说话、走路都比较快，动作幅度大，声音比较响，大多是外向型；黏液质和抑郁质的人说话、走路会比较慢，动作幅度小，声音较轻，大多是内向型。下面详细描述一下不同旅客在民航服务交往中的典型表现。

（1）胆汁质：胆汁质旅客表现为讲话速度快，感情外露，说话、动作激烈有力量。他们排队买票或排队乘机，或在餐厅、宾馆付账时往往显得心急火燎、不耐烦。由于他们感情外露，容易激动、发火，一旦被激怒就非常冲动，难以控制。因此，乘务人员在客舱服务中要特别注意带有胆汁质气质特征的旅客，不要招惹他们；万一发生矛盾时，要避其锋芒，不要计较其在冲动中所说的话，不可针锋相对。乘务人员要用温和、委婉的方式为他们服务，只要坚持真诚、热情地为他们解决问题，他们也会很快改变态度。

（2）多血质：多血质的旅客在交往中表现得热情大方，乐于与人交往，活泼好动。因此，多血质旅客相对而言比较好交流，可以多和他们聊聊天，介绍一下航班、航程。但这类旅客持久力差，如果航程较长，或者发生航班延误，很容易感到百无聊赖，表现出很难忍耐的样子，他们似乎需要更多的娱乐和关注。这类旅客还比较"多动"，好奇心强，或许对飞机上的一些先进设备很感兴趣，乘务人员要经常注意他们的动作，避免因其误操作而引发安全问题或其他问题。

（3）黏液质：黏液质的旅客比较稳重，感情起伏不会太大，喜欢清静，自我控制能力强。

但由于感情不外露,话又不多,因此乘务人员有时猜不透他们在想些什么或者需要什么。乘务人员在与黏液质旅客交流时,不宜大声或用激动的语调与他们讲话,要温和、委婉。由于他们做事总是不慌不忙,力求稳妥,所以,不要轻易去催促或打扰他们。

(4)抑郁质:抑郁质的旅客情感很少外露,不喜欢嘈杂的环境,也不喜欢麻烦别人。这类旅客比较被动,想象力很丰富,自尊心和情绪都比较敏感。在对抑郁质旅客进行服务时,乘务人员要更加细心、谨慎,既要不轻易打扰他们,又要主动询问他们需要什么,说话要清楚简洁,态度要亲和、表现出尊重。不要乱开玩笑,以免引起不必要的不愉快或者误会。

总之,乘务人员既要了解自己的气质特点,在工作中扬长避短,有意识地进行自我控制和自我调整,还要根据旅客气质的不同,采取有针对性的服务策略,让各种气质类型的旅客都满意。

案例分析

椅背调不了

一架从济南飞往上海的航班上,飞机刚刚起飞不久,乘务组听见客舱中不断地传来呼唤铃的声音,因为飞机正在爬升,处于飞机的危险时期,乘务人员只能等飞机平飞后才能进行客舱服务工作。大约20min后,安全带指示灯一关闭,乘务员赶紧过去,询问按呼唤铃的旅客有什么需要。没想到那位旅客大发脾气说:"你们怎么回事,我按了十来遍呼唤铃,你们现在才来,听不见吗?这个椅背怎么调不了,行李还不让我放地上,我拿东西也不方便,还有这报纸……告诉你们,我要投诉,这什么服务啊!"乘务员耐心听完旅客的话,给他解释:"刚才飞机正在爬升,旅客按呼唤铃,乘务人员是不能到客舱里的……"旅客没等乘务员说完,大声嚷嚷:"你别给我讲这么多,我不管你们什么原因,我就是要投诉你们!"

分析与讨论: 请分析一下这位旅客可能的气质类型。你认为接下来乘务员应该如何应对这位旅客?

心理测试   气质类型自测

对于以下所有题目,请你按照自己的实际情况与题意符合的程度在A、B、C、D、E五个选项中进行选择,尽量不选"C.难说"这一项。

A.很符合　　　B.较符合　　　C.难说　　　D.不大符合　　　E.很不符合

1. 感情很容易冲动。
2. 做一件事前总要反复考虑许多。
3. 特别害怕在大庭广众面前发言。
4. 遇到不高兴的事可以长时间生闷气。
5. 人们说我做事没常性。
6. 到一个新的环境能较快适应。
7. 不怕同陌生人交往。
8. 到朋友家做客,最怕遇上陌生人。

9. 喜欢安静的环境。
10. 理解问题常常比别人快。
11. 不善于同别人争辩,常有语塞现象。
12. 接受新概念慢,一旦接受了就很难忘记。
13. 和人争论时常常急不择言。
14. 做事喜欢速战速决。
15. 兴奋的事常使我失眠。
16. 人们说我为人很热情。
17. 为人一板一眼,循规蹈矩。
18. 不喜欢做简单、枯燥的事情。
19. 做事有些莽撞,常常不考虑后果。
20. 要我"打头阵"可是件难事。
21. 与其同人聊天儿,不如独自静默养神。
22. 在体育活动中常因反应慢而落后。
23. 凡事不太喜欢冒风险。
24. 很善于同人聊天。
25. 喜欢强烈的运动。
26. 能够同时注意几件事物。
27. 做事很专心,不易分心。
28. 习惯慢条斯理地工作。
29. 当我烦闷时,别人很难使我高兴起来。
30. 容易生气,也容易消气。
31. 很少猜疑别人的话。
32. 看不惯那种"说干就干"而考虑不周的人。
33. 看到"慢工出细活"的人,常有急不可耐之感。
34. 心里有话憋不住,一吐为快。
35. 一点小事就能引起情绪上的大波动。
36. 生活讲究规律,不怎么违反作息制度。
37. 生性好动,被人戏称"猴子屁股坐不住"。
38. 很容易结交朋友。
39. 下决心做的事,力求做完。
40. 对抛头露面的事颇有兴趣。
41. 做作业或完成一件工作,常比别人慢许多。
42. 知心朋友很少。
43. 爱看感情细腻、描写细致的文学作品。
44. 不爱看情节转换较慢的作品。
45. 即使别人向我挑衅,自己也能克制。
46. 喜欢为别人打抱不平。

47. 无论做什么事,都尽量避免虎头蛇尾,有始无终。
48. 容易同人接近。
49. 兴趣比较广泛,但难以持久。
50. 心里有话宁愿自己想,也不愿说出来。
51. 遇事常常举棋不定,优柔寡断。
52. 做事不怕重复。
53. 能够很快忘却那些不愉快的事情。
54. 对环境的适应性不强。
55. 兴趣产生较慢,一经产生,则比较持久。
56. 别人说我"出语伤人",可我并不觉得这样。
57. 情绪高昂时觉得干什么都有趣,情绪低落时干什么都没意思。
58. 做事不怎么考虑后果。
59. 遇到危险情境,常有恐怖和高度紧张感。
60. 宁愿侃侃而谈,不愿窃窃私语。

计算得分:凡选A得2分,选B得1分,选C得0分,选D得-1分,选E得-2分。计算各题得分后,再按下列分栏计算每一栏的总分。每一分栏为属于某一气质的各题号。

胆汁质——1、7、13、14、15、19、25、33、34、37、38、46、56、57、58
多血质——5、6、10、16、18、24、26、30、31、40、44、48、49、53、60
黏液质——2、9、11、20、22、23、27、32、36、39、45、47、52、54、55
抑郁质——3、4、8、12、17、21、28、29、35、41、42、43、50、51、59

确定气质类型:如果某一栏(如胆汁质)的得分超过20分,而其余各栏的得分均在10分以下,则为典型的某种气质(如胆汁质)类型。如果某栏的得分在10～20分之间,而其余三栏的得分均在10分以下,则为一般的某种气质类型。如果有两栏的得分显著超过其他两栏,且得分比较接近,则为混合型气质,如胆汁-多血质气质、多血-黏液质气质、黏液-抑郁质气质等。

这里必须指出,在现实生活中,除了少数人分别具有某种气质类型的典型特征外,大多数人都属于中间型和混合型,但又往往倾向于某一种类型。

自省与成长:你的气质类型如何?结合自己的职业规划,分析一下自己在未来职业中的优劣势,你认为自己应该如何扬长避短?

第二节 性格

一、性格概述

性格是一个人的个性心理特征之一。人类对性格问题的探讨,始于古希腊,当时人们把性格问题作为道德问题加以探讨,比如有人用"阿谀奉承者""伪装和善者""吝啬鬼"等来描述人们的性格。16世纪法国的毛利斯特等人通过对人们日常生活的观察,对人的性格做了较深入的探讨,并将了解到的结果记载在《随想录》和《箴言集》之中。从19世纪中叶开始,人们开始用科学的方法对性格进行研究,其代表人物是巴汉松。20世纪以后,关于性格的研究有了很大的进展,心理学家对性格的本质、结构、类型、形成因素等进行了全面的、广泛的研究,并出版了大量成体系的著作。

1. 什么是性格

性格是指一个人稳定的生活态度和行为方式,比如自卑或自信,友爱或冷漠,诚实或虚伪,勇敢或怯懦,这些都被认为是性格特征。人们的态度和行为方式都有一定对象,比如自己、别人、学习、工作与社会,肯定自己、接纳自己,表现出来的性格特征就是自信,而常常否定自己的人,说明性格中有自卑的因素。当一个人遇到困难时,或者坚持不懈,或者逃避退缩,这代表着不同的行为方式,也是性格的一部分。

人的性格不是一朝一夕形成的,一经形成就比较稳定,会贯穿在他的全部行为中。我们通常可以根据个体的行为来分析他/她的性格,不过偶然的表现并不一定能代表一个人的性格,只有习惯性的表现才可被认为是一个人的性格特征。

2. 性格的形成

性格的形成既受到生理因素的影响,也受到环境因素的影响。

(1)性格形成的生理基础

性格同其他心理现象一样,也是人脑的机能。由于性格的复杂性以及研究的困难,目前关于性格生理基础的理论众说纷纭。巴甫洛夫的高级神经活动学说为了解性格的生理机制提供了启示。例如,对于抑郁质的人,乐观豁达这一特征的培养要比多血质的人更困难些,而敏锐与持久力的培养对于抑郁质的人来说容易得多。另一方面,在同样情境下具有相同态度的人,气质类型不同,行为方式也不同。例如,同样是去帮助别人,胆汁质的人往往会满腔热情、积极地帮助别人,有时还要"表白"一下;而黏液质的人则在帮助他人时,不动声色、从容不迫。可见,神经活动类型是以一定"色彩"或"风格"的形式影响着人们性格的形成。

同时,研究也表明,虽然高级神经活动类型会影响一个人性格的形成,但并不能预示一个人的性格特征,具有不同高级神经活动类型的人,可能会形成相同的性格特征;具有相同高级神经活动类型的人,也可能形成不同的性格特征。

(2)性格形成的环境因素

人的性格形成,除了受到遗传因素的影响之外,还受到环境因素的影响。环境因素主要包括家庭、学校、社会文化及重大事件等。

①家庭。家庭对一个人的性格形成和发展具有重要且深远的意义。家庭是人类社会的最基本单元,是一个人成长和学习的最初环境。一个人的成长通过模仿和适应而获得,其语言风格、行为习惯以及情感体验等都与父母、兄妹及其他"重要的人"息息相关。因此,家庭环境是性格形成的摇篮。许多心理学家认为,从出生到五六岁这一人生早期是个体性格形成最主要的阶段。亲子关系、家庭教养风格、父母榜样、出生次序及是否是独生子女等因素都对性格的形成有影响作用。

比如在亲子关系方面,有的人与父母或其他抚养者关系良好,和他们在一起感觉自在、舒适、愉快,有充足的安全感;而有的人与家人在一起时,或者感觉到压抑、紧张,或者感觉到矛盾、不安,或者感到愤怒、害怕,这些不好的感受都表示他/她在家庭中缺乏安全感。安全感是一个人在出生后头两年形成的感觉,如果一个孩子受到抚养者充足的爱与保护,就会形成安全感;如果一个孩子经常受到冷落,或者抚养者对他/她的态度时好时坏,他/她就会感到外部世界不够安全,从而经常感到焦虑与不安。

在家庭教养方式方面,父母教养孩子时,有自己的态度与习惯,比如如何鼓励孩子、如何约束孩子、如何对待孩子的快乐与悲伤、如何表达自己的情感,在处理很多生活细节时,不同的父母往往表现出不同的风格。

延伸阅读 家庭教养方式不同,性格不同

家庭教养方式可以从两个维度进行考虑。

第一个维度是接纳/反应性,指父母能在多大程度上为孩子提供支持,对孩子的需要敏感的程度如何,以及当孩子达到成人期望时,是否乐于提供关爱和鼓励。当孩子做错事时,接纳、敏感的父母会严厉地批评孩子,但一般情况下,他们会微笑地面对孩子,表扬和鼓励孩子。

第二个维度是命令/控制性,指父母对孩子限制和控制的程度。命令/控制型父母会制定规则,希望孩子遵从,并会密切监控孩子的活动以保证孩子能真正地遵守规则。较少控制或不命令的父母则会较少限制,对孩子几乎没有什么要求,给予孩子相当多的自由,并同意他们对自己的活动独自做出决定。

两个维度共同决定着家庭教养的类型,如图4-2所示。

从图4-2可以看出,家庭教养方式分为四种,专制型、民主权威型、忽视型与溺爱型。只有民主权威型的父母能充分给予孩子敏感的反应,在他们需要时及时出现并给予支持,而在孩子需要被约束时也能有效、合理地禁止孩子的"坏"行为(如破坏、攻击、无礼或危险行为)。其他三种教养方式则都有缺陷。专制型父母过分严苛,使孩子感到缺乏自由发展的空间,很难感受到理解与接纳;忽视型父母对孩子既很少回应也不进行管束,使孩子会渐渐对父母失望,甚至回避父母;溺爱型的父母对孩子关爱有余、管束不足,孩子的自我控制能力、意志力以及与社会"接轨"的能力都缺少锻炼。

在民主权威型教养方式下长大的孩子常常具有以下性格特征:有自信心、愿意并能够遵守社会规则、合群、受人欢迎。

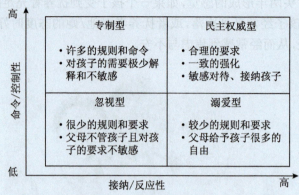

图4-2 家庭教养的类型

反省与分享:回顾一下你的成长经历,你认为你父母或者其他抚养者的教养方式是哪种类型,如果愿意,和你的同学分享一下。

②学校。学校对性格形成也会产生重要的影响。学校对于人的成长来说,是一种不同于家庭的新环境,一个人在学校里不仅要学习许多新的知识和技能,还要学习如何与同学相处,遵守学校的纪律,要不断适应不同的任务、同伴以及老师。因此,任务完成、同伴关系、班级集体、师生关系以及社会实践等因素都影响着性格的形成。

③社会文化。人是社会的人,不同的社会文化、生活环境对个人的行为习惯有着非常重要的影响,比如美国人与中国人相比,性格方面带有明显的文化特征,美国人性格更开放、更随便自由,而中国人则比较保守、谨慎。可见,社会文化对人的性格形成也起着重要作用。

④重大事件。人的成长需要相对稳定的环境,如果遭遇太大的环境变化或心理刺激,可能无法承受,会产生严重的焦虑、恐惧或无助感,如果不能及时调整,其性格的发展难免会受到负面影响,可能会变得敏感多疑、患得患失,或者胆小、退缩。对于尚处于心理发展期的儿童或青少年,可能影响其性格发展的重大事件包括父母离异、亲人病故、校园霸凌、转学等。

3. 性格的差异

每个人的性格多少都与别人有所不同,这就是性格的差异。性格的差异使我们能够区分人们的心理特征,并以不同的方式对待不同的人。

(1)性格的测量方式

人格问卷与投射测验是两种常见的测量性格的方法。

根据这张图片,你会说出一个什么样的故事?

人格问卷由一系列问题组成，要求被测量者按照自己的想法来回答，回答完毕后，计算机或者专业人员按照某一规则为被测量者计算得分，一系列分数可以描述一个人各方面的性格特征。最常用的有明尼苏达多项人格问卷（Minnesota Multiphasic Personality Inventory，MMPI）和卡特尔16种个性因素问卷（Sixteen Personality Factor Questionnaire，16PF）。16PF是典型的分析人格因素的问卷，它适用于16岁以上的青年和成人，通过分析人的16种各自独立的性格因素，可以全面地了解和评价被测量者的个性。

在投射测验中，心理学家利用人的投射来分析其性格。比如，你是否曾经把一朵云看成是一张脸或一种动物，而如果让你的朋友来看，他/她看见的或许是一个睡美人或一条龙。无论你看到什么，都是你的投射，反映了你个人的情感、想象和经验。在投射测验中，受测者会看到一系列模糊的图片，然后被要求自由地反应和联想，由于图片的模糊性，受测者在讲述时会带入个人的情感、动机以及生活经验，不知不觉地表露自己的人格。

（2）性格的类型

性格有一定的类型，比如按照人的理智、情绪及意志在性格结构中的优势来进行分类，有的人在生活中主要以理智的尺度来衡量一切，为理智型；有的人行为举止容易受情绪影响，具有浓厚的情感色彩，为情绪型；有的人自我控制能力强，干练果断，意志特征明显，为意志型。

瑞士心理学家荣格把人的性格分为内向型与外向型。如果一个人的心理活动倾向于外部世界，为外向型；心理活动倾向于内部世界则为内向型。一般来讲，外向型的人较外露、开朗活跃、善交际，内向型的人则内心活动丰富、好幻想、少言寡语。外向、内向只是性格的一种分类维度，并没有好坏之分。

奥地利心理学家阿德勒，根据个体竞争性的不同，将人的性格划分为优越型和自卑型。优越型的人好强，不甘落后，总想超过别人；而自卑型的人遇到事情有时甘愿退让，不与别人竞争，自卑感强。后来有一些心理学家提出按个体的独立性和顺从性来划分性格类型。独立型的人有坚定的个人信念，善于独立思考，在困难或紧急情况下能沉着镇静，独立发挥自己的力量，甚至喜欢将自己的意志强加于人。顺从型的人，独立性较差，易受暗示，往往屈从于权势，按照别人的意见办事，在紧急情况下或困难情况下缺乏主见，容易张皇失措。

二、性格对于客舱服务工作的影响

客舱服务中发生的人际沟通，无论发生于乘务人员与乘务人员之间，还是乘务人员与旅客之间，性格的因素都在不知不觉间起着作用，下面我们从乘务人员和旅客两方面讲述。

1. 乘务人员的性格对客舱服务工作的影响

这里以卡特尔16PF为蓝本来进行分析。卡特尔16PF人格测试问卷将人的性格分为16个基本因子，如图4-3所示。我们以乐群性、恃强性、有恒性、自律性为例来说明乘务人员的性格对客舱服务工作影响。

> 卡特尔性格测试16个性格因子
> 乐群性、聪慧性、稳定性、恃强性；
> 兴奋性、有恒性、敢为性、敏感性；
> 怀疑性、幻想性、世故性、忧虑性；
> 实验性、独立性、自律性、紧张性。

图4-3　性格因子

（1）乐群性。如果一位乘务员乐群性较高，意味着他/她乐于与人相处，能够享受与同事、旅客交流的过程，这对他/她适应工作显然是非常有利的。乐群的反面是孤僻，即一个人宁愿独处,也不愿意和别人在一起,更提不上享受与陌生人相处了。因此,乘务人员要有意识地培养自己乐群的性格,持久地保持良好的工作状态,从而更好地服务于旅客。

(2)恃强性。一位乘务员如果恃强性较高,意味着他/她遇到问题时倾向于争强好胜,不太会忍耐或妥协。而恃强性过低,则意味着该乘务员过于顺从,缺乏主见,甚至会放弃原则,显然,适度的恃强性可使乘务人员具有更好的适应性。

(3)有恒性。此性格因素与一个人的意志有关,当一个人的有恒性较高时,意味着他/她在工作或学习中持久性强,有始有终,责任心强;如果有恒性低,代表他/她处理问题比较随便、敷衍、缺乏责任心。乘务人员应当有意识地培养自己的恒心与责任心,遇到困难不退缩、不逃避,积极应对、坚持到底。

(4)自律性。自律性高的乘务人员能够在工作中自觉地遵守规范与纪律,不散漫,不懈怠。而自律性低的乘务人员则不能严格遵守规范,容易纪律涣散。这一性格特点与乘务人员的工作密切相关,自律性不够好的乘务人员必须不断有意识地提醒自己严格遵守纪律与规范,逐渐养成自律谨严的行为习惯,当然,这也是职业素养的一部分。

教你一招

如何提升自己的性格

尽管性格的养成受到先天气质的影响,但后天环境的影响更为重要。性格一旦形成,就具有一定的稳定性,改变起来比较困难,但这并不代表性格不能改变,如果一个人发现了自己的性格弱点,并有强烈的意愿想要改变它,只要假以时日,就能逐步改善。

首先,你要了解和觉察自己的某一性格弱点,比如你注意到自己自律性比较差,或者自信心比较低,这些弱点显然已给你的生活带来了不便,你要下定决心改变它!

接下来,你要寻找机会练习新的行为。性格在某种程度上来说,就是习惯的集合,自律性不够好,代表一个人缺乏自律的习惯,那么,从小事做起,试着改变自己,从而使自己有机会塑造新的行为习惯,试着更加守时,更加有条理地生活,接受更多的挑战,这都可以帮助你提升自律性。

给自己设定一个性格塑造的长远目标,很多性格修养好的人,都对自己的性格有长远的自我要求。你不妨给自己列一个"五年计划",比如在自己的日记本上或微博上郑重写下"我要在五年之内,成为一个宁静、整洁、节制、聪慧的人",这句话会起到潜移默化的作用。

记住,性格是一个不断发展的心理特征,只要你有心,你的性格就会越来越好。

2. 对不同性格的旅客采取有针对性的服务策略

旅客性格的特征可以从其对待现实的态度、意志特征、情绪特征、理智特征四个方面来进行分析,乘务人员经过观察,可以基本确定旅客的性格特征,进而采取有针对性的服务策略。

(1)旅客对待现实的态度

人们对客观现实的态度是性格的一部分。客观现实包括自己、别人、社会以及其他各种各样的事物。

①对自己的态度。旅客对待自己的态度,有的表现为自信,有的表现为自卑,有的狂妄自大,有的谦虚谨慎。无论其性格是自卑,还是狂妄,都是比较"敏感"的旅客,乘务人员对待这类旅客要更加谦虚,多询问其意见,表现出格外的尊重,给足其"面子"。

案例分析

毛毯惹了祸

一位头等舱旅客睡觉时,乘务员拿了一条毛毯轻轻地盖在了她的身上,但不知道为什么她却醒了,大声叫道:"乘务员,你没有看见我在睡觉吗?你过来打搅我做什么?要签名呀?你是怎么做事情的?"乘务员只好一个劲地赔不是,但该旅客就是不依不饶,还是乘务长过来才把事情解决。

分析与讨论:你认为这位旅客的言行反映了她怎样的性格?

②对他人、对社会的态度。在服务过程中,我们常会发现,有的旅客很热心、友善,帮助别人放行李、找座位;有的则对别人漠不关心,连让他/她让个道、回个话都很不情愿。大部分旅客对乘务人员的工作很配合,乐于遵守规范;有的则我行我素,对乘务人员不理不睬。对于旅客的不友善言行,乘务人员不要放在心上,更不能针锋相对,要理解那只是他们与别人相处的方式,不一定代表什么。

(2)旅客性格的意志特征

意志是指旅客是否能自觉地调节自己的行为。旅客具有意志特征的性格表现为自觉性、自制力及果断性。有的旅客对于乘机规范能够自觉遵守,对于机上各种不方便也能自觉地理解和包容,有的旅客则需要乘务人员耐心解释、有效管理,才能遵守机上规则,这体现了不同旅客自觉性的不同;飞机在飞行时,机舱内不能抽烟,有些旅客能努力克制自己的"烟瘾",有些旅客则不行,"烟瘾"来了,控制不住,偷偷跑到厕所内去抽烟,这是自制力不同的表现;当飞机在飞行过程中出现紧急情况时,有的旅客镇定果断,有的则不知所措、犹豫不决,这是旅客果断性的不同表现。

如果乘务人员通过观察或交流发现某些旅客意志薄弱,就要加强控制,及时提醒与沟通,防止其因违反机上安全规范而造成安全隐患,或因犹豫不决而耽误行程。

(3)旅客性格的情绪特征

一个人性格的情绪特征,是指一个人在各类活动中经常表现出来的情绪反应方式。它包括四方面:情绪活动的强度,情绪的稳定性,情绪的持久性,主导心境。有的旅客基本情绪积极愉快,稳定性强,遇到问题虽然会产生情绪波动,但能够积极地调节;有的旅客却恰恰相反,或许心情本来就不太愉快,波动性又大,遇事就容易不冷静,和别人发生冲突。对于情绪积极、稳定的旅客,乘务人员只要工作规范到位,有条有理,通常不会发生不愉快的事;但对于情绪敏感、心境不快的旅客,乘务人员要有意识地运用沟通技巧,尽量让旅客的心情愉快起来,至少避免去招惹他/她。

(4)旅客的理智特征

个性的理智特征是指一个人在感知、记忆、思维等认知方面的个性差异。尽管旅客在客舱环境里没有多少表现机会,以使乘务人员对其理智特征有清晰的认识,但在一些情境中,比如航班延误后、旅客需要办理较为烦琐的手续时以及旅客有特别需求时,乘务人员就会发现,有些旅客表现得思维敏捷、独立思考能力强、善于分析问题,有些则表现得缺乏判断力、没有主见。对于思考能力较强的旅客,乘务人员需要有意识地倾听和尊重其见解,解决问题时要共同协商,尽量让旅客感受到尊重和理解。对于判断能力不是很强的旅客,乘务人员需要更多地为他们解释当前的状况,为他们出谋划策,安抚他们的情绪,尽量让旅客感觉到包容与照顾。

总的来说,乘务人员及旅客的性格具有多种特征,有的特征利于客舱服务,有的则不利于客舱服务。乘务人员要有意识地改善自己性格中的弱点,并对旅客的性格进行一定的识别,采取有针对性的服务策略。

心理测试 你的性格是外向还是内向?

下面是一组帮助你了解自己性格内外向情况的自我测试题,请根据自己的实际情况,做出"是"或"否"的判断。

1. 别人是可以信任的。
2. 安静的环境和安闲的生活比热闹繁华更让人满意。
3. 在大庭广众的注目下工作,对我来说并不是一件难事。
4. 集体活动没意思,还不如一个人在家休息。
5. 我不常分析自己的思想和心理活动。
6. 我考试时若老师站在一边,我的思路就会大受影响。
7. 如果是做自己擅长的事,我愿意有别人在旁边观看。
8. 我是一个勤俭节约的人。
9. 我的喜怒哀乐别人能感觉到。
10. 我愿意与别人保持通信联系。
11. 我是个不拘小节的人。
12. 我有记日记的习惯。
13. 我和与自己观点不同的人也能相处得来。
14. 除非是极熟悉的人,我是不轻易信任他人的。
15. 我喜欢读书、钻研问题。
16. 我喜欢反思过去、反省自己。
17. 我喜欢经常变换生活环境和游戏方式。
18. 我不喜欢在群体中高谈阔论。
19. 我喜欢标新立异,敢于与众不同。
20. 我凡事三思而后行。

计分方法:分别统计奇数题号和偶数题号回答中肯定回答("是")的数目。

结果分析:奇数题号的题目如果回答"是",表现了个体性格中的外向成分。偶数题号的题目如果回答"是",表现了个体性格中的内向成分。

考察自己奇数、偶数两组题目肯定回答的多少,并进行比较。奇数题回答"是"的题目明显偏多,说明你是外向性格;如果偶数题回答"是"的题目明显偏多,说明你是内向性格;如果两者差不多,说明你是中间型性格。

结果反思:内向、外向性格并无好坏之分,各有优劣势,过于外向或者过于内向,都会给你的生活带来不便或者麻烦。既能向外界充分表达自己的心声,又能安心和自己相处,才是内心与外界相平衡的表现。想一想,你在哪些方面需要提升自己呢?

拓展与练习

我的个性分析

个性心理主要包括气质与性格。通过本章的理论学习与心理测试,可以基本了解自己的个性心理特征。每个人都有自己的独特性,我们要接纳自己的个性,同时要在日常生活中扬长避短,并不断完善自己的个性。

请回答以下问题:

1. 你的气质是哪种类型?有什么特点?在未来的工作中如何扬长避短?
2. 你的性格有哪些主要特征?在性格的乐群性、恃强性、有恒性、自律性四个方面,你目前做得怎么样?打算如何改善呢?

考 考 你

1. 针对旅客不同的气质类型,乘务人员应如何选择服务策略?
2. 针对不同性格的旅客,乘务人员应如何调整服务策略?

第五章

客舱服务中的情绪

○ 第一节　情绪理论概述
○ 第二节　客舱服务中的情绪管理

有一个男孩脾气很坏,于是他的父亲就给了他一袋钉子,并且告诉他,每当他发脾气的时候就钉一颗钉子在后院的围篱上。第一天,这个男孩钉下了37颗钉子。慢慢地每天钉下的钉子数量减少了。他发现控制自己的脾气要比钉下那些钉子更容易些。

终于有一天这个男孩再也不会失去耐性乱发脾气。他把这件事告诉他的父亲,父亲告诉他,现在开始每当他能控制自己的脾气的时候,就拔出一颗钉子。一天天地过去了,最后男孩告诉他的父亲,他终于把所有的钉子都拔出来了。

父亲握着他的手来到后院说:"你做得很好,我的孩子。但是,看看那些围篱上的洞,这些围篱将永远不能恢复成从前。你生气的时候说的话就像这些钉子一样留下疤痕,话语的伤痛就像真实的伤痛一样令人无法承受。"

读了这个故事,你想到些什么呢?

第一节 情绪理论概述

一、情绪的定义及分类

1. 什么是情绪

情绪是指人对客观事物是否符合自身需要而产生的身心体验。当人们用"我快乐得快晕过去了"或者"我伤心得睡不着觉"来描述其感受时,我们就知道情绪既包含着心理感受,又包含着身体的变化。情绪与人的适应性行为有关,比如愤怒引发攻击行为,恐惧引发躲避行为,悲伤提醒人们珍惜所爱,愉悦使人们愿意重复某些行为、维护好的人际关系。这些行为有利于人们适应周围的环境,有助于生存。情绪也有负面作用,比如愤怒、敌意会破坏人与人之间的善意。

情绪研究者们大多从以下三个方面来考察情绪:在心理层面上的认知与体验、在生理层面上的生理唤醒、在表达层面上的外部行为。当情绪产生时,这三种层面共同活动,构成一个完整的情绪体验过程。

(1)心理体验:情绪的主观体验是人的一种自我觉察,人们对不同的事物会有不同的认知与评价,同时会产生不同的感受,比如一个学生期待自己顺利通过考试,结果失败了,他/她会感受到沮丧、失落等情绪。

(2)生理唤醒:人在情绪反应时,常常会伴随着一定的生理唤醒,比如人在兴奋时血压升高,愤怒时浑身发抖,紧张时心跳加快,害羞时满脸通红。

(3)外部行为:人在感受到某种情绪时,会通过一定行为来表达此情绪。比如人在悲伤时会痛哭流涕,激动时手舞足蹈,高兴时开怀大笑,伴随着情绪体验的面部表情及身体动作,即情绪的外部行为,这也是人们判断和推测某人情绪的外部指标。不过,由于人类心理的复杂性,有时人们的外部行为会出现与主观体验不一致的现象,比如一个人在一大群人面前演讲时,明明心里非常紧张,却表现出镇定自若的样子。

2. 人类的基本情绪

关于情绪的类别，长期以来人们说法不一。我国古代有喜、怒、忧、思、悲、恐、惊七情说，美国心理学家普拉切克（Plutchik）提出了八种基本情绪：悲痛、恐惧、惊奇、接受、狂喜、狂怒、警惕、憎恨。比较统一的结论是，人类的基本情绪有四种，即快乐、愤怒、悲哀和恐惧。

（1）快乐：当一个人的需要获得满足时，会产生快乐的情绪体验。快乐有强度差异，从愉快、兴奋到狂喜，这种差异是由个体所追求目标对自身的意义以及实现此目标的难易程度所带来的。描述不同程度快乐情绪的词汇有：喜悦、愉快、开心、高兴、惊喜等。快乐表情的表现形式为眉开、眼弯、嘴上翘。

（2）愤怒：当一个人在追求一个目标时受到阻碍，愿望无法实现时会产生愤怒的情绪体验。愤怒时紧张感增加，有时不能自我控制，或会出现攻击行为。愤怒也有一定程度上的区别，一般的愿望无法实现时，只会感到不快或生气；但当遇到不合理的阻碍或恶意的破坏时，愤怒就会急剧爆发。这种情绪对人的身心有一定的伤害。描述不同程度愤怒情绪的词汇有：愤然、恼怒、生气、暴怒、暴跳如雷等。愤怒表情的表现形式为咬牙、瞪眼、锁眉头。

（3）悲哀：当一个人失去心爱的事物，或者理想和愿望破灭时会产生悲哀的情绪体验。悲哀的程度取决于失去的事物对自己的重要性和价值。哭泣是悲哀情绪的释放。因此，哭泣对人有一定的好处。描述不同程度悲哀情绪的词汇有：难过、失落、悲伤、悲痛欲绝等。悲哀表情的表现形式为眉掉、眼垂、嘴角低。

（4）恐惧：当一个人企图摆脱和逃避某种危险情境而又无力应付时会产生恐惧的情绪体验。所以，恐惧的产生不仅仅是由于危险情境的存在，还与个人排除危险的能力和应付危险的手段有关。一个初次出海的人遇到惊涛骇浪或者鲨鱼袭击会感到恐惧无比，而一个经验丰富的水手对此可能已经司空见惯，泰然自若。描述不同程度恐惧情绪的词汇有：胆怯、慌乱、害怕、惊恐、惊魂未定等。恐惧表情的表现形式为张嘴、瞪眼、眉上天。

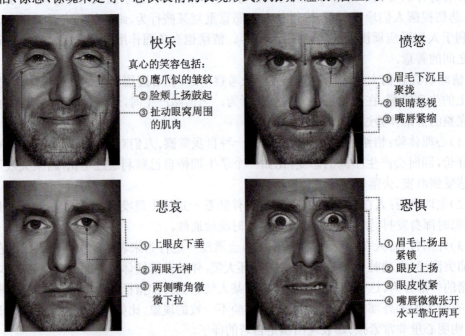

反省与分享：最近一周以来，你体验到哪些情绪？按比例划分下面的饼图，为自己做一个情绪饼图，如果愿意的话，和同学分享一下。

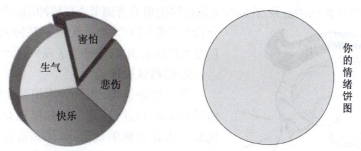

【技能练习】你能识别以上微表情吗？

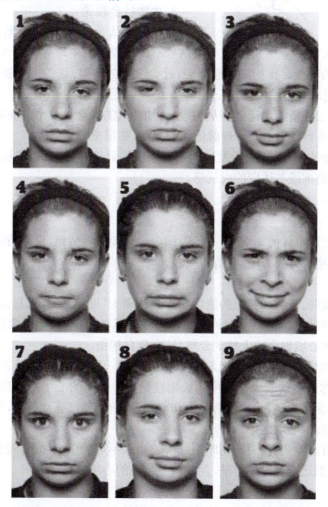

二、对情绪的理论解释

情绪到底是如何发生的？一个人的生理唤醒与其对某事的认知评价有何关系？一个心理健康水平较高的人拥有怎么样的情绪状态？以下理论将从不同层面进行解释。

1. 神经生理理论

这一理论认为，人类大脑存在一个"情绪中枢"。人脑脑干与边缘系统之间有两个像杏仁状的神经核，是产生激情的源泉，在额叶大脑皮层的前方有调节杏仁核冲动的部位，这两个部分合称"情绪中枢"。当人们受到某种刺激，经过大脑皮层及杏仁核的调节，就产生了高兴、悲伤、厌恶等感受。

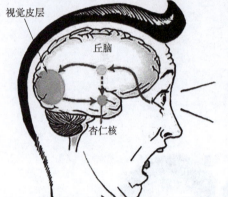

2. 情绪认知理论

这一理论认为，当一件事情发生时，人们会对事情进行分析和评价，这一认知过程会影响人的情绪。比如有人在开你的玩笑，如果你认为他是善意的，你就不会生气；反之，你会勃然大怒。

3. 生物社会理论

这一理论认为，当一个人逐渐融入社会时，其情绪信号不仅代表着其生理需要是否被满足，也代表着心理需要被满足的程度。比如成就感需要、社会交往的需要，这些需要被满足时，一个人会产生比吃饱肚子更深刻的愉悦感。

很显然，以上三种情绪理论分别从生理、认知和人的社会性三个方面解释了情绪的发生与意义，三种理论各自代表着一种理解情绪的视角，都很重要。

一个心理健康的人，通常对所发生的事有积极的评价，因而具有积极的情绪体验，更能够享受生活，体验到挑战与适应的成就感。

三、情绪的分类

人们在一定生活事件的影响下，一段时间内会体验某种情绪，根据情绪状态的强度和持续时间的长短，情绪可分为心境、激情和应激。

1. 心境

心境是一种微弱、平静和持久的情绪状态。林黛玉"见花落泪，见月伤心"的情绪体验就是一种心境。良好的心境能使人对许多事物产生欢乐的情绪，甚至会觉得花草树木都在微笑和点头。不良的心境则会使人感到云愁月惨、暗自神伤。

心境具有弥散性和长期性。古语中说，人们对同一种事物"忧者见之而忧，喜者见之而喜"，这就是心境弥散性的表现。心境的长期性是指一个人的心境是相当稳定的，比如一个愉快的人，每天都面带微笑，仿佛没有什么伤心事，而一个郁郁寡欢的人，好像找不着开心的事，很容易进入愁闷的心境之中。

古诗云："人有悲欢离合，月有阴晴圆缺"，一个人不可能事事如愿，难免遇到不愉快的事情，重要的是要找到适合自己的方法，及时调整自己的心境。

延伸阅读　　　　　　　　　教你如何变得快乐　　　　　　　　　

认知重构法：重新建构看待问题的方式。辨识、发掘引发情绪的不合理信念，用新的信念不断挑战和取代它们。尝试从更多的角度、更长的时间历程、更多的可能性去看问题,帮助思想脱离消极的漩涡,而不是任由自己的状态随着消极想法一步步往下坠落。

心理暗示法:心情郁闷时,如果对自己采取消极暗示,只会"雪上加霜",更加烦躁;这时应该对自己进行积极暗示,告诫自己这是正常现象,乌云终会散尽,同时多回想一些以前经历过的美好情境和值得自豪的事情,这样可以缓解心理压力。

注意转移法:如果你因为某件事或某个人而感觉心情烦躁,注意力无法集中,就不要强迫自己做事。这时不妨看看电视、听听音乐、写写日记,或者读一两篇美文。千万别以为这是浪费时间,实际上"磨刀不误砍柴工",你的情绪会很快得到缓解和放松,这样才能更好地做自己该做和想做的事。

运动释放法:体育锻炼能直接影响我们的情绪。研究表明,锻炼能释放内啡呔和血清素,这些化学物质会令身体感到愉快,能使心情也变得放松。到操场跑上几圈,打一场球,活动一下筋骨,或者对着远方吼上几声,高歌一曲,都可以使自己全身放松。

倾诉与分享:心理学研究表明,每个人都有和别人交流与分享的需要。有些人不想让别人知道自己的心事,不愿意把心里的苦恼和委屈说出来,这样不仅无助于问题的解决,而且会加重自己的烦躁。久而久之还可能产生心理障碍。正确的做法是找一位知心朋友谈心,也可以上网找一位网友聊天,哪怕对着家里的家具说话,也比闷在心里强。

写日记或随笔:心情不好的时候有的人喜欢写东西,不用考虑写什么,把自己的感受记录下来,或者是把心中的不快倾吐出来即可,然后会感觉特别轻松。

2. 激情

激情是一种爆发强烈而持续时间短暂的情绪状态。狂喜、狂怒、悲痛和恐惧等都是激情的表现。和心境相比,激情强度更大,但维持的时间一般较短暂。

激情具有爆发性和冲动性,同时伴随有明显的生理变化和行为表现。激情常由意义重大的事件引发,当人处于激情状态时,生理状态会发生剧烈的变化,从而产生相应的表情动作,严重时注意力变得狭窄,理性分析能力明显减弱,不能控制自己的言行。《儒林外史》中的范进听到自己金榜题名,狂喜之下,竟然意识混乱,手舞足蹈,疯疯癫癫;有些人在暴怒之下怒目圆睁,对别人拳脚相加。这些都是激情状态下的表现。

激情对人的影响具有两面性。一方面,激情可以激发人们内在的心理能量,使人们做到平时难以完成的事;但另一方面,激情也具有很大的破坏性和危害性,一个人在激情状态下可能会失去控制,不计后果,结果可能酿成大错。

3. 应激

应激是由出乎意料、突发的危急情况引起的情绪状态。比如在日常生活中突然遇到火灾、地震,飞行员在执行任务中突然遇到机械故障,重大考试失败,与家人冲突等,这些事件常常使人们心理上高度警醒和紧张,身体上也产生相应的生理反应,这就是应激反应。身体的应激反应可以提高机体应付紧张刺激的能力。

应激反应也分为积极和消极两种类型。积极的应激反应表现为反应迅捷、急中生智,能够紧张而有序地克服困难,化险为夷;消极的应激反应则表现为惊慌失措、惶恐不安,甚至手忙脚乱,加剧事态的严重性。

如果一个人生活或工作压力过大,就相当于不断地暴露于应激事件之中,尽管大部分的压力源属于慢性应激源,其情绪与身体会受到反复的扰乱,时间久了,身体与心理健康都会受到威胁。因此,学会应对压力,经常有意识地复原身心,对每个人来说,都非常重要。

四、情绪智力

情绪智力指一个人识别与理解自己和他人的情绪状态,并利用这些信息来解决问题和调节行为的能力,俗称情商(EQ)。情商高的人情绪较为稳定,能够正确感知自己和他人的情绪,耐挫能力较强,能够主动地自我激励,提升心理幸福感,人际关系较好。

心理学家戈尔曼经过多年研究发现,在一个人成功的过程中,智商和情商相辅相成,缺一不可。尤其在工作成就方面,情商的作用远远大于智商。他的研究还指出,情商是可以通过经验积累和训练而提高的。

情商主要体现在以下五个方面:

(1)认识自身情绪的能力:能够识别自己的感觉、情绪、动机、欲望和基本的价值取向,并以此作为后续行动的依据。

(2)妥善管理自身情绪的能力:能够对自己的快乐、愤怒、恐惧、爱、悲伤、焦虑等体验进行自我调节,比如积极地自我安慰,主动摆脱焦虑、不安情绪。

(3)自我激励的能力:面对自己想要实现的目标,可以进行自我鞭策、自我说服,始终保持热情、专注和自制。

(4)认识他人情绪的能力:对他人的各种感受,如情绪、性情、动机、欲望等,能"设身处地"地进行快速判断,并做出适度反应。

(5)人际关系管理的能力:影响和引导他人情绪的能力。一个人的人缘好坏、人际关系和谐与否都与这项能力密切相关。拥有这一能力,可以轻易地与其他人愉快相处,并能充当集体情绪的代言者,引导团体走向共同目标。

> **心理测试**
>
> 情 商 测 试
>
> 情商测试是许多大型企业和公司在选拔员工时所采用的心理测试之一。人们也可通过此测试了解自己的情商状况,以此作为自我提升的依据。
>
> 共33题,测试时间约25min,测试总分最大值为174分。请准备好纸和笔,如实回答即可。
>
> 第1~9题:请从下面的问题中,选择一个和自己最符合的答案,尽可能少选中性答案。
>
> 1. 我有能力克服各种困难:____
>   A.是的　　　　　　B.不一定　　　　　　C.不是的
> 2. 如果我能到一个新的环境,我要把生活安排得:____
>   A.和从前相仿　　　B.不一定　　　　　　C.和从前不一样

3. 一生中,我觉得自己能达到我所预想的目标:____
   A. 是的　　　　　　　B. 不一定　　　　　　C. 不是的

4. 不知为什么,有些人总是回避或冷淡我:____
   A. 不是的　　　　　　B. 不一定　　　　　　C. 是的

5. 在大街上,我常常避开我不愿打招呼的人:____
   A. 从未如此　　　　　B. 偶尔如此　　　　　C. 有时如此

6. 当我集中精力工作时,假使有人在旁边高谈阔论:____
   A. 我仍能专心工作　　B. 介于A、C之间　　　C. 我不能专心且感到愤怒

7. 我不论到什么地方,都能清楚地辨别方向:____
   A. 是的　　　　　　　B. 不一定　　　　　　C. 不是的

8. 我热爱所学的专业和所从事的工作:____
   A. 是的　　　　　　　B. 不一定　　　　　　C. 不是的

9. 气候的变化不会影响我的情绪:____
   A. 是的　　　　　　　B. 介于A、C之间　　　C. 不是的

第10~16题:请如实选答下列问题,将答案填入右边横线处。

10. 我从不因流言蜚语而生气:____
    A. 是的　　　　　　　B. 介于A、C之间　　　C. 不是的

11. 我善于控制自己的面部表情:____
    A. 是的　　　　　　　B. 不太确定　　　　　C. 不是的

12. 在就寝时,我常常:____
    A. 极易入睡　　　　　B. 介于A、C之间　　　C. 不易入睡

13. 有人侵扰我时,我:____
    A. 不露声色　　　　　B. 介于A、C之间　　　C. 大声抗议,以泄己愤

14. 在和人争辩或工作出现失误后,常会震颤,感到精疲力竭,不能继续安心工作:____
    A. 不是的　　　　　　B. 介于A与C之间　　　C. 是的

15. 我常常被一些无谓的小事困扰:____
    A. 不是的　　　　　　B. 介于A与C之间　　　C. 是的

16. 我宁愿住在僻静的郊区,也不愿住在嘈杂的市区:____
    A. 不是的　　　　　　B. 不太确定　　　　　C. 是的

第17~25题:在下面问题中,请选择一个最符合自己的答案,尽可能少选中性答案。

17. 我被朋友、同事起过绰号、挖苦过:____
    A. 从来没有　　　　　B. 偶尔有过　　　　　C. 这是常有的事

18. 有一种食物使我吃后呕吐:____
    A. 没有　　　　　　　B. 记不清　　　　　　C. 有

19. 除去看见的世界外,我的心中没有另外的世界:____
    A. 没有　　　　　　　B. 记不清　　　　　　C. 有

20. 我会想到若干年后有什么使自己极为不安的事:____
    A. 从来没有想过　　　B. 偶尔想到过　　　　C. 经常想到

21. 我常常觉得自己的家庭对自己不好，但是我又确切地知道他们的确对我好：____
    A.否　　　　　　　B.说不清楚　　　　　C.是
22. 每天我一回家就立刻把门关上：____
    A.否　　　　　　　B.不清楚　　　　　　C.是
23. 我坐在小房间里把门关上，但我仍觉得心里不安：____
    A.否　　　　　　　B.偶尔是　　　　　　C.是
24. 当一件事需要我做决定时，我常觉得很难：____
    A.否　　　　　　　B.偶尔是　　　　　　C.是
25. 我常常用抛硬币、翻纸、抽签之类的游戏来预测凶吉：____
    A.否　　　　　　　B.偶尔是　　　　　　C.是

第26～29题：下面各题，请按实际情况如实回答，仅须选择"是"或"否"。
26. 为了工作我早出晚归，早晨起床我常常感到疲惫不堪：是____否____
27. 在某种心境下，我会因为困惑陷入空想，将工作搁置下来：是____否____
28. 我的神经脆弱，稍有刺激就会使我战栗：是____否____
29. 睡梦中，我常常被噩梦惊醒：是____否____

第30～33题：本组测试共4题，每题有5种答案，请选择最符合自己的答案，在你选择的答案下打"√"。

　　1　　　　2　　　　3　　　　4　　　　5
　从不　　几乎不　　一半时间　大多数时间　总是

30. 工作中我愿意挑战艰巨的任务。1　2　3　4　5
31. 我常发现别人好的意愿。1　2　3　4　5
32. 能听取不同的意见，包括对自己的批评。1　2　3　4　5
33. 我时常勉励自己，对未来充满希望。1　2　3　4　5

计分与分析：

计分时请按照记分标准，先计算出各部分得分，最后将几部分得分相加，相加后的总分就是你的最终得分。

第1～9题，每回答一个A得6分，回答一个B得3分，回答一个C得0分。计____分。

第10～16题，每回答一个A得5分，回答一个B得2分，回答一个C得0分。计____分。

第17～25题，每回答一个A得5分，回答一个B得2分，回答一个C得0分。计____分。

第26～29题，每回答一个"是"得0分，回答一个"否"得5分。计____分。

第30～33题，从左至右分数分别为1分、2分、3分、4分、5分。计____分。

总计____分。

1.测试后，如果你在90分以下，说明你的EQ较低，你常常不能控制自己。你极易被自己的情绪影响。很多时候，你极易被激怒、动火、发脾气。这是非常危险的信号——你的事业可能毁于你的急躁。对此，最好的解决方法是能够给糟糕的事情一个积极合理的解释，保持头脑冷静、心境开朗。

特征：自我意识差；目标不明确，行动力不足；严重依赖他人；人际关系处理能力不足；应对焦虑能力不足；生活无序；责任感不足，喜欢抱怨。

2.如果你的得分为 90～129 分,说明你的 EQ 一般。对于同一件事,不同的时候可能表现不一,这与你的意识有关。你比前者更具 EQ 意识,但这种意识不是常常都有。因此你需要多加注意,时时提醒。

特征:比低情商者更善于原谅,更能控制大脑;能应付较轻的焦虑情绪;自我认可在很大程度上建立在被他人认可的基础上;缺乏坚定的自我意识;人际关系有待进一步提升。

3.如果你的得分为 130～149 分,说明你的 EQ 较高,你是一个容易感受到快乐的人,不容易恐惧担忧,对于工作热情投入,敢于负责,敢于表达自己的观点,对别人同情、关怀,这是你的优点,应努力保持。

特征:你是一个负责任的"好"公民;有独立意识,但在一些情况下易受别人焦虑情绪的感染;比较自信而不自满;有较好的人际关系;能应对大多数的问题,不会有太大的心理压力。

4.如果你的得分在 150 以上,说明你是个 EQ 高手。你的情绪智慧是你事业有成的重要前提条件。

特征:你尊重所有人的人权和人格尊严;不将自己的价值观强加于他人;对自己有清醒的认识,能承受压力;自信而不自满;人际关系良好,和朋友或同事能友好相处;善于处理生活中遇到的各方面的问题;认真对待每一件事情。

自我反省

做完测试后,请回头检查一下,你在哪些题目上得分很低,这些题目对应的内容即为有待提升的方面。如果得分较低,也不要气馁,自我了解是自我提升的起点,只要在情绪识别、情绪调节及理解别人的各种细节上做个有心人,一定会不断成长的!

第二节 客舱服务中的情绪管理

乘务人员在为旅客提供服务时,情绪起着中介的作用。乘务人员需要有积极乐观的心境,需要控制自己的负面情绪,在与旅客发生冲突时要及时调整情绪,积极处理问题,学会做情绪的主人。乘务人员还要学会识别旅客的情绪,及时安抚旅客和化解矛盾,以预防冲突的出现。

一、识别并调节旅客的情绪

旅客对服务的满意度是个抽象的概念,具体来讲,可以从三个方面入手。一是好的认知评价,二是在服务过程中情绪稳定而愉快,三是做好打算继续选择某航空公司某航班的准备。三个因素中,情绪的敏感性最强,也是最不稳定的因素。旅客一旦在旅行过程中情绪不愉快,哪怕并非机上服务造成的,他/她也会倾向于对机上服务打低分,这就是情绪对理性判断的"感染"作用。因此,客舱乘务人员只有能够识别和洞悉旅客的情绪状态,才可能有的放矢地运用有效的服务技巧。

1. 识别旅客的情绪

旅客的情绪表现在言行举止之间,旅客有好的情绪固然容易打交道,但更应重视"坏"的情况。旅客情绪不佳会给乘务人员的工作带来一定的困难,比如烦躁或焦虑的旅客注意力不太集中,还比较挑剔,容易冲动;而且,情绪不佳还是冲突的前奏,旅客之间的冲突,或者旅客与乘务人员之间的冲突,大多由于双方至少有一方本身情绪不佳,缺乏理性,激怒了别人,最终导致冲突。

(1)旅客负面情绪的来源

①个人因素。旅客跨入机舱时,并非单单带着行李而来,更带着个人的各种想法与情绪而来,倘若一位旅客正好遇上了不如意的事,难免带着焦虑、郁闷甚至愤怒进入机舱,这种情况下,他/她很有可能找碴把"坏"情绪发泄在乘务人员身上。

②环境因素。客舱环境人多空间小,空气流通不够充分,很多人进入机舱后感到头晕、头痛、恶心,于是觉得心烦意乱。另外,在经济舱里,前、后排距离短,座位也比较狭小,大家挤在一起,很容易互相影响。比如前排的椅背会影响后排旅客,左右邻座使用扶手或进进出出,都会互相干扰,这些外部刺激极易引发旅客不愉快的情绪。

③服务态度。乘务人员虽然妆容精致,形象气质俱佳,但如果态度冷漠,拒人以千里之外,旅客的情绪也会受到影响。当旅客需要帮助时,如果乘务人员没有及时回应,旅客会感到被怠慢,于是会感到沮丧和生气。有时候,旅客心情不佳并非因为机上服务有问题,而是在地面受了委屈,上了飞机后情绪还没有转换过来。

④航班延误。航班延误是对旅客心理影响最大的因素之一。一旦航班延误,行程被打乱,旅客会有"受挫"的感觉,等待中的无聊、焦虑也会慢慢演变为担心、怀疑和愤怒,负面情绪有时使一些旅客失去理智,看起来很冲动、难以沟通。

> **小贴士**
>
> **使人们不快乐的思维陷阱**
>
> A. 全或无的思维方式:非黑即白,非此即彼。
> B. 过度泛化:将一个负性事件看成是全面的失败。
> C. 思维过滤:只注意到事物的阴暗面,而忽视事物的积极方面。
> D. 妄下断语:在没有确切证据时,就对事物下负面结论。
> E. 夸大或贬低:过分夸大或贬低事件的重要性或带来的影响。
> F. 情绪化推理:由感觉得出结论,"我感觉我自己笨极了,我一定是这样的。"
> G. "应该"语句:批评自己或他人时总是用"应该""不应该""必须""一定"等。
> H. 贴标签:总是对自己说,"我是个倒霉蛋""我是个失败者",而不是说"我犯了个错误"。
> I. 责备:即使是与自己无关的事,也总是将错误归咎于自己,或者责备别人,而忽视了自己应该承担的责任。

(2)如何识别负面情绪

①细心观察。大部分旅客的心理活动都可以通过其言行举止透露出来,乘务人员只要

用心,总能在熙熙攘攘的人群中发现最需要关注的人。乘务人员在观察旅客时,尽量"放空"自己,不要有任何偏见,通过观察旅客的表情、步态、说话的语气、声音的大小以及放置行李时的动作,可以初步判断其情绪与个性,如果有机会近距离交流,眼神和语言是乘务人员进一步了解旅客的有效工具。

②耐心倾听。很多旅客遇到麻烦会向乘务人员寻求帮助,或者向同行的旅客诉苦,如果乘务人员留心一下,会通过旅客的诉说了解其当时的心情。乘务人员在倾听旅客说话时,要神情专注,尽量保持眼神接触,有节奏地回应对方,使其感受到被理解和支持,不要随意打断对方讲话,要一边听一边注意观察,判断其情绪状态,以便于及时安抚。

2. 包容和调节旅客的情绪

无论引发旅客情绪不佳的原因是什么,旅客登机后,为了更好地交流,乘务人员必须勇敢地去面对"挑战",尤其是面对头等舱或商务舱的旅客时。当乘务人员发现旅客情绪不佳时,不必计较,更不要觉得是自己做错了什么,真诚、微笑、柔和的语气是化解旅客负面情绪的最好武器,当然,适当的技巧也是必要的。当情绪不佳的旅客不客气地批评乘务人员时,绝不能针锋相对,一方面要谦和但有理有据地说明事实,另一方面要真诚地表明你试图解决问题的态度,这样的话,你既包容了旅客的批评与埋怨,又尊重和理解了他/她所提出的问题,同时,你所做的真诚努力也会获得旅客的感激与理解,旅客就是再有怨气,也会慢慢被化解。

案例分析

当好怨怒旅客的情绪调节员

乘务人员小黄在执行北京飞往广州的航班时,一位旅客按呼唤铃,要一份《北京日报》,刚好《北京日报》全部发完了,于是小黄给他拿了一份《广州日报》,并带着歉意解释了事情的原委。谁知旅客很生气,直接把报纸塞到了座椅前的口袋里,一脸不悦。小黄心里也不好受。

飞机起飞后,小黄注意到那位旅客好像不舒服,一会儿转转他座位上方的通风口,又转转旁边的通风口,最后抱着膀子坐在座位上。小黄意识到他感觉太凉了,赶紧走到他面前,亲切地问:"先生,您是不是感觉空调有点凉啊?我给您拿条毛毯吧?"他看着小黄愣了一下,点点头。小黄立刻取来毛毯递给他,他轻声说了声"谢谢!"。小黄也松了一口气。送饮料时,这位旅客喝得很快,小黄就又帮他倒了一杯,说:"先生,您一定很口渴吧?我又给您倒了一杯,您慢用。不够的话随时按呼唤铃叫我,我再给您加。"旅客有点惊讶,连说:"谢谢,谢谢,我确实有点渴。"小黄也连忙说:"不客气,这是我们应该做的。"旅客的情绪终于由阴转晴,小黄心里也明快了很多。

分析与讨论:乘务员小黄是怎样帮助旅客调节情绪的?

3. 创造愉快的客舱氛围

乘务人员如果能够有意识地调节旅客的情绪,使小小的客舱里充满平和、愉快的气氛,或者,如果能够准确判断某些"冲动"旅客的存在,并预先做好安抚工作,后面的沟通与服务就容易得多。有一句话说得好,"与其事后弥补,不如未雨绸缪"。那么,如何创造愉快的客舱氛围呢?

(1)趣味服务。航空公司的乘务人员在安全提示及其他互动中,可运用娴熟的技巧,为旅客创造轻松、愉快的客舱氛围,使乏味的旅程充满趣味,让旅客精神愉悦,一路开心。趣味服务无疑是一家航空公司最具特色和最有吸引力的服务手段。

案例分析

乘务员都是段子高手

美国西南航空公司是一家低成本航空公司,以低票价、便捷性以及高频度航班为营销策略,机上服务也经常突破常规,为旅客带来不一样的体验,其中乘务人员"自黑"段子流传甚广。下面是部分乘务人员的语录。

飞机遇到颠簸气流之后:"请大家不要惊慌。刚才那些嘎嘎声只是你们的行李被颠出飞机发出的声音……"

"请一定先给自己戴好氧气面罩,再帮助旁边需要帮助的人。除非你旁边坐的是你的前任,那就算了。"

飞机刚刚降落,正在滑行,安全带指示灯还没熄灭,人们开始站起来拿自己的行李:"大家好,我们一会儿需要大家帮忙刷厕所,如果你想帮忙请起立。"所有人都坐下了……

飞机起飞晚点一小时,机长为晚点表示歉意:"一会起飞之后,我们会把这架飞机开得快得像是我们刚偷来的一样。"

"我们即将调暗客舱灯光,这主要为了让我们的空姐看上去更美一点。"

分析与讨论:在会心一笑之余,想一想,如果你是一名乘务员,可以做些什么让客舱氛围更轻松、愉快,注意结合我国文化及服务规范。

(2)微笑服务。有人说微笑是一个人的名片,毋庸置疑,乘务人员真诚的微笑会使旅客如沐春风。一位记者旅客这样描述原上海航空公司优秀乘务员吴尔愉,"在客舱口,迎接我们的是吴尔愉温婉的笑容:依然是那样飞扬的眉毛,那样热情的双眼,那样弯弯的嘴角,那样半露的皓齿……旅客越多,工作越忙,吴尔愉的身影却越发生动起来。引座、帮客人放行李、检查安全带……虽然她一个人要忙乎很多客人,可好像每一位旅客都没有被冷落,都被她的微笑温暖着。"吴尔愉则这样描述自己,"微笑是我对优质服务最好的诠释:心中有旅客,脸上才会有真诚的微笑;把旅客当作自己的亲人,笑容才让旅客感到真诚、温馨、亲切……"

微笑很容易,但是只有发自内心的微笑才会感染别人。要做到发自内心的微笑必须有一定的心理基础:热爱乘务工作;发自内心地愿意为旅客服务;真正尊重旅客、尊重自己;做好准备去承担所有的困难。唯有如此,乘务人员才能克服单调、枯燥、疲劳,即便被旅客误解,也能保持积极、乐观的情绪状态,用自然、真诚的微笑感染旅客,带动旅客,使旅客的情绪也随之发生变化。

(3)开展团体活动。乘务人员可以利用节日与旅客进行互动,为旅客赠送节日食品、小礼物;组织旅客做一些在座位上就可以轻松完成的健身操;组织大家唱一首耳熟能详的老歌……在这样充满快乐的客舱氛围中,旅客一定是身心愉悦的。

> **延伸阅读**　　　　美国西南航空客舱服务中的趣味服务

美国西南航空在公司喜欢打破规则,乘务人员会在复活节扮演复活节兔子迎接旅客,在感恩节穿着火鸡服装为旅客服务。西南航空的员工都是搞笑高手,经常别出心裁地取悦旅客。登机时,机上服务员会把自己藏在头顶的行李箱里,当旅客开始登机时突然冒出来,给旅客一个惊喜。

总裁赫伯除了自己"古怪",还要求员工也要开动脑筋搞怪。西南航空的航班上组织过各类别出心裁的比赛,比如,比谁哈哈大笑的时间最长;利用手语传递信息,传递过程中往往会出现笑料;在客舱传纸巾,拿一卷纸巾让旅客从客舱最前面直传到客舱最后面,尽量使纸巾在传递过程中不要被扯断。

在客舱内,西南航空的鸡尾酒被称作"爱的魔水"。

某一圣诞节前夜,飞行员在途中突发奇想,让乘务人员打扮成驯鹿和小矮人,飞行员一边通过扬声器哼唱圣诞颂歌,一边轻轻摇动飞机,这样的甜蜜温馨使飞机上那些兴冲冲赶回家过圣诞的旅客们感动不已。

西南航空的员工还经常别出心裁地播出另类客舱广播,比如为了提醒旅客不能在客舱内抽烟,乘务员这样劝告旅客:"想抽烟的旅客,可以到机翼上的特别休息区,顺便观赏电影 Gone with the Wind(《飘》)"。旅客听完会心大笑。

4. 主动、沉着地帮助旅客解决问题

民航旅客形形色色,有儿童,有老人,有初次乘机的旅客,有经常乘机的旅客,大部分遵守规则,但也有违规违法的旅客,有的旅客情绪稳定,也有的特别容易冲动……但无论是哪种类型的旅客,一旦遇到困难,情绪就会受到困扰,会焦虑、紧张、急躁,乘务人员如果能够做到细心观察、主动询问,尽力帮助旅客解决问题,旅客的安全感就会有所提升,情绪就会稳定下来。另外,飞机上常常突发事件不断,乘务人员一定要镇定、周到地应对问题,如及时制止旅客的违规行为,安抚旅客的情绪,利用广播或其他方式向旅客作出解释,就可消除客舱内的恐慌气氛。

> **案例分析**

手机引发的恐慌

一个旅行团乘坐某班机到北京旅游,一名旅客上飞机后不断地用手机打电话,乘务员上前制止了他的行为。然而,当飞机在万米高空飞行时,一位日本女旅客异常惊慌的表情引起了乘务员小陈的注意。原来，坐在她前排的那位乘客又在用手机通话。当小陈走过来时，日本女士忽然紧紧地抱住她大声哭叫起来。小陈没有慌乱，而是耐心地安慰，并把她请到了头等舱，专门指定一名乘务员进行陪伴，那位日本女士这才平静下来。接着，小陈又走到那位打手机的旅客面前，"没收"了他的手机，将手机交给安全员保管，直到航班安全抵达北京后才交还。

分析与讨论：简单描述一下小陈对此次事件的处理步骤，再找几个词来形容一下小陈在处理此事件中的特征。

二、乘务人员的情绪管理

客舱服务是人与人交往的工作，情绪会互相影响，互相传染，乘务人员是客舱的"主人"，情绪管理的重要性毋庸置疑。

1. 乘务人员如何保持良好的心境

心境是一种持久而稳定的情绪状态，一个人心情好，也就是心境良好，他/她会觉得周围的一切都很美好，表情、语调都会带着轻松、愉快的色彩；而由于种种原因产生不良心境的人，会觉得周围的一切都暗淡无光，表情、语调也会阴暗、呆板，令人不愉快。

乘务人员应如何保持良好的心境呢？

（1）对工作保持积极的认识

①爱上乘务工作：一个人如果真的能做到"干一行，爱一行"，虽然不太容易，却是一件了不起的事，也是一件值得庆幸的事。因为只有热爱某一工作，你才会投入热情，才会认真、专注，才会觉得受点委屈、吃点苦也是值得的。要想成为一位优秀的乘务人员，始终愿意愉快地走上工作岗位，首先要培养自己对乘务工作的热情，要在工作中找到自己的价值，找到这一平凡工作的积极意义。

②将消极想法转化为积极想法：有些乘务人员经常想不通，"航班延误又不是我的错，恶劣天气也不是我造成的，为什么旅客把我当成出气筒？"当乘务人员这样想的时候，会很难接受自己"出气筒"这个角色，难免会与旅客针锋相对。如果乘务人员能这样想，"旅客发火不是冲着我来的，是针对航空公司，或者其他人，只是他/她一时找不到'正确'的发作对象，好吧，看看我能帮他/她做些什么。"或者这样想，"旅客发火总有他/她的道理，安抚他/她的情绪也是我的工作呀，这正是我们工作的价值所在，帮他/她解决了难题，他/她会更信任我们。"这些积极的想法会让乘务人员心情平静，积极地面对困难状况。

另外，塞翁失马，焉知非福，好事和坏事在一定条件下是可以互相转换的。比如，乘务人员有时受了委屈，看起来是坏事，但如果能把心态调整好，那些负面的经历就成了宝贵的人生财富，还能提升工作能力与职业素养。

（2）"假装"拥有好情绪

客舱服务工作有时让乘务人员感到身心疲惫，心情也会随之低落，如何在这样的"逆境"中保持好心情呢？心理学研究表明，"假装快乐"就是一种快速调整情绪的好方法，它可以使人们脱离不良情绪，重拾好心情。美国加州大学心理学家艾克曼曾做过实验，当人们假装快乐、面带微笑时，周围的人会以友善的态度回报我们，这些回报能令人心情愉悦，情绪也随之进入良性循环。如果整天板着脸,眉头紧锁,说话唉声叹气,别人又会怎么会友善地对待你呢!

(3)调整呼吸,放松身体

情绪与身体状态密切关联。当我们情绪焦虑、紧张时,身体也随之处于紧绷、过度兴奋的状态;当我们沮丧、无助时,身体也会感到疲软、无力和抑制。如果我们能及时调整身体状态,使我们的身体处于适度兴奋、平静稳定的状态中,那么我们的情绪也会随着身体的放松而逐渐趋于稳定、安宁。深呼吸,有意识地调节自己说话和动作的速度,放松面部与肩部,都是快速放松身体的好方法。

(4)利用团队资源

乘务人员遇到心情不佳时,要善于利用团队力量。团队不仅可以在工作上互相合作,在心理上也可以互相支持。以乘务长为首,要有意识地建设友善、进取的团队工作氛围。友好的团队鼓励大家讲述自己遇到的麻烦事,互相倾听,互相帮助,每个人都变成了调节别人心情的"有效资源",每个人都会因获得了团队支持和尊重而感到安全、放松,情绪自然就平静下来了。

乘务人员保持放松自己、保持好心情的方法还有很多,比如运动、阅读、写日记等,详细内容可参考本章第一节"延伸阅读:教你如何变得快乐"。

2. 乘务人员如何克服不良的激情

激情是一种强烈的、爆发式的情绪状态,具有迅猛、激烈、难以抑制的特点,乘务人员与旅客发生矛盾时,一定要控制好自己的激情,清楚地意识到自己在做什么,预见行为后果,避免做出令自己追悔莫及的事情。如何控制不良的激情呢?

(1)转移注意力

在激情状态来临时,大部分人都能感觉到自己的身体和情绪正在发生变化,比如能感觉到自己身体的肌肉发紧、心跳加快、脸发热以及胃部紧张等,这时,如果能有意识地选择做一些其他事情,转移注意力,一般可以使激情平稳渡过,不至于爆发。比如,当觉察到自己的愤怒即将爆发时,和旅客说一句:"稍等,我先走开一下。"利用走开的间歇,进行深呼吸,从而放松身体,也可以在心中默默数数,遇到同事,和他们聊聊天,这些都可以有效地起到延缓和遏制激情爆发的作用。

(2)适当释放

乘务人员遇到麻烦事,确实很恼火时,不妨找个适当的地方和一个适当的人,痛痛快快地倾吐一番心头不快,或者对着柔软的物体打几拳、踢两脚,这都有利于把愤怒的能量释放出来。

(3)积极的自我暗示

积极暗示作为一种心理疗法,在稳定情绪、改善心理状态方面相当有效。乘务人员在遇到烦恼时,下面的自我暗示或许有帮助:"要忍住!不要跟他一般见识""他不是冲着我来的""他只是习惯性粗口罢了""一切都会过去"……这些自我暗示对情绪有引导作用,可以帮助乘务人员暂时地应对困难局面。

(4)理智控制

面对突发事件,在情绪失控前多想想事情的后果,比如,被领导批评、受处分、失业、被同事鄙视、如何向亲人朋友解释等,这些"胡思乱想"可以使理性力量干扰情绪冲动的运作,从而有效地控制激情。

在航班飞行中,乘务人员与旅客都会有情绪不良的时候,这就需要乘务人员不断地积累经验,提升服务技巧,无论发生什么,都能沉着冷静地积极应对,以热情、周到的服务化解尴尬。

 技能练习

积极应对"逆境"

如果出现下列情况,你的情绪及想法如何?如何积极应对?
- 旅客要求很多又无理……
- 加班好多,工资却并未增加……
- 碰上令人讨厌的旅客……
- 碰到令人讨厌的同事……

考 考 你

1. 基本情绪有哪些?分别列举描述这些情绪的形容词。
2. 如何调节客舱气氛及旅客情绪?
3. 乘务人员在工作时如何保持良好心境?
4. 如何控制自己的愤怒或其他激情?

第六章

客舱服务中的态度转化

* 第一节 客舱服务中乘务人员与旅客的态度表现
* 第二节 影响乘务人员与旅客态度改变的因素

一位乘务员在成长日记中总结自己几年来的变化：

"刚开始工作时，遇到旅客对我说：'小姐，帮我把包放上去。'我觉得这旅客真奇怪：'你都觉得重，还让我放啊，你是男的，你都不行，我怎么行。'一年以后，我听到一位女士说'行李好重，放不上去'，我去试了一下，觉得一个人确实举不动，就对女士说：'我们一起吧'。三年后，一个女孩站在座位上放行李，我过去伸手帮她放了进去。'太感谢了！''没关系，开行李舱时要小心，下飞机时如果拿不动就等旅客下完了我来帮你。'"

这位乘务员的成长历程对我们有何启示呢？

第一节 客舱服务中乘务人员与旅客的态度表现

一、什么是态度

"态度"一词广泛出现在工作、生活的各个领域，在不同情境中，人们会有不同的态度，如喜欢—厌恶、尊敬—轻视、热爱—仇恨、同情—冷漠等。

态度的研究在心理学中有着很长的历史，其定义是指个体基于过去的经验，对周围的人、事、物持有的比较持久而一致的心理准备状态或人格倾向。态度具有对象性、结构性、稳定性和内在性四个特性。服务态度就是在服务过程中，服务者或者被服务者通过言语、行为等反映出来的态度。

服务态度可分为积极的服务态度（如旅客至上、任劳任怨、贴心关怀等）与消极的服务态度（如马马虎虎、敷衍、草率等）。如图6-1所示，积极的服务态度会使旅客感到亲切、热情和真诚，产生满意、愉快的感觉；而消极的服务态度则会使旅客产生不满、生气甚至愤怒的感觉。

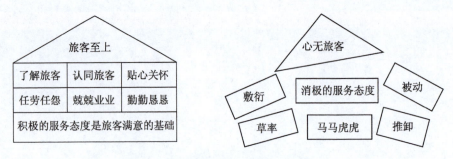

图6-1 积极服务态度与消极服务态度的对比

态度的构成主要有三个要素，即认知要素、情感要素、行为倾向要素。认知要素是态度的持有者对某特定对象的了解与评价，包括个人对此对象的认识与理解、赞成与反对。情感要素是指主体对此对象的情绪反应，即喜欢或厌恶的体验程度。行为倾向要素是由认知因素和情感因素共同决定的，是主体对此对象做出的一种反应，是行动的直接准备状态。以上三个要素一致性越强,态度越稳定,越不容易改变。

在客舱服务中,态度的三要素在乘务人员身上都有所表现。下面我们从态度三要素的角度来分析第一章中乘务员吴尔愉的"亲情服务法"。

案例分析

客舱里的"亲情服务"

在一次航班中,乘务员吴尔愉发现客舱里走进一位老人,衣服间隐约露出一条蓝色的腰带。迎接旅客后,她拿着两条毛毯走到老人面前,微笑着说:"先生,您是否腰不太好,给您两条毛毯好吗?"说着,用手指了指他身上的蓝色腰带:"我父亲与您年龄差不多,也有腰疼病。前些日子,我刚帮他买过这样一根腰带。"她边说边帮老人把毛毯垫在腰后。老先生感慨地说:"您对生病旅客的服务,比护士还细心啊!"

吴尔愉发现旅客戴着一条蓝色腰带,推测老人可能腰痛,觉得自己应该帮助他,这些是小吴对此事的认知要素;意识到旅客身体不好,想起了自己的父亲,心里生发出同情、疼痛的感受,这是情感要素;给旅客拿毛毯,主动关怀,则是态度转化为行为的表现。可见,认知因素是源头,情感因素是认知因素的衍生,行为倾向或行为则是态度的最后体现。

延伸阅读

优秀乘务员吴尔愉

吴尔愉原是一名纺织厂女工,1995年被上海航空公司招收为乘务员,自当年9月正式上机,她收到过旅客表扬信几千余封,曾10多次被评为"最受旅客欢迎的乘务员"。吴尔愉热爱本职工作,具有强烈的敬业精神,她把客舱当作全心全意为旅客服务的岗位和阵地,在服务中奉献一片爱心。她曾说过:"我为旅客提供优质服务的追求之一,就是提供家庭式温馨服务。在老年旅客面前,我会给予儿女般的微笑;在儿童旅客面前,我会给予母亲般的微笑;在同龄旅客面前,我会给予朋友般的微笑……"

作为一名空嫂,吴尔愉也曾自卑过,"因为在纺织系统习惯使用沪语,而客舱里却不允许使用沪语;我离开学校多年,英语基础差,遇到外宾旅客心里就发毛;身体状况不如年轻人,形象气质不够好等问题从一开始就困扰着我,但是,我并没有因此而退却。为了克服体能不足的困难,我坚持在航班轮休日每天进行游泳训练,既锻炼体能,又能保持良好的体形。为了使自己的服务技能能够满足外国旅客的要求,我利用业余时间刻苦学习英语和普通话,特意请了英语和普通话家教老师,每周两次到老师家上课,然后自己在家进行复习。为了克服年龄大、记性差,自备了一个英语单词笔记本随身带,还把家里的多种玩具和物品分类吊挂起来,这样一进家就用英语读背……"

吴尔愉在客舱服务过程中摸索出一套服务的规律,创造了"家庭式温馨服务"的特色品牌,拿出了漂亮的成绩单:《吴尔愉服务法》。这套服务方法包括:微笑服务法、亲情服务法、细腻服务法、延伸服务法、语言技巧法、应急处置法。服务法的精髓在于细腻、主动和热心,其关键词是眼中有活、细心揣摩、换位思考。吴尔愉认为优秀的乘务员要勤快,"多看一眼,多说一句,多想一想,多动一动,做到微笑于心,细腻于行。"

二、客舱服务中乘务人员与旅客的态度表现

1. 乘务人员与旅客在交往中的心理状态

在民航服务工作中,旅客和乘务人员常常表现出不同的态度,而不同态度的当事人相应地具有不同的心理状态,主要表现为家长型、孩童型和成人型三种状态。

家长型的特征表现为命令和慈爱,稍带些强势。如旅客有需求时以命令的口吻说"叫他过来",乘务员说"叫他等会儿""怎么不提前准备好",这都是家长型的表现。

孩童型表现为情感色彩浓郁,以冲动和任性为特点,有时也表现为依赖和顺从,"这是地面的事,不关我的事""那怎么办呢,你说怎么办?"这些是孩童型表现。

成人型以思考为特征,理性地说话、做事,成熟有礼貌。如旅客因小事而发脾气,乘务员说:"对不起,请您不要生气,我马上想办法帮您解决";乘务员不小心弄脏了旅客的衣服,表示歉意,旅客说:"没关系,洗一下就好了"。

在家长型、孩童型、成人型三类心理状态中,如果乘务人员经常处于家长型的心理状态,总是采用命令式的行为方式与旅客交流,就会显得相当别扭。如果乘务人员常处于孩童型的心理状态,一切都是想当然,凭感觉和兴趣做事,与旅客的交往也会因无原则而最终导致失败。因此,只有以思考为特征的成人型心理状态才能理智地处事待人,乘务人员要努力保持成人型的心态,积极引导旅客理性交流,这样沟通就容易成功。由于乘务人员与旅客并不总是处于理智状态,有时候,旅客是孩童型心态,那么乘务人员用成人型的态度去匹配,沟通效果也会不错;相反旅客是家长型态度,乘务人员活泼一点、开开玩笑,也会有效地调整尴尬气氛,使现场更加轻松。总之,无论旅客是哪种类型的心态,乘务人员既不能与其硬碰硬(家长型对家长型),也不能与旅客一般见识、相互耍赖(孩童型对孩童型),而要采用适当方式与之匹配,最和谐的交流当然是双方都理性诚恳,即成人型对成人型。表6-1以表格形式总结了乘务人员与旅客之间心态碰撞时的效果,√代表两种类型可以匹配,×代表两种类型交流时容易发生冲突。

三种心态的交叉交往　　　　　　　　　表6-1

旅　客	乘务人员		
	家长型	孩童型	成人型
家长型	×	√	√
孩童型	√	×	√
成人型	√	√	√

给我升舱！

航班延误，旅客终于登机完毕，乘务长正在协助旅客就座，这时候一个声音突然在背后响起："乘务长，我是你们航空公司的金卡会员，今天飞机延误了足足三个小时，居然没有任何服务安排，连椅子都不够。我很不满意，我要求你们给我升舱，从普通舱升到头等舱！"

（1）请问该旅客的心理状态是哪种类型？（A.家长型　B.孩童型　C.成人型）

（2）请问乘务人员应该用何种心态面对旅客的要求？如何应对？

2. 态度对行为的影响

研究态度最主要的目的是为了预测行为。态度与行为的关系比较复杂。态度是一种内在的心理准备，而行为则是在外表现。因此，态度并不等同于行为。态度与行为既可能是一致的，即有态度有行为，也有可能是不一致的，即有态度无行为。

下面几个因素影响着态度对行为的预测性：

（1）态度的具体性：态度的主观性会影响行为，一个具体的意图可能会导向一个特定的行为。

（2）态度的成分：态度的情感成分比认知成分对任务选择及应对的影响更大。

（3）态度的强度：态度对象与自己切身利益相关度越高，态度的强度就越高，对行为的影响也就越大。

（4）人格变量：人格中的自我监控特质影响态度与行为的关系，自我监控能力强的人更为理性，即便持有某种态度，但因其对行为的控制性更强，也未必流露出来。

一位独龙族5岁女童独自在家烤火时不幸被烧伤，生命危在旦夕。当女童需要转院治疗时，某航班连夜拆除了部分座椅，以便于安装医护专用担架，航班所在航空公司努力协调机场等相关单位，为女童开辟了绿色通道，以最快的速度将这个可怜又幸运的孩子送到了她所需要去的城市。

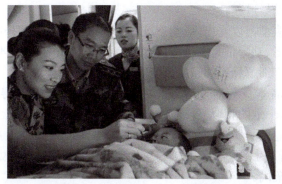

在如此危急的情况下，这家航空公司采取了积极的行动，这是因为他们具有尊重生命、救护伤者的基本态度，这种态度在航空公司相关工作人员的主观意愿、同情心、人道主义原则等的影响下，转变为积极的行动，如改装机舱设施、架起了绿色通道，这一案例生动地解释了态度与行为的关系。

当然，如果一个人或一个组织的态度中包含着损害其自身或社会利益的可能性，此态度未必会转变为行为，如某乘务员非常不喜欢某旅客，她具有否定或者想要回避该旅客的态度，但出于职责或礼貌，她并不会表现出此种态度，依旧热情地为其服务。这说明，态度是否转变为行为，既取决于态度本身，还取决于环境，某些态度只能是内在的，如果表现为行为，结果却与环境格格不入，甚至破坏了个人与环境的关系及利益，那就需要被控制。而某些态度，如果转变成为行为的话，对态度持有者本人及环境都有一定的建设作用，既符合个人利益，也符合社会利益，那么，该行动就应该受到鼓励。

第二节
影响乘务人员与旅客态度改变的因素

一、态度改变的途径——劝导

一名优秀的乘务人员的工作艺术就在于，通过自己的劝导，使原来脾气暴躁的旅客变得心平气和、冷静而理智；使原来与航空公司对立的旅客变得友好，使原来不信任航空公司的旅客充满信任。因此，民航乘务人员要有针对性地、耐心地劝导旅客，努力改变旅客的负面态度。

态度改变是指在一定的社会影响下，一个已经形成的态度在接受某一信息或意见的影响后，发生相应的变化。促使态度改变的过程称作劝导。态度改变可以是方向上的改变，如赞成某事转变为反对某事；也可以是强度上的改变，如非常反对转变为有点反对。劝导的方式有多种，面对面交谈、参观访问、观看影视材料等方式都可以改变人们的偏见及某些信念，从而改变其态度。

劝导并不是一件容易的事，诸多因素会影响劝导结果。图6-2为弗里德曼劝导模型，此模型详细说明了整个劝导过程。

从弗里德曼劝导模型可以看出，影响态度改变的主要因素包括外部因素和内部因素，外部因素主要包括劝导者、劝导信息和情境，内部因素则主要是态度主体自身的特点。下面根据弗里德曼劝导模型详细解释影响态度改变的主要因素。

（1）劝导者：劝导者本身与劝导结果密切相关。如果劝导者获得被劝导者的信任或喜爱，或者与被劝导者有一定的相似度，被劝导者容易被说服。

（2）劝导信息：信息的真实性和可靠性也是影响劝导的重要因素，虚假、夸大的信息一旦被识破，会使被劝导者产生受骗且没有被尊重的感觉，轻则不再信任劝导者，重则勃然大怒，与劝导者产生更大的隔阂。

（3）劝导情境：情境因素中的预先警告指的是事先让被劝导者对情境的后果有一定的心理准备；分心则是指促使被劝导者多方位思考问题，这有利于其改变态度。

（4）被劝导者：被劝导者各有各的特点，劝导者要相应采用不同的策略。有的旅客属于"冲动型"，他就是"咽不下这口气"，条件允许的话，劝导者要采用温和、有礼的方式，多倾听，少说话,更不要随意打断对方的话,多使用共情技术,使其情绪逐渐稳定下来,再与其协调解决问题的办法;而对于一些"利益型"旅客,劝导者除了坚持原则外,还要使其感到你正在想方设法为其争取利益,使他心服口服;缺乏主见的"依赖型"旅客是比较容易被说服的,劝导者需要尽量为其考虑,提出实际的问题解决方案即可;而对于"攻击型"旅客,劝导者需要提醒他只有理性协商才能解决问题,不必示弱,也不应回避,有理、有利、有节地与其讨论解决方案才是上策。

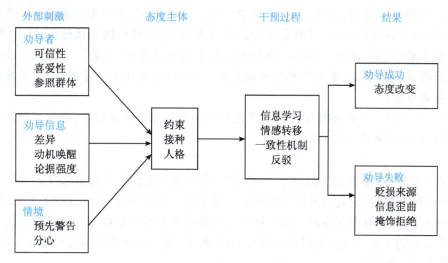

图6-2 弗里德曼劝导模型

二、旅客需要被劝导的情境

劝导是一个沟通过程,涉及言语和非言语的信息,劝导者通过这些信息去影响、加强或改变听话人的态度及行为。处理矛盾或冲突的过程中,主要考验的就是乘务人员的劝导能力。

1. 对飞行安全有潜在影响的情况

对民航业来讲,安全是一个永恒的主题,客舱安全作为飞行安全的重要组成部分。乘务人员有时要劝导旅客关闭手机、系上安全带等。乘务人员在飞机起飞前劝导旅客关闭手机电源一直被认为是一件苦差事,因为有些固执的旅客不愿意配合乘务人员的工作,甚至以各种"歪理邪说"予以狡辩。这时乘务人员要以不容置疑的权威口吻说明关闭手机对保障飞机安全的必要性,对其施加压力,同时也会获得周围旅客的支持,从而使其"乖乖就范",关闭手机。乘务人员在劝导时一定要注意急事慢慢说,小事幽默说,没把握的事谨慎说。比如某旅客初次乘坐飞机,坐在飞机的紧急出口,乘务人员只需告诉他不能随便打开这个出口,只有紧急情况下才能打开,但不必一味强调紧急撤离的危险性,因为这会增加旅客的惶恐和紧张。

2. 突发群体性事件

由于突发群体性事件大多事出突然,不能控制的因素很多,舆论压力大,时间紧迫,处理棘手,因此,处理突发群体性事件,需要工作人员具有良好的素质和熟练的技巧。

案例分析

一句称呼引发混乱

从北京飞香港的某航班上,飞机即将到达目的地,航程本来就要顺利、愉快地结束了,这时,一位老人向乘务员提出需要一杯热开水,乘务员也热情地向老人提供了热水,遗憾的是,乘务员一时口误,称呼老人为"老头",老人当下很不高兴。乘务员赶紧向老人解释:"其实,老头,在北京话中也不是不尊重,我没有其他意思……我也不容易,现在还在发烧呢……"乘务员的话还没有说完,就被周围几位经历过"非典"的香港客人的愤怒打断了。他们一听到发烧就本能地联系到"非典",认为航空公司让发烧的人为他们服务,是对他们生命的藐视。一时间,飞机上一片混乱,并发展到双方动手的地步。

分析与讨论:此群体性事件的发生是必然的吗?乘务员口误后,后面可以采取哪些补救措施,以避免事态的扩大?

在这一事件中,乘务人员言语不当,在此后的沟通中又有不当的信息披露,进一步激起了旅客的反感和警惕,这是引发冲突事件的主要原因。在这样的事件中,乘务人员首先要诚恳地向旅客道歉,获取旅客谅解;其次,如果当事的乘务员不再是合适的劝导者的话,需要其他更有说服力的工作人员出面对旅客进行劝导;最后,航空公司需要加强对乘务人员的服务规范和服务意识的培训。

3. 旅客与乘务人员之间或者旅客与旅客之间出现冲突

近年来,一些乘坐航班出行的旅客脾气见长,客舱内口角相向甚至动拳脚的事件屡有发生。据国际航空运输协会对全球约240家航空公司统计数据显示,旅客的出格举动,2008—2009年上升27%,2009—2010年上升29%。其实,这不过所有类似情况中的一部分。旅客常因座位、扶手或互相干扰而发生争执,乘务人员不得不担当劝解旅客、帮助"仲裁"的角色。有时旅客向乘务人员"发难",乘务人员虽然心里委屈,但还是得耐心劝导。

三、客舱乘务人员劝导的原则和过程

旅客群体各有各的性格与脾气,各有各的身份和职业,乘务人员必须根据旅客的不同类型、不同诉求,有的放矢地进行劝导,只有这样才能劝导成功。

1. 劝导的原则

(1)明确劝导的预期目标。尤其是由于不可抗拒的天气、流量控制、机械故障以及人为因素等原因造成航班延误时,旅客极易产生急躁、冲动的情绪,做出一些出格的事情。在这种情况下,乘务人员的首要任务是稳定旅客的情绪,这就要求乘务人员要充分理解旅客的心情,豁达宽容,换位思考。

(2)以理服人。服务语言是旅客对服务质量评价的重要标志,它包括乘务行业用语的基本规范和语言上的准确性、生动性及感染力。乘务人员可以用归纳、因果分析以及类推等方法,在劝导中运用无可辩驳的事实,这样才能达到良好的劝导效果。

(3)以情动人。乘务人员在劝导旅客时,要设身处地为旅客着想,主动为旅客提供服务,

切不可欺骗旅客,使旅客从心理上、情感上愿意与乘务人员接近,从而形成一种"同盟"关系,这会为劝导成功打下良好基础。

(4)平等真诚。乘务人员在与旅客交往的过程中,彼此在人格上是平等的。乘务人员切不可盛气凌人或者逢迎奉承,且要注意信息的准确性和真实性,如果给旅客留下虚假、靠不住的印象,就会失去旅客的信任,失去进一步交流的机会。

(5)宽容与赞扬。乘务人员在与旅客发生矛盾时,要有宽广的胸襟和豁达的气量,善于发现旅客的优点与长处,及时给予赞扬与鼓励,允许旅客有不同的意见,严于律己,宽以待人。

(6)注意场合,语气委婉。乘务人员在劝导旅客时,要考虑旅客的自尊心和心理承受力。比如,劝导时尽可能找一个比较安静、人员较少的场合;在拒绝旅客时,最好不要直接向客人说"不",可以向旅客详细说明情况,争取旅客的谅解。

案例分析

巧用幽默劝阻旅客

在一架温州飞往上海的航班上,一位旅客走到机舱门口时,突然对着飞机外壳挥了两拳。在舱门口迎客的乘务员微笑着说:"先生,您力气真大,您会气功吗?"和那位先生同行的旅客们都笑了起来:"小姐,他就是这样,喜欢到处拍拍打打。"乘务员依旧微笑着:"看来,我该建议在飞机上配一个沙袋,提供给像这位先生一样的旅客使用。"

俗话说得好,一句话可以使人跳,也可以使人笑。乘务人员正面指出旅客的不恰当行为,往往起不到劝阻和教育的作用,反而可能成为双方发生不快的导火索。乘务人员用一句幽默的话语,从侧面婉转地指出旅客的不当,能起到事半功倍的效果。

2. 劝导的工作顺序

一个人对某事物形成一种态度,其核心要素是此人对该事物的看法,即认知要素,所以,设法改变此人的看法,理论上说,应该可以顺利转变其态度。然而,如果一个人情绪非常激动,其认知能力会暂时性下降,比如注意力狭窄,判断力不足,不愿意听或听不懂别人的话,如果他/她感觉不到劝导者与其站在同一条"战线"上,会很失望,不仅听不进劝,还会更加激动。所以,乘务人员在劝导旅客的过程中,要注意工作的顺序,否则,劝导效果会适得其反。

(1)安抚旅客的情绪。比如,给旅客道个歉,递杯水,认真倾听他/她的诉说,从言语、表情及动作上表达关心和尊重,这些方法都可以使旅客的情绪平静下来。

(2)进行解释,力求消除旅客的误解。当旅客的情绪稳定下来之后,乘务人员要耐心地向旅客进行解释。旅客的不合作态度常常因为误解或单向思维而造成,当乘务人员真诚的解释或评估使旅客心悦诚服时,他/她就可能从不同的角度理解问题,其态度就可能由不合作转变为合作。

(3)探讨解决问题的方案。这时,旅客已经感受到了乘务人员的诚意,开始愿意合作。乘务人员可以邀请旅客一起协商解决问题的方案,如果能准备几个方案供旅客选择,旅客会感受到更多的自由和尊重,心情自然更愉快,对乘务人员的工作也更满意。

(4)感谢旅客的理解和合作。无论劝导工作如何艰难,旅客毕竟是承受困难、不满的一方,当旅客愿意合作时,乘务人员要真诚地向旅客表示感谢。

总之，乘务人员的劝导工作是客舱工作不可缺少的环节。乘务人员要努力提高自己的劝导能力，对旅客晓之以理，动之以情，将矛盾化于无形。只有这样，才能取得旅客的配合和支持。

拓展与练习

劝 导

假如你是一位乘务员。一位持经济舱机票的男士登机后，见头等舱有空座便坐了下来，对你说："我是你们的金卡旅客，今天身体不舒服。反正你们头等舱也有空座。"

设想各种情境，分步骤说明你会如何与该旅客进行后续的交流，以达到劝导其回到经济舱就座，或者按规定办理升舱手续的目的。

建议小组讨论，并把讨论结果展演出来，在班级分享。

考 考 你

1. 简述态度的三要素模型。
2. 影响劝导效果的因素有哪些？
3. 客舱乘务人员劝导的原则有哪些？
4. 民航乘务人员良好的服务态度应表现在哪些方面？

第七章

客舱服务中旅客的需要

- 第一节　需要层次理论
- 第二节　客舱服务中旅客的心理需要与服务

"人是铁,饭是钢,一顿不吃饿得慌",这句顺口溜反映了人们对食物的需要,人们不仅需要吃饭,还需要喝水,呼吸新鲜空气,保护自己的安全。这些是人的自然需要。人们还需要与人交往,欣赏美丽的事物,需要获得并给予别人的爱;需要得到别人的尊重,并实现自己的价值。这是人的社会需要。

第一节 需要层次理论

一、需要的含义

需要是个体在生活中感到某种欠缺而力求获得满足的一种内心状态,它是人脑对生理和社会需求的反映。

需要是人们产生行为的原始动力,是人们共同的、具有普遍意义的心理动力。每个人都有体验,当你处于饥饿状态时,你会非常积极地去寻找食物。那时,你甚至会顾不上平日优雅的形象,狼吞虎咽……对食物需求使你产生了巨大的觅食动力,而满足自己对食物的需要,绝对是一件让你感到愉悦甚至幸福的事。

需要可以简单划分为物质需要和精神需要。物质需要主要指衣、食、住、行等物质形态的需要,精神需要则包括学习、社交、尊重、意义感等精神层面的需要。

人的需要是在不断变化与发展的,比如你喜欢的食物会变化,你的学习目标也在不断地变化。随着生活阅历越来越丰富,你对亲情、友谊及爱情的理解也会越来越深刻。所以,人的需要不会停滞不前,不断地获得满足,又不断地更新。

二、马斯洛需要层次理论

美国心理学家马斯洛提出了著名的需要层次理论。他认为人的需要分为七个层次,包括生理需要(Physiological needs)、安全需要(Safety needs)、社交需要(Belongingness love need)、尊重需要(Esteem needs)、认知需要(Need to know and understand)、审美需要(Aesthetic needs)和自我实现的需要(Need for self-actualization)七类,依次由较低层次到较高层次排列。人的需要层次如图7-1所示。

1. 生理需要

生理需要是指人类生存最基本的需要,如呼吸、水、食物、睡眠、性生活等。如果这些需要(除性生活以外)中的任何一项得不到满足,人类个人的生理机能就无法正常运转,人类的生命就会受到威胁。例如,连吃饱肚子都成问题的人,首先需要的就是食物,为此,他/她生活的目的或许就被看作是为了填饱肚子而已。当基本的生活需要得到满足后,生理需要就不再是推动人们工作的最强烈动力,取而代之的是安全需要。

2. 安全需要

安全需要是指保护自己免受身体和情感伤害的需要。安全需要体现在社会生活中是多方面的,如生命安全、财产安全、劳动安全、生活稳定、社会秩序良好以及法律保障等;反映在工作环境中,员工希望能避免危险事故,避免失业等。人们对陌生或不熟悉的事物有种本能的拒绝,也可以看作是安全需要的一种。

```
                自我实现的需要:
                追求自我成就的潜力

             审美的需要:匀称、整齐、美丽

           认知的需要:好奇心、了解、探索

      尊重的需要 { 自尊:自尊心、自豪感、自主性
                  他尊:权力、威望、荣誉、地位等

      社交的需要 { 归属需要:团体、交往、友谊等
                  爱的需要:爱情、关怀、被接受等

    安全的需要:保证、稳定、依赖、保护、秩序、法律等

  生理的需要:呼吸、饮食、衣着、居住、休息、医疗、性生活等
```

图 7-1　人的需要层次

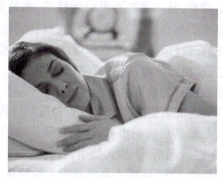

3. 社交需要

社交需要也被称为归属与爱的需要。它包括友谊、爱情、归属感、信任与接纳的需要,是一种情感与关系的需要。马斯洛认为,人是一种社会动物。人们的生活和工作都不是独立进行的,需要有良好的人际关系,需要感受到人与人之间的感情和爱,在家庭与组织中能得到他人的接纳与信任。情感上的需要比生理上的需要更加细致,它和一个人的生理特性、经历、教育、宗教信仰都有关系。

4. 尊重需要

尊重需要包括自尊和获得他人尊重两方面。自尊是指自己的自尊心,比如是否对自己

感到满意,是否觉得自己的人生有价值,在学习与工作中自我评价如何,在社交与体貌方面有无自信心,以及获得成就后的自豪感,都属于自尊方面的描述。获得他人尊重是指一个人在社会上有一定社会地位和声望,得到了别人的肯定、认可和欣赏。马斯洛认为,尊重需要得到满足,能使人对自己充满信心,对社会满腔热情,体验到自己活着的用处和价值。

5. 认知需要

马斯洛认为,个体在基本需要满足后就会产生认知需要,即人具有解决疑难和理解问题的欲望、探索各种事物的需求。认知需要使人们越来越了解外部世界,越来越了解自我。通过了解,人们可以掌握控制和创造生活的能力,自我也不断地获得成长与发展。认知能力是人类满足自己各种需要的基础,特别是对于满足自我实现的需要,认知能力是必需的。一旦认知需要受阻,人不但难以有所作为,而且会沉浸于懵懂的状态之中,很难获得心理健康与生活的幸福。

6. 审美需要

一个正常的人,每天都会接触到许多审美现象。比如,静静地倾听一首曲子,走进公园欣赏奇花异草,品一壶浓香爽口的好茶,都是美的享受。审美是一种精神愉悦和享受,它不是低级趣味的感官满足,而是一种意境和感悟。例如,当旅客看到像西湖这样的美景时,顿觉心旷神怡,暂时忘记了琐事和烦恼,整个身心都进入了愉快自由的境界。审美有内在美与外在美之分,也可分为自我欣赏与外部欣赏。

7. 自我实现的需要

自我实现的需要是指个人成长与发展过程中,发挥自身潜能、实现理想的需要。自我实现的需要是最高层次的需要,达到自我实现境界的人,接受自己也接受他人,解决问题能力增强,自觉性较高,善于独立处事,有完成与自己能力相称的一切事情的需要,也就是说,人必须干相称的工作,这样才会感到最大的快乐。

马斯洛提出的七层需要中,生理需要是最基本、最原始的需要;安全需要也属于低级需要,这两层需要通常被看作较为物质化的需要,只要外部条件充足,就可以满足。从第三层,即社交需要开始,人们必须通过内部因素来满足。比如,通过与别人及环境的互动,一个人能够感觉到自己是否找到了爱与归属感,知道自己是否获得尊重,这些心理感受主要来自心理体验,而非外部条件。

需要的满足像阶梯一样从低级向高级逐步上升,如果低一层次的需要没有被满足,人们会优先满足该层次需要,然后再满足高一级层次,这样逐级递升。比如,如果一个人饿着肚子,他/她会优先寻找食物,然后再考虑其他事。不过,需要满足的次序并不是完全固定的,也有例外情况。比如,一个意志力超强且人格高尚的人,自己饿着肚子,却为了别人的福祉而忘我地工作着,这就超越了一般需要层次满足的规律。

第二节
客舱服务中旅客的心理需要与服务

一、旅客对服务感到满意的标准

民航服务业有一个著名的定律,它是一个"等式":100-1=0,意思是,即使有100位旅客对一家航空公司满意,但只要有1位旅客对它不满意,企业的美誉度就归零了。或者说,即便服务人员始终努力、周到地对旅客进行服务,但只要在某一环节让旅客不满,那他/她就会大失所望。那么,在什么情况下旅客就会对服务满意,又在什么情况下,旅客就不会满意呢?这常常与旅客对服务质量的预期及实际感知有关,两者的比较结果决定着旅客的感受。

> **小贴士**
>
> **250 定 律**
>
> 每一位顾客身后,大体有250名亲朋好友。如果你赢得了一位顾客的好感,就意味着赢得了250个人的好感;反之,如果你得罪了一名顾客,也就意味着得罪了250名顾客。

1. 旅客的服务质量预期

旅客在体验航空公司服务之前,在心理上有一种服务预期,这种预期来源于多个方面,比如航空公司的社会口碑、道听途说、广告宣传及个人经验等。旅客对服务的预期包括对环境的预期、对服务态度的预期以及身心舒适度的预期。服务质量预期是影响旅客感知服务的重要基础,旅客用实际服务质量与自己的服务预期进行比较,同一个场所、同一个服务人员,有的旅客感觉很满意,有的旅客感觉很不满意,这种差别就是因为旅客的预期不同造成的。

每个旅客心目中对民航服务都有一个高标准的服务质量预期,比如环境优美、清新、洁净,服务人员热情友好,服务能体现个性化;也有一个基本标准和及最低标准的服务质量预期。

2. 旅客对服务的实际感知及满意度

旅客在接受航空公司服务的过程中,对服务环境、服务人员都留有印象,形成了自己的判断。他会拿感受到的实际服务质量与自己的心理预期相比较,进一步感受到满意或不满意,如图7-2所示。如果旅客觉得航空公司的实际服务质量远高于其心理预期,他一定会非常满意;如果实际服务质量与旅客的基本心理预期相差无几,其感受是"基本满

实际服务质量	旅客满意度
高标准的服务	非常满意
基本可接受的服务	基本满意
尚可忍受的服务 旅客的心理预期底线	一般
不可忍受的服务	不满意

图7-2　实际服务与旅客满意度

意";如果实际服务质量仅仅符合旅客最低标准的心理预期,他会感觉"一般";最低标准的心理预期是旅客的底线,如果实际服务质量低于这个底线,旅客会觉得"忍无可忍""不满意"。让旅客感觉"一般"或"不满意"的服务很容易让旅客在情绪上积聚失望与愤怒,一旦遇到导火索,比如言语上的冲突、航班飞行不顺利等,情绪就可能爆发。

案例分析

火车也会晚点,火车站的环境通常比机场差。当火车延误时,工作人员一般不需要向旅客解释什么,但旅客基本上都非常平静地等待着,很少有人去抗议。而飞机场环境舒适,有食物、住宿供应,而且还有工作人员来解释和道歉,却经常发生机场抗议或拒乘事件,甚至出现暴力事件。

分析与讨论:为什么火车乘客与飞机乘客对于延误及延误后服务的反应不一样?

二、客舱旅客的需要与服务

旅客来自不同的地区,有着不同的背景和经历,他们聚集在客舱这个并不宽敞的空间里,除了生理、安全等需要基本相同外,还有着其他不同的需要。比如,初次乘机的旅客希望得到乘务员及时的指点来化解自己紧张、茫然的感受;生病的旅客需要特别的关照和问候;无人陪伴的儿童旅客需要乘务员的陪伴和安抚……乘务人员一方面要满足旅客的基本需要,还要细心观察,了解不同旅客的心理特点,巧用"攻心"策略,发自内心地主动与旅客进行交流,追求旅客满意的最大化。

1. 饮食的需要与服务

某公司市场部经理王先生在订票时,与工作人员进行了以下对话:

"请问您希望乘坐哪个航空公司?"

"还是买×航吧,我喜欢那家的烧饼夹肉。"

在这条多家航空公司运营的航线上,一个小小的烧饼,让王先生成了某家航空公司的忠实粉丝,这并非个例。事实上,很多航空公司在开拓或者维护市场的过程中,都不会忽视航空餐食的力量。然而,有些航空公司却对机上餐食并不重视,提供的餐食既单调又不可口,送餐时乘务员常常会问:"您要鸡肉饭还是牛肉面?"只有两个选择,旅客打开餐盒,只见几片半生不熟的胡萝卜、红肠、圆白菜丝和一点酱料,旅客只好对付着吃两口。

人在高空中味蕾会变得迟钝,如果是出差赶路的旅客,人体生物钟紊乱,味觉还会更差。所以,让机上旅客吃得既满意又安全,其实是一件不太容易的事。机上食品第一要绝对安全,第二要尽量适合机上旅客享用,洋葱等会产生气体的食材不太适合机上旅客食用。航空公司要想尽各种办法创建餐食品牌,如秘制的浇汁,具有地方特色的健康食品,这些都能吸引旅客。

第七章　客舱服务中旅客的需要

延伸阅读　　　　各家航空公司在餐食方面大显身手

在竞争激烈的市场上,餐食正成为航空公司吸引旅客的重要"筹码"。比如,新西兰的嫩羊排,澳大利亚正宗新鲜的大龙虾;也有航空公司用地方特色饮食吸引旅客,让旅客还未到目的地,就已经品尝了当地的特色美食。比如,越南航空,一道炆猪肉的味道绝对不比地面餐厅逊色;大韩航空引进韩式拌饭以来,提供参鸡汤、牛尾汤、高丽饭、腌制蟹酱等韩食;国航把驰名中外的北京烤鸭带进客舱。有的航空公司则与名厨合作,卡塔尔航空与中国大饭店西餐厅合作完成飞机配餐;汉莎航空聘请国际名厨把关食谱,阿联酋航空从希尔顿酒店集团挖来行政总厨设计食谱;国泰航空与香港的老字号合作,让顾客吃到在香港要排队才能吃上的金牌名菜;新加坡航空聘请10名国际知名厨师……

2. 安全的需要与服务

安全需要事实上是民航旅客的第一需要,尤其是人身安全。

2013年7月发生的韩亚航空空难还让人记忆犹新,不到9个月时间又发生了马航失联事件,马航MH370于2014年3月8日凌晨失联,飞机上共227名乘客和12名机组成员至今杳无音讯……尽管数据表明,航空运输是地球上最为安全的交通方式,但有些旅客每次坐飞机还是很紧张,有些甚至吃安眠药强迫自己睡觉,遇到气流飞机颠簸时就会联想到事故。因此,乘务人员要充分意识到旅客的安全需求,不断提高安全意识,从准备阶段起认真检查机上设备,严格遵守操作规范,绝不放过任何一个安全隐患,尤其要不断地巡查厨房、卫生间,时刻保持安全敏感性。旅客登机后,要确认紧急出口旁旅客的资格;飞机起飞和下降着陆时是危险的阶段,乘务员提醒旅客系好安全带、收起小桌板、调直座椅靠背等。

案例阅读

2008年3月7日在南航某航班的飞行途中,一名乘务员闻到了淡淡的汽油味,她非常警惕,循着气味的方向寻找气味的来源,最终发现气味来自洗手间,而且洗手间的门长时间没有打开。该乘务员马上通知了安全员,安全员打开洗手间后,发现一名女子带着一个装着可疑液体的罐子,安全员马上将其控制,又在她的包里搜出一个罐子,并且立刻向机长报告了这一情况。出于安全考虑,机长果断决定将航班备降兰州。这次的有惊无险,无疑是给乘务人员上了一课。可见,乘务人员的安全意识是何等重要。

旅客的饮食安全、财产安全问题也同样不容小觑。

航空公司要充分重视客舱中的食品安全。机上有发放过期食品的情况,也有旅客被热饮烫伤的情况。乘务人员有时在飞机颠簸时依然为旅客递送食品,其实这本身就是一个安全隐患。安全意识强的乘务员会在递送餐食时,先观察是否会遇到障碍,并提醒旅客热饮烫手,确认旅客拿稳后才松手。烫伤事件一旦发生,不要惊慌,要优先处理烫伤问题,再向旅客诚挚致歉。从饮料车上拿来备用冰块或冰过的小毛巾敷在旅客烫伤处,会在很大程度上减少伤痛。

人们在飞机上防范偷窃的警惕常常不是很高,或许大家认为飞机是一个密闭空间,旅客大多是有一定身份和修养的人,因而放松警惕。但事实并非如此,旅客在机上丢失财物的事时常发生,通常都是空中飞贼所为。因此,乘务人员要在客舱中不间断地进行巡视,密切关注所有旅客的动态,发现有嫌疑的飞贼,不要打草惊蛇,立即报告给安全员和机长,按照"机上控制,机下处置"的原则进行处置。

关于如何提高乘务人员的安全意识,本书第十章会有详细讨论。

3. 便捷的需要与服务

人们选择飞机出行是为了享受其快捷、方便和优质的服务,所以便捷性是民航旅客的基本需求。与其他交通工具的旅客相比,民航旅客的时间观念更强,对航班正点的要求更高。因此,出现航班延误的情况时,客舱乘务人员要特别注意从旅客角度出发,尽量快速地安排延误后的事务,尽量减少延误给旅客带来的不便。

方便也是旅客出行时的需求,空乘人员可以在航班上提供多种提示的卡片,如温馨提示卡、设备故障卡、关爱卡、睡眠卡和旅客衣物标签卡等。旅客在旅途中可能需要一些物品,飞机上还可以准备爱心包,爱心包内的物品可包括老花镜、纸、笔、棉签、方便袋、针线包等。

4. 舒适的需要与服务

在现代社会中,人们对飞机舒适度的要求越来越高,网络、社交媒体的快速发展,也使人们可以方便地分享自己的飞行体验,很容易对各家航空公司提供的服务进行比较,对客舱舒适度有了更高的期待。人们的舒适需要可分为两部分:物质上的舒适与精神上的舒适。

(1)物质上的舒适

空中客车公司日前对外公布了一项针对亚洲旅客对航班乘坐舒适性需求的最新研究,研究结果表明,亚洲旅客愿意为了更大的座位空间而付出额外的金钱,以获得更舒适、更放松的乘坐体验。58%的受访者认为座椅宽度是影响乘坐舒适性最为重要的因素;60%的受访者认为更宽的座椅宽度是舒适性标准提高的必要条件;42%的受访者愿意为更宽的座椅付出更多的金钱。

由此可见,旅客出门在外,对飞行过程中的舒适度非常重视,高收入的旅客更是如此。这类人群拥有丰富的航空旅行经验,对个人空间和舒适性有着严苛的要求。因此,航空公司应该积极迎合他们的需求,增大客舱硬件方面的投资,提升座位舒适度,增大前后排座椅间距,配备带按摩功能的座椅,为头等舱旅客提供躺椅,为商务舱旅客提供小型会议室等。

(2)精神上的舒适

民航旅客在航班飞行中基本都坐在位置上,平时打发时间用的手机、网络在机上都不能使用,也很少与人聊天,机上的时间让人觉得枯燥又无聊。

如下图所示,一名从美国洛杉矶飞往新西兰奥克兰的女子,在近14小时的旅途中,她觉得旅程太无聊了,必须找到打发时间的办法,于是她多次进入厕所,用厕纸将自己打扮成不同的复古造型,还用手机将这些造型自拍下来,与15世纪的肖像画进行对比。

由此可见,让旅程变得更有趣、更充实,是旅客在飞机上的精神需要。

乘务人员要避免千篇一律的"僵化"服务,多与旅客交流,展现真诚、平等、人性化的服务,使客舱气氛变得更温馨、更愉快。乘务人员还可以创造特别的客舱环境氛围,比如适当装饰飞机内舱,在旅客登机时播放一些大众喜闻乐见的经典音乐或歌曲,使旅客感受到宾至如归的放松感。飞机上的报纸、杂志、音乐或视频节目都可以准备得更让人喜闻乐见。

另外,空中无线网络服务的日益普及逐渐开始影响乘客对航班的选择。一项调查显示:乘客需要高速稳定的空中无线网络服务。该调查采访了1000余名在过去12个月内曾享受过空中无线网络服务的美国成年人。其中,66%的乘客在选择航班时会考虑其是否提供空中无线网络服务,近1/4的乘客承认自己曾花更多的钱选择搭乘提供空中无线网络服务的航班。事实上,国际上很多航空公司早已开始提供机上WiFi服务。中国的几家大型航空公司也开始在商业航班上试水该服务,"空中互联"已成为趋势。

延伸阅读　　新西兰航空推出电影版的乘机安全演示

新西兰航空公司推出了电影版的安全演示。这部别开生面的安全宣传片,由机组人员和乘客扮演,演示了在飞机上需要注意的安全事项。

影片讲述的是一只橄榄球队和它的球迷们的故事,他们一起乘坐飞机,途中发生了各种与安全有关的状况,于是演示了各种安全设备的使用方法。比如,一位美丽的空姐在机舱内邂逅了著名的橄榄球明星,她激动不已,心跳加速,以至于需要吸氧才能稳定下来,影片介绍了氧气面罩的使用方法。片中几位女球迷见到喜欢的球星,纷纷拿出手机拍照留念,安全员马上出来阻止,告诉她们飞机起飞和降落时不能使用手机和其他电子设备。

影片让乘客有耳目一新的感觉,幽默的旁白让人捧腹大笑。乘客们在欢笑之余,也掌握了机上安全注意事项。很多乘客说这是他们第一次聚精会神地完整观看飞机上的安全宣传片。有的乘客表示"太棒了!我最爱这种新西兰式的幽默,这段视频制作得太出色了。"有的还评价说:"当我乘坐飞机,翱翔在南太平洋的上空时,给我留下印象最深的不是窗外那些宝石般的小岛,而是一段搞笑的飞机安全须知。"更有甚者,有的乘客就是为了观看新航的安全须知而选择了新航。

5. 尊重的需要与服务

民航旅客作为消费者,在消费过程中希望能够获得乘务人员的理解和尊重。什么情况下旅客会感觉到自己没有被尊重呢?当一位旅客需要帮助而乘务人员不是很热情时,或者当他/她有意见而乘务人员没有耐心倾听时,或者乘务人员说的一句话或者一个表情让他/她觉得自己没面子时,或者乘务人员的热情帮助让他/她感觉自己很"无能"时……所有的人都需要别人尊重自己、肯定自己,旅客也一样。还有的人自尊心本身就比较敏感,要面子,乘务人员更要注意给对方留足面子。

乘务人员对旅客的尊重其实体现在言行举止之间。提醒旅客安全注意事项时,用关心的语气和命令的语气,效果就完全不同,"先生,请别忘了把安全带系好。"要比"先生,请系好安全带。"更温和、委婉,更能体现尊重的态度。在与旅客交流时,乘务员可以运用眼神让对方感受到尊重与关注。必要的时候,乘务员还需要降低身体高度,以便让自己处于与对方更平等的状态。当旅客做错事情时,不要当众批评和指责,而应当以谅解的态度帮助旅客解决问题。

总之,机上旅客既需要感受到身体上的舒适,也需要感受到精神上的愉悦和放松,乘务人员切不可忽略其中的任一部分。

案例分析

高端旅客的抱怨

高端旅客,通常指头等舱与商务舱旅客。下面看看我们的乘务人员做了什么,引发了他们的不满。

"我正在读报,一位空姐从我身边走过,帮我打开了阅读灯,而我觉得当时的自然光已经足够了,就关闭了它。没想到另一位空姐经过时,又将它打开,我又关闭了;后来每一位空姐走到我这时,总是热心地帮我打开阅读灯,却没有人问我:'帮您打开阅读灯,您需要吗?'"CIP(高级商务旅客)于先生抱怨道。

南航金卡会员李先生无奈地抱怨:"我曾在航班上点过一次牛肉饭。'噩梦'随之而来。近3个月乘坐飞机的旅行中除了牛肉饭,我再未品尝过其他空中美食。"

分析与讨论: 1.请参考需要层次理论,来分析乘务人员的服务出了什么问题。2.乘务人员应该如何改进该案例中的服务?

考考你

1.人的需要层次是怎样的?
2.结合案例来说明乘务人员应该如何满足旅客的各方面需要。

第八章

乘务人员与旅客的群体行为

* 第一节 群体概述
* 第二节 民航旅客群体心理

在一些团队中,由于成员间的工作边界不清晰,导致有人干得多,有人干得少,就出现了搭便车现象。比如,有人会这样想,"让别人来做好了。""他今天什么事也没干,居然还在那里表功!""天!为什么要丢给我那么多工作任务。"由于团队中每一个人都不认为自己应该对工作任务承担责任,就不会把它当作是"自己的"责任,就算任务没有完成,反正也是大家一起受到批评,所以,有人会"滥竽充数",有人则抱怨连连。"搭便车"现象可能会使团队成员间的交流产生障碍,大家心理不平衡,互相猜忌,导致项目停滞不前,团队不团结。

客舱服务是团队工作,团队建设非常重要,必须避免"搭便车"这种情况发生,才能使乘务人员班组成为一支高效的团队。

第一节 群体概述

一、群体

1. 群体的定义

群体包括两个或两个以上的人,他们有共同的需要和目标,彼此互动,互相影响。

2. 群体的分类

(1)大群体和小群体

小群体一般只有2~7人,成员之间可以直接沟通,可以方便地互相接触和影响;大群体则人数众多,成员之间的接触就不太直接了。

(2)假设群体和实际群体

假设群体是指有其名而无其实的群体。它是为了某种需要方便,如研究的需要,被人为地划分出来的群体。比如,80后、90后指某个年代出生的人,属于假设群体。实际群体则是现实生活中实际存在的,其成员之间有着各种各样的联系,如学校的班级、行政机构中的科室等。

(3)参照群体和一般群体

参照群体也叫标准群体,这类群体的行动规范和目标,会成为人们行动的标准和指南。如航空公司的模范乘务员班组就是参照群体。一般群体则是指参照群体以外的群体。

(4)正式群体和非正式群体

正式群体是指由组织正式规定而构成的群体。在这种群体中,成员有明确的职责分工,明确的权利和义务。为了组织目标的实现,有一定的组织纪律。例如,公司的科室、学校的班级等都是正式群体。非正式群体则是未经组织正式规定而自发形成的群体。它是人们在共同的活动中,以共同利益、爱好、友谊及"两缘"(血缘、地缘)为基础自然形成的群体。非正式群体成员的行为调节依靠的是群体不成文的规范。球友、同乡会等都属于非正式群体。非正式群体中常会有群体领袖,这类人常常威望较高、才华出众,被群体成员自发地拥立为群体领袖。旅客群体在一定条件下会形成非正式群体,其群体领袖是民航工作人员重点关注的对象。

3. 群体的特点

群体的特点主要表现为以下六点：

（1）群体成员有共同的目标

人们加入某一群体，就是为了和其他人一起完成共同的活动，实现共同的目标，以己之长，补他人之短，以他人之长，弥合自己之短，使群体爆发出超出单个个体之和的能量。群体的这一特性，是群体建立和维系的基本条件。

（2）群体成员具有群体归属意识

群体成员在群体中满足了归属感的需要，会对群体产生依赖感。群体可以帮助人们进行身份认同，比如群体成员穿着印有群体标识的衣服。不过，群体的归属意识有自愿和被迫之分。如果成员个人的优势在群体中得不到充分的发挥，就可能对归属于该群体产生被迫感。自愿的归属感会增强群体凝聚力，而被迫的归属感会使群体离散。

（3）群体成员具有整体意识

作为一个群体，它之所以能对各个成员造成影响，并能产生出巨大的动力，就是因为群体中的每个成员都意识到自己是生活在某一个群体里。由于认同群体、归属于群体，群体的成员都有或深或浅的整体意识。成员之间在行为上互相影响、互相依存并互相制约，在心理上，彼此之间都意识到对方的存在，也意识到自己是群体中的成员。

（4）群体具有排外性

群体具有相对独立性，群体成员具有整体意识，这就必然在不同程度上产生排外意识。越小的群体，排外意识越强。因此，"外人"也就更难进入小群体。

（5）群体有一定的规范

每个群体都有一定的群体规范，不同的群体可以有不同的规范。群体规范是逐渐形成的，成员们在某些事情上达成了一致，规范就产生了。规范可以塑造行为，如果一位群体成员违反了规范，其他成员可能会排斥或回避他/她，极端的情况是他/她不得不离开此群体。

民航从业人员，特别是一线服务人员，不论是外在的服饰、发型妆容，还是具体的仪态表达，都要求统一、规范，甚至手势高低、身体倾斜的程度等都有严格规定。正是这样一种尺度化的约束，使服务人员产生了内在的一致性认同，从而提高了服务人员的群体一致性。

（6）群体对个体行为有各种影响

群体成员在群体中担负着一定的角色，成员之间需要经常合作，而冲突也在所难免。群体成员会出现从众、模仿等行为。群体文化对成员有一定的暗示作用，舆论甚至谣言都会影响成员的行为和情感,这部分内容将在后面"群体中的个体"中详细讨论。

【练一练】 参照上图,请谈一谈客舱乘务人员的哪些特点展现了他们所在群体的规范性和一致性。

二、群体中的个体

一个人在群体中时,其行为与他/她一个人独处时会有不同,这就是群体对个人的影响力。群体通过凝聚力带给成员各种影响,其中有正性力量,也有负性力量。正性力量表现为成员在群体中受到欢迎、各种需要获得满足,成员因群体的存在而感到更加安全和愉快。负性力量表现为成员在群体中感受到很大压力,付出了很高代价,但为了某些目的,不得不留在群体里。群体给个体带来哪些具体的影响呢?

1. 群体中的角色影响

个体由于在群体中的位置不同,角色就不同。角色就是一个人的社会地位、身份。一个群体一旦形成,它的成员就会发展与之相适应的特定行为模式及角色地位。心理学家梅瑞发现,如果3个幼儿在一起玩耍,经过3次聚会后,他们就会形成一套惯例,比如谁该坐在哪里,玩什么玩具,活动顺序如何等。因此,群体的基本结构一旦形成,该群体的成员就必须按照自己的角色来建构自己的行为模式。

角色"扮演"带来的启示

1973年,斯坦福大学的心理学家津巴多做了一个经典的模拟实验。形象而深刻地阐明了人与角色的密切关系。在这个实验里,津巴多首先录取了一批志愿者,他们都是大学生,愿意担任某种角色两周。随后,他随机地把这些志愿者分成"犯人"组和"看守"(警察)组。然后,开始正式实验。一切都是模拟正常的监狱里的情境。"看守"给"犯人"们戴上手铐后,把他们押回"警察局"。签字画押,验明正身后,"犯人"们便被蒙住了双眼,带到一个地下室的"监狱"里。在这里,"犯人"们会一一经历真正的犯人才会碰到的事情,如戴着脚镣手铐、全身喷消毒剂、脱去平常的衣服换上统一制作的"布袋衣","犯人"不再有姓名,只用号码称呼,每名"犯人"分别关入只有一张床、一个门洞的单人牢房。而"看守"们也装备得与真警察一样:身着警服,手拿警棍,轮流在里面值勤。"监狱"里一共有三个"看守"监视"犯人"们的行动。

结果,仅过了几天,"看守"和"犯人"们的表现越来越"专业化":

"看守"们渐渐学会了从侮辱、恐吓以及非人性地对待那些"犯人"中获得乐趣,不时命令他们做俯卧撑,拒绝他们上厕所的要求,以及各种虐待狂似的行为;而"囚犯"们最初会进行反抗,但很快就变得被动、情绪低落,并陷入了无能为力和极度沮丧的地步,他们的脾气变得像个火药桶,一碰就着。这个实验原计划进行两周,可在六天后,有一半的"囚犯"被试者要求释放,因为他们的感情几乎达到了崩溃的边缘。因此,津巴多被迫停止了已进行了六天的实验。

实验前行为正常、适应良好的大学生在实验中变成了"恶魔"或出现了抑郁症状，这样的实验在今天理所当然是被禁止的，因为它摧残人的身心，违背了人道和伦理的准则。

这一实验给我们的最大启示在于：人的社会角色地位的改变，例如以上实验中的"看守"和"犯人"的角色，将对人的心理和行为产生巨大的影响。换句话说，人的社会角色影响着他/她的心理和行为。

2. 群体中的社会影响

个体处于社会群体中，自己的言行就会与他人发生密切的关系，群体对成员的影响主要表现在以下4个方面：

（1）社会助长与社会干扰

社会助长是指个体与别人在一起活动或有别人在场时，个体的行为效率提高的现象。心理学家曾发现，个体在独自骑单车的情况下时速为24英里（38.6公里，1英里＝1609.344米），在旁边有人跑步伴随的情况下时速是31英里（约49.9公里），而在与他人骑单车竞赛的情况下时速为32.5英里（约52.6公里）。

然而，并非只要有人在场，人们的行为效率就会提高，有时恰恰相反，他人在场反而会使一个人的工作效率下降。考试的时候，有些考生就特别害怕监考老师走到他们眼前。这种当他人在场或与他人一起从事某项工作时，使个体行为效率下降的现象被称作社会干扰。

（2）社会惰化

社会惰化主要是指当群体一起完成一件工作时，群体成员所付出的努力会比其单独完成任务时偏少的现象。出现社会惰化的原因可能有三个。首先，在群体情况下，个体的工作是不记名的，他们所做的努力是不被测量的，所以，其责任心下降了。其次，在群体中的个体也许会认为其他成员不会太努力，所以自己就开始偷懒了。最后，在一个群体作业的情况下，每一个成员都是整个群体的一员，与其他成员一起接受外来的影响，当群体成员增多时，每一个成员所接受的外来影响被分散和减弱了。因此，个体所付出的努力就降低了。

（3）去个体化

在群体中，人们有时会感到自己被湮没在群体之中，个人意识降低，自我认同感被群体的行动与目标认同所取代，自制力变低，可能导致其行为重复、冲动、情绪化，有时甚至做出破坏性的行动，这种现象称作去个体化。

人们在群体中，一旦面临群情高涨，情绪激动，就很容易处于去个体化状态。此时，他们会倾向于依从于整个群体的状态。群体的规模越大，气氛越强烈，越易于引发人的去个体化状态。投入群体暴乱活动的个人，往往忘乎所以，仿佛失去了自我观察和自我评价的意识，平常的内疚、羞愧、恐惧和承诺等行为控制力量都被削弱，会激发平常状态下不会出现的行为。

人们在抵制日货时掀翻了一辆日本品牌的车

（4）群体连锁反应

①从众。从众指个人的观念或行为由于真实或想象中的群体影响或压力，而向与多数人相一致的方向变化的现象，如跟随潮流、人云亦云；也可以表现为对长期占优势的观念和行为方式的接受，如顺应风俗习惯。

从众实验

社会心理学家阿希（S.Asch，1907—1996）于1956年曾进行了有关从众的经典研究。他在实验室中考察了影响从众的各种因素。阿希把被试者组成7人小组，请他们进行线段长度的知觉判断。7名被试者中只有1人是真被试，其他都是实验者助手。被试者都围桌而坐，他们的任务是依次比较图8-1中所示的A、B、C三条线段中哪一条与标准线段X一样长。实验的材料共有18套卡片，每套两张。在实验中，要求被试者大声说出他所选择的线段。真被试者总是被安排在倒数第一、二位回答。18套卡片共呈现18次，前几次判断，大家都作出了正确的判断，从第七次开始，实验者安排那些假被试，也就是他的助手们，故意作出错误

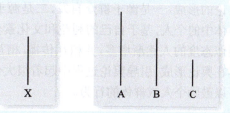

图8-1 阿希从众实验

的一致性的选择。在这个过程中，实验者真正的目的是：观察真被试者在群体压力下的选择是独立的还是从众的。在这种情境下，真正的被试者实际上面临着一个两难问题，是相信自己的眼睛作出正确的判断，还是依从于多数人所造成的压力作出错误的判断。结果发现，在整个实验过程中大约有四分之一到三分之一的被试者保持了独立性，他们每次的选择反应无一次发生从众行为。但是大约有15%的被试者平均做了四分之三的从众行为，即平均每12次中就有9次从众反应。从总体上来说，所有被试者每12次测试中有4次发生从众行为。

对于个体为什么会从众的原因，研究者主要从三个方面来分析。①行为参照。群体中的他人的行为或者观点，可以作为自己行为或意见的参照，特别是当个体处于自己对情境缺乏把握的情况下，就更需要参照他人的表现。②个体对他人的信任和群体对个体的吸引力。如果一个群体是具有较高凝聚力的，或者成员之间是高度信任的，那么，这个群体就会保持较高的一致性。③害怕与众不同的心理状态。当个体的表现与众不同时，他就会面临强大的压力乃至于制裁，他会感到自己缺乏社会支持，处于孤立状态，所以，人们一般都会避免这样的情境。

②服从。服从是指按照他人命令去行动，是人际互动的基本方式之一。服从包括对权威人物命令的服从以及在群体规范影响下的服从。在一定情境下，社会赋予了某些社会角色更大的权力，而个体有服从他们的义务。比如学生应该服从教师，病人应该服从医生等。责任转移也会导致服从。比如，当有指挥官在承担责任时，军人即便做了"坏事"，也不会有

内疚之情,因为他不认为自己需要承担责任。

③模仿与暗示。模仿是在没有外在压力条件下,个体受他人影响仿照他人,使自己与之相同或相似的现象。模仿是人们相互影响的一种重要方式。当个体感知到他人行为时,会有重复这一行为的愿望。暗示是在非对抗的条件下,通过语言、表情、体语以及符号对他人的心理与行为产生影响,使之接受暗示者的观点,或者按所暗示的方式去活动。暗示往往采用较含蓄、较间接的形式进行。群体中模仿与暗示的现象普遍存在,中国古话"近朱者赤,近墨者黑"就是对群体中模仿与暗示现象的生动描述。

④社会感染。社会感染是一种较大范围内的信息与情绪的传递过程,某些人的语言、表情、动作都可能引发众人相同的情绪和行为。群体成员想法和情绪会互相感染,如果某种情绪没有得到及时扼制,反复振荡,可能会引发大群体的冲动性情绪爆发,导致非理性行为的产生。

⑤舆论。舆论是社会中相当数量的人对于一个特定话题所表达的观点、态度的集合体。舆论的形成,一是源于群众自发,二是源于有目的的引导。当社会出现某一新问题时,社会群体中的个人,基于自己的利益和文化素养,自发地、分散地表示出对这一问题的态度,持有类似态度的人逐渐增多,并相互传播,相互影响,凝聚成引人注目的社会舆论。新闻传播工具在舆论形成、引导舆论过程中起着很大作用。舆论既可以约束个人或群体的行为,同样也可以鼓励个人或群体的行为。

第二节 民航旅客群体心理

一、民航旅客群体的特点

民航服务过程中,通常情况下,旅客是一个独立的个体,相互之间没有太多联系。但是,如果出现航班不正常或其他异常情况,旅客在利益一致受损的情况下,会形成一个临时性非正式群体,这时,他们的心理与行为就符合群体特征了。旅客群体可能会产生群体领袖,约定共同目标,形成成文或不成文的纪律,有共同的信念、情感和行为。旅客群体中的成员有从众心理,情绪张力大,急需发泄和释放,具有冲动性和爆发性特征。同时,成员的责任感普遍较低,易受其他成员影响,表现得轻信、偏执。旅客群体"领袖"通常具有煽动能力,吸引着情绪受挫、利益受损而不知如何是好的旅客。下面阐述一下民航旅客临时性群体的典型特点。

1. 共同的信念

民航旅客的利益一旦共同受到损害,由于共同的需要,每一个旅客便会意识到其他成员的存在,也意识到自己是该群体的一员,大家都有"我们同属一群"的心理感受,甚至产生"同仇敌忾"的愿望。

2. 行动一致

旅客群体成员为了维护自身的权益,为了克服势单力孤,便在行为上与其他旅客相互影响、相互补充,在行动上达成一致,共同进退。

3. 利益一致

旅客群体有着共同的利益。比如,同一个航班的旅客遭受了同样的"损失",很容易相互共鸣,使个体利益演变成群体利益。利益的一致使得分散、互不熟悉的旅客迅速结成团体,即使不太积极的旅客,为了共同利益,也会充当"从众者"。

案例分析

旅客素质提高就能解决民航冲突吗?

事件回放1:S机场雷电暴雨,加上飞机气象雷达故障,致使S航空公司某航班延误超过8小时。为此,航空公司承诺补偿,但仍有40名乘客拒绝登机。

事件回放2:某航班因延迟到达20多分钟,4名旅客占据飞机半个小时不肯离开,直接延误了下一个航班的起飞,并造成数万元的经济损失。C机场候机楼派出所以强占航空器为由将这4名旅客拘留。

由于航班延误、行李差错以及客票超售等原因导致旅客与航空公司的冲突越来越频繁和激烈,旅客霸机、旅客拒绝登机、旅客破坏航空设施以及机场设施设备、旅客伤害民航工作人员的情况时有发生。

旅客这种失去理性的行为让不少人也发出了这样的感慨,"旅客的素质太低了"。然而,是不是只要国民素质提高了,旅客与航空公司的冲突就会自动消失了?我们发现许多与航空公司产生激烈冲突的当事人中,不乏很高的文化修养和较高的社会地位的旅客。在平时的社会生活和工作中,他们知书达礼,有的人可能从不与人红脸。可为什么面对民航服务中的一点差错,他们却不依不饶,根本不听工作人员的解释,情绪激动,甚至作出一些破坏性的行为呢? 到底哪里出了问题?

分析与讨论:小组讨论,然后分享对此问题的思考与答案。

二、群体心理理论对民航服务工作的意义

群体事件对客舱服务是一个巨大挑战,毕竟旅客人数众多,并且容易在共同利益驱使下情绪过激。为了避免群体性事件,航空公司的积极应对和服务人员的专业服务至关重要。良好的沟通和快速有效的应对,往往可以把群体性事件扼杀于萌芽中。反过来,不成熟的应对不仅可能激化矛盾,还有可能成为群体性事件的诱因,造成更大的损失。

延伸阅读

冷漠航空成为群体性事件诱因

2006年6月29日至30日,全国多处地区由于雷雨天气大量航班延误。据北京媒体报道,仅6月29日首都机场就约有200架次航班延误。航班延误造成众多乘客滞留机场,记者不幸成为其中的一员。在多重体验我国航空业冷漠与傲慢的同时,记者发现,我国"冷漠航空"的背后,潜藏着多重令人担忧的隐患。

近年来,因航空延误频频引发群体性冲突事件。有关资料显示,目前我国国内每年约有1000万人次以上的旅客遭遇航班延误,因航班延误造成旅客与航空公司冲突

的事件呈激增趋势。有了2006年6月30日至7月1日在北京首都机场的经历，记者认为，我国的"冷漠航空"是引发此类群体性冲突事件的真正原因之一。如果听任"冷漠航空"继续"冷"下去，大规模群体性冲突事件将是国内各个机场的常态。

6月30日，记者购买了中国东方航空公司北京至烟台的5136航班机票，机票显示当晚22点45分起飞，记者在指定的登机口等到22点30分，起身问询负责检票的工作人员为何还不检票，一位工作人员随手指指窗外，见记者不解，他没有表情地说："下雨飞不了！"此时，多位乘客围上来问询，在检票台前出现了一张标有"因航班延误，请耐心等待"的纸条，几名乘客纷纷问询何时可以起飞，目前飞机在哪里等，几位工作人员一律回答："不清楚！"此时，多位工作人员端着盒饭从闸口走出，一位四川口音的乘客不高兴地说："我们等了一夜，你们就知道自己吃饭，怎么不给我们提供啊？"这位工作人员才打了个电话，10多分钟后，盒饭和瓶装水堆在了乘客面前，由乘客自取。一位乘客问能否提供热饮，这位工作人员不耐烦地说："有开水间啊，自己去取吧！"一位女乘客说太冷，是否将空调关一下或者提供毛毯，得到的回答是："这是机场的事情。"

此时已是零点左右，乘客们开始骚动起来。一位胶东口音的乘客从问讯处回来对记者说："飞不成了，东航开始安排住宿了！"记者将信将疑地问那位正要离开的工作人员，他回答："何时飞真是不清楚，其实你们应当选择退票。"记者随着几位乘客来到东航问讯处，几位工作人员头也不抬地回答："不清楚。"这时一位中年女性对记者说："你们到D13口看看吧！"那位胶东乘客说："是要安排住宿了，他们也不广播，你不问也就没人管你了，没走的那几位要在机场熬一夜了。"

记者到楼下后，见等待安排住宿的乘客有数百人，经过半个小时的拥挤，记者终于登上了大巴，问工作人员到哪里，得到的不耐烦回答是："龙城。"

由于疲劳与阴冷，记者与大部分乘客在车上昏昏欲睡，也不知过了多长时间，大巴停了下来，记者看看表，已经是凌晨一点半了。这家酒店的名字是"龙城丽苑阳光酒店"，记者一问，这里竟是与机场相距40多公里的昌平区。此时，一辆辆大巴不断将乘客送到这里，大厅里挤满了乘客，一位满头银发的老太太被晚辈搀扶着一脸茫然，一对年轻夫妇带着的婴儿不断啼哭。一位泰国的旅客因语言不通不知所措，多亏遇到一位通晓外语的乘客，他像遇到救星一样紧随其后。此时，乘客们才发现，这里竟没有一位航空公司的工作人员。

争吵、叫骂、推搡，几位乘客因房间安排和宾馆人员撕扯起来。前台一位姓李的经理反复解释这是航空公司安排的，许多乘客高叫："让航空公司来人！"记者身边的一位乘客将电话打到东航客服部，回答马上回电，可再拨打时，却再也没有拨通。

凌晨两点左右，酒店工作人员告知，酒店安排满了，此时还有200位乘客没有着落。这些乘客一下子愤怒了，与酒店工作人员的肢体冲撞越来越多。酒店的李经理对着电话大喊着与航空公司联系，20分钟后，几辆大巴又将150多位乘客拉到别处。一场即将发生的冲突勉强平息。

威海市的一位乘客对记者说："我遇到了几次这样的事情，如果航空公司在每个环节都认真对乘客解释，像登机后那样微笑服务，因天气原因航班延误大家都是可以理解的。可屡屡像现在这样拿乘客当猴耍,乘客对航空公司的信任度只能是越来越差,由此引发冲突岂不是难免的!"

分析与讨论: 在上述案例中,你认为航空公司的服务有哪些做得不到位的地方?旅客们的情绪是如何产生和激化的?

那么,群体心理理论对民航服务有哪些启发呢?

1. 避免群体性事件的发生

民航旅客群体性事件是指在民航运输环境中,由于航班不正常或服务方面的原因,导致旅客利益受损,当旅客与运营方之间的矛盾未能得到及时解决时出现的突发事件。在群体性事件中,原本松散的旅客联合起来,聚众共同实施违反国家法律、危害公共安全、扰乱公共秩序的行为,比如阻碍航班正常运行、阻碍其他旅客登机、封堵机场道路交通,以及打、砸、破坏机场公共设施和辱骂殴打工作人员等。

那么,如何避免群体性事件发生呢?

(1)提前预判,防微杜渐

当航班不正常或服务出现问题时,也是旅客最容易形成投诉群体的时候,服务人员要意识到这一点,提前作出判断和准备,要比平时更主动、更热情,让旅客充分感受到服务人员的真诚和用心,使旅客对服务人员始终保持信任和合作的态度。只有旅客开始不信任服务人员,才有可能"抱团取暖",将服务人员或航空公司当成需要共同对付的对象。

(2)规范服务流程,让服务更规范、更人性化

避免大面积旅客群体事件的爆发,最重要的一点是要了解不同旅客的需要,做到因人而异、因地制宜,使旅客感受到规范、人性化的服务。以本节内容"延伸阅读——冷漠航空成为群体性事件诱因"为例,飞机延误时,旅客内心焦急,需要透明的信息,需要餐饮、住宿,需要决定是否改签或退票,老人、小孩及病人更需要舒适、安定的环境。然而,此案例中服务人员集体冷漠,要么是冷淡地回答"飞不了,不知道",要么是餐食自取,冷暖自助,到达远离机场的宾馆时,老人病、孩子哭,可航空公司连人影都不见了。旅客原本就焦虑、疲惫,这一连串的"打击"必然使其情绪升级为失望和愤怒,接下来,群情激愤,如果把愤怒付诸行动,一场群体性事件就发生了。航空公司及每一位服务人员把服务的规范化、人性化落实到每一次对旅客的服务中,才能真正让旅客感到满意。

案例分析

"这是一次人性化的机上服务!"

某乘务组执行深圳至北京航班,由于北京机场上空有雷雨,飞机无法降落,只能飞往太原备降等待。在地面停留等待消息的五个多小时里,由于飞机随时会起飞,机上旅客不能下机休息,更要命的是太原机场配餐条件有限,且工人已经下班,地面负责人告知乘务长无法为旅客配备任何食品。旅客待在局促的飞机上,饥肠辘辘,非常焦躁。乘务员克服了自己的疲惫和焦虑,密切关注天气变化,不断地与机组联系,并不间断地向旅客通报信息。她们真诚地向旅客道歉,解释没有添加餐食的原因。旅

客看到并感受到了乘务组的真诚和努力，不仅没有抱怨和责备，有的旅客还拿出自带的食品给乘务员。直到午夜飞机飞回北京时，几位年长的旅客竖起了大拇指说："虽然我们挨了饿，但是我们理解，这也是一次最人性化的机上服务。"

分析与讨论：以此案例为例，说说看你怎么理解人性化服务。

（3）强化服务意识，提高服务技巧

"想旅客之所想，急旅客之所急"，这是服务意识的最好体现。如果服务人员具备良好服务意识，就会真正从旅客利益出发，一言一行都充满着真诚和体谅，人心是肉长的，多数旅客会对航班延误及其他异常情况给予谅解。

另外，服务人员要及时调整自己的情绪，巧妙应对不同的旅客，及时提供相关信息，向旅客解释相关民航知识，防止旅客情绪激化。

2. 努力"瓦解"旅客群体

旅客在利益一致的情况下，同时又失去了对服务人员的信任后，很容易形成旅客群体。服务人员一旦发现旅客有形成群体的趋势，就要改变策略，使群体的发展停留在初期阶段，毕竟，在群体形成阶段，其凝聚力、一致性还没那么强。

首先，服务人员不要被旅客的过激言行吓倒，要继续有理有利有节地进行解释和信息通报工作，用真实、热情的态度化解旅客的误会和负面情绪。

其次，要及时回应旅客的合理诉求，在为个别旅客服务时，别的旅客会看在眼里，至少不会产生服务人员"冷漠"、"不关心旅客"的印象。

第三，要利用广播和言语交流机会，创造积极舆论，向旅客表达歉意和感谢，也向旅客说明航班机组人员做过的努力，这样，大部分旅客会站在服务人员这一边。

第四，要注意旅客群体中的群众领袖。群众领袖对旅客群体的影响力大，有一定的权威性，因而是谈判和控制的重点。服务人员不妨选择一个合适的地方，单独与群体领袖进行沟通，耐心倾听并理解其主要诉求，利用劝导技巧降低其戒备心，提升其合作意愿。

最后，也可以利用旅客之间的诉求差异和矛盾，进行个别化服务，旅客群体就松散乃至消失了。

3. 乘务人员的团队建设

乘务人员班组是一个团队，是一个正式群体。客舱服务是在所在成员协同工作的基础上完成的。乘务人员团队的凝聚力如何，团队文化如何，决定着其团队力量的大小和工作的效率。如何建设一个高效的乘务团队呢？

（1）团队要有清晰的目标

没有目标的团队就没有一致的向心力。每个乘务人员在团体中都有一定的角色和位置，也是实现团队目标的一分子。在团队目标的管理中，每个团体成员的行为都需要被鼓励或惩罚，在公平、严格的团队管理中，每个人的能力都会被激发出来，会因为自己是团队的一分子而感到自豪。

（2）提升团队凝聚力

一个优秀的团队，士气高昂，成员间相互尊重，相互信任，团结协作，这就是团队凝聚力的具体体现。缺乏凝聚力的团队正如右图所示，不仅不能实现团队目标，还可能在冲突中两败俱伤。一个有凝聚力的团队,通常有一个合适的领导者,此领导者对每位团体成员有清晰的角色定位,鼓励每位成员完成自己的工作,积极创造信任、舒畅的工作氛围,并使每位成员对团队发展和个人发展前景有所瞻望,从而充满干劲。

(3) 培养良好的沟通技巧

哪些沟通技巧有助于建设高效团队呢?主要包括认真倾听、积极反馈、对事不对人以及主动承担责任的态度。团队成员中常常不乏自以为是、推卸责任的人,也不乏喜欢抱怨和指责别人的人,这种行为或态度如果没有被遏制,团队氛围就会分裂和压抑。因此,团队应有意识地鼓励、积极沟通,无论在团队会议上,还是执行指令时,成员们都应积极、有效地反馈,而非表面一套,背后一套。遇到成员冲突,更应积极面对,团队应鼓励成员尽量不去评判别人,只有详细表达自己的想法和情感,才能达成深层次的相互理解和谅解,有助于双方关系的重建与加深。

在团队建设方面,国内外各航空公司都想方设法,不惜投入大量的人力物力。例如美国西南航空公司就将心理学中的职业性格测试运用于员工培养和团队建设中,不仅引导员工更深入地探索自我,还为管理层理解员工、提升团队效能提供了心理学依据。

延伸阅读 国航员工亲历国泰团建日,感受团队文化建设

2011年5月26日,中国国际航空股份有限公司(Air China Limited,简称"国航")第六批赴香港国泰航空有限公司(Cathay Pacific Airways Limited,简称"国泰航空")交流学习的员工张平和赵金金,参与了国泰航空客舱服务部餐饮管理部门举办的"TEAM BUILDING DAY"(团队建设日)活动。亲历了整个过程,感受了国泰航空在营造和谐氛围、提升团队凝聚力及促进团队文化建设方面的有益做法。

团建日当天,部门经理才下发了"TEAM BUILDING DAY"的具体要求——要在规定的时间里,完成三个菜肴的制作烹饪,从购买原料到清洗烹饪,全部要求每个小组成员合作完成。其中一个规定菜肴是咕咾肉,另外两个自选菜是青菜和海鲜类菜肴,预算是200元港币(所选原料等不能超支)。于是,全部门40多人被按照颜色分成了黑、棕、蓝、绿、黄、红六组,在每组组长的带领下开始了忙碌,从开准备会、乘车去市场采买到在规定的时间内到达比赛地点(还要包括吃午饭),一共只给了两个半小时的时间,这无疑是对整个团队的组织能力、团队合作意识以及充分发挥团员个人能力的考验。

在部门租用的一个厨师培训厨房里,每个队都穿上了厨师的专业服装,戴上了厨师帽,以领带的颜色来区分队别;部门经理也一改往日的正装打扮,和所有的员工一起当上了"快乐厨师"。40多个人忙忙碌碌但是井然有序,忙而不乱,大家分工明确,目的清晰,"创作"着菜肴,传递着快乐。

张平所在的供应服务部门统辖着国泰飞机上客舱供应配备与产品的创新推出,

部门经理与负责餐食管理的经理和助理经理都是专业的厨师出身,评委团由他们及其他单位共5人组成。经过大家的辛苦努力,各个小组的烹饪作品陆续在规定时间内完成。评委们从菜肴的色、香、味、营养等多种方面进行了专业的评定,并通过填写评分表统计最后得分确定了冠亚季军团队得主。

快乐难忘的"TEAM BUILDING DAY"虽然结束,但留给大家更多快乐与思考,整个活动气氛既祥和轻松,又严肃认真,在安排上,从时间、小组人员分配,到比赛规则方面都是严谨的,评委的评审严肃公平,大家严格遵守比赛规则,在每道流程中,没有人把它当作是娱乐活动。

通过亲历国泰团队建设日活动,张平和赵金金完全被融入整个部门的大家庭中,她们感受到团队建设的重要性,也感受到这种轻松、活跃的团队建设方式的意义。它使每一个团队成员在非常放松的状态下,更好地与团队的人员沟通交流,放下工作的疲惫,敞开每个人的心扉,为共同的目标努力,非常有利于同事之间的沟通和交流。尤其重要的是,团队中的每一个成员都会在团队建设日中进行交流,从部门领导到普通员工,其间大家畅所欲言,互通有无,使整个团队氛围温暖和谐。

常言道:"没有完美的个人,只有完美的团队。"然而,没有有效沟通的团队是不成功的团队,只有通过多种方式开展团队建设,才能真正使团队氛围更加和谐,使团队更加优秀。作为国际化航空公司,国泰航空的职员更加多元,因此更需要团队合作来保证企业运营。在团队建设方面,他们始终在不断探索和尝试。

拓展与练习

团队建设

任何一个可以持续存在的群体都有其特定的群体利益、群体文化和群体价值观,否则就会成为一盘散沙。如果你是一位团队领袖,会如何建设你的团队,以提高团队凝聚力呢?请查阅资料,提出自己的方案。

考考你

1. 什么是群体?群体有哪些特征?
2. 群体中的社会影响有哪些?在实际工作中有哪些体现?
3. 谈谈你对客舱服务中群体性事件的看法。如何有效避免群体事件爆发与升级?
4. 谈谈你对民航服务团队建设的看法。如何建立一支高绩效的服务团队?

第九章

特殊旅客的客舱服务

- 第一节 重要旅客及其服务
- 第二节 无人陪伴儿童及其服务
- 第三节 其他特殊旅客及其服务

民航旅客来自五湖四海,由于其社会地位、职业、年龄及生理特征存在差异,服务人员在服务过程中不能一概而论,尤其要对一些特殊旅客提供有针对性的服务。本章将介绍特殊旅客的类型及相应的服务流程。

所谓特殊旅客,是指那些需要给予特殊礼遇和照顾的旅客。有的旅客由于身体或精神状况不佳而需要特殊照料,有的则属于在一定条件下才能承运的旅客。

各航空公司界定特殊旅客的范围不尽相同,一般来说包括以下几种:重要旅客、婴儿和儿童、孕妇、残障旅客、生病旅客、老年旅客、超胖旅客、犯罪嫌疑人及其押解者、被驱逐出境者、无签证过境旅客等。

由于篇幅限制,本章只探讨几类常见的特殊旅客。

第一节 重要旅客及其服务

一、重要旅客(VIP)的含义

重要旅客又称VIP,即Very Important Passenger。

重要旅客主要分为两类,一类是最重要旅客(VVIP),主要包括:党和国家的重要领导人,如中央政治局委员和候补委员、国务院副总理等;外国国家元首与政府首脑;联合国秘书长等。另一类是普通的重要旅客(VIP),主要包括:省市一级的政府领导人,如人大常委会主任、省长等;国际知名人士、重要学者;外国政府部长;我国和外国大使、国际组织负责人等。本书行文中出现的VIP包括所有的重要旅客。

VIP的身份重要且敏感,对他们的服务工作带有较强的政治特点和高度的严肃性,服务水平的高低不仅代表着航空公司的形象,甚至代表着国家的形象,所以,此类旅客的服务意义重大,要特别重视。

二、VIP的心理需求

感觉到生理和精神上的安全、舒适,并希望获得尊敬,这是VIP的主要需求。VIP具有特定的政治身份和较高的社会地位,影响力较大,他们的出行有时具有保密性,不能让太多的人知晓,在安全性和保密性上要求较高。而且客人在飞机落地后一般还要参加会议或公务活动,所以在飞行途中希望得到较好的休息,以便保持好的体力和精神面貌。另外,这类旅客经常出行,对航空公司的服务流程比较熟悉,对不同航空公司的客舱环境、服务水平会进行比较,对服务质量的要求比较高。

三、对VIP的服务要点

VIP希望客舱里安静、整洁,气氛和谐、融洽,空气清新,温度适宜,有柔和的灯光和温馨的色彩。他们希望航空公司能够在硬件上提供方便齐全的办公系统以及丰富多彩的娱乐设施,有舒适的座椅、美味可口的餐饮,而且能享受到个性化、人性化的服务设施以及创新的服务产品。

在服务上,VIP希望乘务人员的态度热忱而有礼,但不要过分殷勤,要能感受到充分的尊重,又不会被过多的打扰,不影响自己的工作或休息。在遇到问题或困难时他们需要的不只是诚恳的道歉,更需要客舱乘务人员积极地想办法来解决问题。

在航班不正常时,乘务人员要充分尊重VIP旅客的知情权和选择权,对于旅客的选择要给予最大限度的支持和保障,尽量避免简单刻板地按照服务标准流程提供服务。

VIP登机时客舱乘务员要在机舱门口迎接问候,在飞机起飞后机长应该当面致意,给客人增添安全感和信任感。乘务员对VIP的服务要体现出强烈的服务意识,要反映出航空公司最高的服务水平与最佳的服务效率。

当飞机抵达后,乘务员要有意识地帮助VIP顺利下机。按照惯例,某些级别的VIP接站人员是可以获准进入隔离区,这样VIP旅客在下机后,可以直接进入前来迎接的车辆。

案例分析

升舱引起的风波

某重要旅客司马先生乘坐某航班,计划从上海出发,到达巴黎。由于该航班超售,一些经济舱旅客不得不升舱至公务舱,而且升舱旅客中有几位儿童。司马先生认为他买的是公务舱的全价票,却和经济舱旅客坐在一起,而且吵闹的儿童使他无法休息,因此非常不满。

分析与讨论: 你如何看待这件事?如何处理更为合适呢?

第二节 无人陪伴儿童及其服务

每年一到寒暑假,就有不少儿童的身影出现在机场里和飞机上。有些孩子有家人的陪

伴和呵护,有些孩子则因家长没有时间陪同而单枪匹马,独自飞行。不管是哪种情况,儿童都需要得到乘务人员更多的关心和爱护,特别是对那些无人陪伴的独飞儿童,乘务人员需要了解他们的心理特点,才能为他们提供更周到、更人性化的服务。

一、无人陪伴儿童的定义

无人陪伴儿童,指在乘坐飞机时无成人陪同,年满5周岁但未满12周岁的儿童,简称无陪儿童,这里的成人指年满18周岁且有民事行为能力的人。如果一个孩子已满12周岁,但不足18周岁,也可自愿申请无成人陪伴儿童服务。

二、无陪儿童的心理特征

无陪儿童的年龄大多为5~12岁,这一年龄段的儿童在认识事物、情绪体验以及行为控制方面都有其与成人完全不同的特征。

1. 无陪儿童的思维特点

无陪儿童尚处于自我中心阶段,不太会考虑别人的想法和感受,他们甚至还不太理解别人的想法为什么和他们的不一样,所以,劝说儿童对于乘务人员来说绝对是一个挑战,如果你试图用成人的理论来说服他们,通常会让你碰一鼻子灰,当然9、10岁以上的孩子会好一些。

5~12岁儿童的思维还处于具象思维阶段,他们不太理解抽象的理论和事物,他们的思考需要借助他们的所见所闻才能进行,跟他们交谈时,乘务人员要想说明白,必须说得非常具体,这是另一个沟通难点。

另外,无陪儿童对规则的理解还不完全,年龄小一点的孩子甚至完全不理解乘务人员的要求和指令。

2. 无陪儿童的情绪特点

(1)情绪不稳定

尤其是年龄小的儿童,前一秒还很开心,后一秒就可能因为什么事而哭泣,这或许会让乘务人员无所适从,必须得花时间来进行安抚。

(2)各种可能的情绪反应

首先,儿童可能会感到害怕。当父母把他交给航空公司地面服务人员时,孩子可能会产生一种错觉,就是觉得父母不要自己了,会很害怕,特别是第一次独自旅行、年龄又比较小的孩子,可能因害怕而哭闹,甚至抵触和拒绝工作人员的安抚和陪伴。

其次,儿童离开了熟悉的环境,独自一人面对全然陌生的服务人员,他们会感到紧张、孤独和焦虑,他们很希望快点回到家人的怀抱,回到熟悉的环境。尤其在碰到困难时,不知如何应对,会更加想念家人。

再次,儿童在狭小的客舱里待着会感觉很无聊。这时他们可能会想四处走动走动,找点好玩的事情做做。

最后,儿童对世界充满了好奇。他们对没见过或者好玩的东西想要探索一番,可能会到处摸摸弄弄,具有一定的"破坏性"。

3. 无陪儿童的行为特点

5至12岁儿童的自我控制能力比较弱,如果没有人约束,有时会做一些"出格"的事。一些孩子对客舱环境熟悉了以后,感觉很自在,就变得很调皮。还有的孩子会不停地向乘务员提出各种各样的问题,使乘务员觉得"应接不暇"。

三、乘务人员对无陪儿童的针对性服务

服务无陪儿童不同于服务成年旅客,乘务人员需要具备一定的与儿童交流的能力与技巧。

1. 建立关系的能力

作为一个陌生人,乘务人员首先要和无陪儿童建立关系,也就是说,要让儿童信任你、喜欢你。乘务人员在和无陪儿童说话时,面部表情要温和、亲切,面带微笑,说话语调要抑扬顿挫,节奏、音量要适中。可以用适当的肢体动作拉近和儿童的距离,比如轻拍他的肩膀。为了让儿童感到亲切自然,没有压力,尽量蹲下来和他们交谈,保持和他们平视的角度。这样,儿童能够感觉到乘务人员的善意、真诚和尊重,关系就建立起来了。

2. 与孩子沟通的能力

沟通分为说和听两部分。一方面是说。乘务人员要用浅显易懂的语句与儿童交流,多用孩子们喜欢的词语,尽量用短句,要善于寻找儿童感兴趣的话题,比如谈谈孩子们喜欢的动画片、童话故事、玩具及青春偶像剧等。试图说服孩子时,尽量用比喻、举例和故事的形式,向孩子明确说明怎样做就算是表现好,什么是违反禁令,为了保证孩子听明白,可以要求

他复述。要多鼓励,少说教,多表扬,少批评。

另一方面是倾听。有的无陪儿童表达能力还不够好,尤其在情绪紧张时,难免表达不清楚,乘务人员可以运用猜测、提问、复述及总结等技巧,帮助孩子说清事由。当乘务人员能够耐心倾听孩子讲话,对他们表达理解和尊重,并帮助他们解决问题,他们一定会回报你以信任和合作。

3. 与儿童游戏的能力

儿童集中注意力的时间比较短,游戏是他们打发时间的主要方式。乘务人员可以灵活地运用游戏转移儿童的注意力,安抚他们的情绪,还可以使他们的航程变得更加快乐。这就要求乘务人员会玩儿童游戏,讲故事、变魔术、猜谜语、脑筋急转弯以及电子游戏都能吸引孩子的注意力,使他们忘记时间,成功转移其负面情绪。

4. 安抚儿童情绪的能力

如果无陪儿童感到紧张、害怕,乘务人员要尽量安抚他们。用玩具、零食、书籍转移其注意力,可以有效安抚孩子们的情绪,如果有时间,陪伴他们,为他们讲讲故事或开开玩笑,或者给他们一个大大的拥抱,都可以令孩子感到放松。乘务人员还可以和孩子玩些简单的游戏,游戏不仅可以拉近和孩子们的距离,还可以分散他们的悲伤和恐惧。如果飞行中遇上特殊情况,比如有人在吵架,有人生病,或者遇到气流颠簸,乘务人员要尽量陪在无陪儿童身边,同时用浅显的语言向他们解释发生了什么,解释时尽量解释事情积极的一面,避免让孩子受到惊吓,比如可以说:"两个大人正在讨论一些事情,乘务员阿姨会帮助他们解决。我们来玩游戏好吗?"

对于儿童的好奇心理,乘务人员要充分理解并尊重,但在服务过程中要防止他们损坏机上设备。乘务人员也可以"主动出击",向他们介绍机上的设备设施及其使用方法,如:呼唤铃、阅读灯、安全带等的使用方法,告诉他们卫生间和厨房的位置,以满足他们的好奇心和求知欲。

5. 约束孩子的能力

对于那些顽皮好动的孩子,客舱乘务人员更要多动脑子了。首先,儿童的活泼好动可能影响到周围的旅客,乘务人员要向周围旅客解释,取得他们的谅解。同时,要从一开始就对活泼、好动的小旅客"约法三章",要求他们动作要小一点,声音要轻一点。如果小旅客表现好,乘务人员要及时地利用语言、动作、玩具以及食物鼓励他/她;当小旅客表现"不好"时,乘务人员要及时提醒,条件允许的话可以更换他/她的座位,使他/她离乘务人员更近一些。有时候,无陪儿童的顽皮只是因为他/她觉得很无聊,或者希望得到更多的关注,所以,多陪他/她说说话,做点小游戏,或者给他/她布置一些力所能及的小任务,既可以转移其注意力,又可以消耗其旺盛的精力,还会让他/她觉得自己能干,为自己感到自豪,从而愿意与乘务人员合作。

6. 保证孩子安全的能力

乘务人员在对无陪儿童进行服务时,一定要特别注意儿童的安全。

在飞机起飞或降落时,客舱乘务人员可以让孩子嚼嚼口香糖,或者吃点客机上准备的零食,诱导吞咽动作,平衡耳内外的气压,减少不适感。也可以提前告诉他/她,可以用吞咽口水、打哈欠等方式来缓解耳内压力,让他们尽量多饮水。下降时要记得叫醒睡觉的小旅客,以防压力变化压迫耳膜。

飞机平飞之后,可以优先给无陪儿童提供餐食,以松软的米饭为主,主动帮他/她打开餐食,注意餐食不能太烫,要用语言提醒他/她慢点吃。饮料以凉开水和果汁为主,倒五分满即可。小孩的喉咙、食道都比较窄小,预防噎食也是非常重要的。应避免给他/她坚果类零食,或者把食物弄碎去核后再给孩子食用,也可以用松软的面包等食品来替代。供餐时要提醒他/她安静、平和地吃饭,尤其不能刺激或惊吓孩子,孩子一旦受惊,非常容易被噎住。

下降30分钟前,要询问儿童是否上厕所,要及时联系儿童的接机人并送他/她下机。交接时,必须检查接机人员证件,将通知单、生活记录、证件及行李物品全部做好交接。

四、航班延误时对无陪儿童的服务

1. 出发航班延误的服务

造成起飞航班延误的原因有很多,延误后儿童不得不滞留在候机楼,而此时,孩子的父母或亲人或许已经离开。这种情况下,无陪儿童可能会感到害怕、紧张、孤独。如果等候时间过长,加上成人旅客的吵闹,更会加重儿童的负面情绪,可能会更加烦躁、害怕、坐立不安,甚至情绪失去控制。年纪稍小的孩子还会哭闹,吵着要找爸爸妈妈、要回家等。

服务人员要怎么应对这种情况呢?其一,如果没有单独的房间供孩子们停留,服务人员要特别留意,可以对孩子们进行集中管理,避免走散。其二,不要将儿童和嘈杂的成人安排

在一起,以免其情绪受到干扰。其三,不要忘记给孩子们准备些玩具和儿童读物,以便分散其注意力。其四,要及时向他们提供食物、水和饮料,确保孩子们的身体不受影响。最后,在滞留期间,要有专人负责这些无陪儿童的看护工作。

2. 到达航班延误的服务

出发航班的延误势必造成航班到达的延误。由于航班到达的时间发生了变化,孩子的接机人与送站人员之间的衔接可能出现问题。

首先可能出现的情况是找不到来接孩子的亲属,孩子产生焦虑、恐惧心理;其次,由于一时无法找到孩子的亲人,孩子等待的时间过长,难免着急、烦躁。这时,乘务员要灵活应变,一边积极联系接机人,一边安排孩子看看书、玩玩游戏,以此安抚其情绪。尽量提前做好与地面人员的联络工作,使飞机落地后的交接工作顺利完成。

3. 航班临时加降造成的航班延误

由于技术原因航班临时增加经停点,从而造成航班延误的现象也时有发生。

当航班临时加降造成航班延误时,旅客全部被滞留在飞机上。客舱里一旦发生争吵,儿童夹坐在成人旅客中,不知发生什么事,他们会烦躁不安、恐惧、哭泣……为了使他们安静下来,避免和成人旅客相互影响,最好的办法是适当隔离无陪儿童和成人旅客,针对儿童的不同年龄提供相适应的玩具或读物。最好有专人陪伴无陪儿童,和他们解释目前的情况,缓解其情绪,转移其注意力,帮助他们度过机上的等候时间。

总之,无陪儿童是一类很特殊的旅客,航空公司和一线服务人员都要重视他们,关心他们。如果能令无陪儿童及家长满意,不仅可以借孩子和家长之口传播航空公司的美名,提升声誉,还可以培养一大批潜在的旅客。

案例分析

某航班上有一个刚满5岁的无人陪伴小男孩,和父母分离独自回老家看望爷爷奶奶,而且是第一次坐飞机,登机后在座位上不言不语,也不吃不喝。在乘务人员的陪伴和安抚下,情绪有所好转。飞行1个小时后,他有点坐不住了,在座位上左扭右动,很不耐烦,影响了旁边的乘客。

分析与讨论:分析一下小男孩的心理特点;如果你是客舱乘务人员,会如何应对?

第三节 其他特殊旅客及其服务

一、老年旅客

1. 老年旅客的界定及心理特征

老年旅客泛指年龄较大但身体健康、适宜乘机的旅客。老年旅客有典型的心理特征。

首先,由于老年旅客年纪大了,在感觉方面比较迟钝,反应与动作比较缓慢,记忆力较差,应变能力差。其次,老年旅客可能不熟悉乘机流程,不会使用机上设备,对财物和行李的安全过分担心。第三,有些老年旅客怕麻烦别人或者怕被别人嘲笑,还有的有不服老的心理,所以有时表现出不愿意让别人帮助自己,都想自己尽力完成,但又力不从心。最后,还有些老年旅客因为自己的听力或视力不好,不愿意和乘务人员或周围的旅客交流。其实,大多数老年旅客很渴望得到他人的关心和尊重。

综上所述,老年旅客的心理特征主要有:感知觉衰退,记忆力及理解力下降,过分担心,紧张,自卑,孤单,固执等。

案例分析

我的行李到哪里去了?

一位七十多岁的阿姨上了飞机后,一直心神不宁,乘务员上前询问:"您有什么事需要帮忙吗?"阿姨愁眉苦脸地说:"我的箱子在哪里,还能找着吗?""您托运了吗?""托运了,我下了飞机到哪里去找?我不懂啊。"乘务员赶紧安抚道:"没关系,您下机后到行李提取处,大家都要去拿行李。"同排一位年轻的乘客也搭话:"阿姨,到时您跟着我走就行。"阿姨这才放下心来,脸上浮现出笑容。

分析与讨论:这位旅客有哪些心理特征?

2. 对老年旅客的服务要点

针对老年旅客的心理特点,乘务人员要主动、热情、耐心,要细心观察老人的需求,及时提供必要的帮助,要注意尊重老人的意愿,不要使老人觉得自己"无能"。

乘务人员看见行动迟缓的老年旅客,应主动上前,询问是否需要搀扶,帮助老人提拿、安放行李,要特别注意把行李放在老人方便看管的地方,好让他们心里踏实。

要帮助老人找到座位,协助其系上安全带,主动介绍安全带、阅读灯及呼唤铃等设备的使用方法;介绍洗手间的方位,主动搀扶行动不便的老人上洗手间。

在提供餐饮服务之前,先帮助老年旅客放好小桌板,供应时要主动介绍餐食、饮料的品种,耐心询问老人的需求,尽量送热的饮料和软的食品,避免食品过硬、过烫、过冷。

飞行途中经常关心老人的情况,可以根据他的要求和身体状态调节通风器,提供毛毯、

枕头。

和老年旅客交谈时,声音要稍大一点,语速稍慢一点,注意语气平和,态度热情,要耐心倾听老人的需求和感受。尽量多地和老人交谈,比如介绍一下航线沿途风景、目的地的天气、风俗等,以免老人精神紧张或感到寂寞。如果遇到飞机颠簸、延误等特殊情况,要平静、温和地告诉老人发生了什么事情,需要注意哪些事项。

飞机落地后,要主动帮助老人拿行李,提醒老人及时增减衣物。必要时可以将老人送出客舱。如果老人需要转机或者需要提取行李,乘务人员应该给予必要的指导。

案例分析

老年旅客突发疾病

上海到巴黎的某航班上有一对无人陪伴的八旬老夫妇。老伯伯突然感到身体不适,心跳加快,头痛胸闷,并且老伯伯有心脏病和高血压。

客舱经理得知情况后立刻赶到,仔细观察老人的症状,掌握基本情况后,决定将老人调换到后排更加舒适的座位上,这样安排一方面方便观察和照顾,另一方面,如果有进一步的情况,也比较容易施救。调整座位后,让老人躺下,用枕头帮他垫妥当,再用热毛巾为他擦脸。这样处置15分钟之后,老人的症状渐渐好转,逐渐恢复正常状态。客舱经理还全程细心陪伴在老夫妇身旁,并主动和他们聊家常,帮助老伯伯放松心情。

到了目的地以后,客舱经理送两位老人下飞机并拜托地面工作人员好好照顾他们,还特意为他们准备了轮椅。老妈妈紧紧握住她的手,连连道谢:"我们乘坐过很多航班,这次的服务最让我们满意。"他们返回上海后,始终不忘乘务人员对他们无微不至的照顾。在儿女们的支持下,冒着大雨亲自给客舱部送来了"以客为尊,倾心服务"的大红锦旗,以表达他们由衷的感谢!

分析与讨论:客舱经理面对身体不适的老年旅客,主要采取了哪些应对措施?

服务就是关怀,就是能将客人看作亲人,将同事看作兄弟姐妹,能将客舱部看作自己的家,就是拥有关爱之心、包容之心、进取之心、奉献之心,能换位思考,尽量从客人的角度看待自己的工作,以客人的需求要求自己,把客人的感受当成自己的感受,以我心换君心。客舱服务人员以自己的实际行动赢得了旅客的赞赏,大大提升了公司的美誉度。

二、孕妇旅客

1. 孕妇的运输要求

孕妇旅客不同于一般旅客,她们的身体和心理都更加敏感,常有特别的反应和需要。对于乘坐民航客机的孕妇,民航有一些相关规定,一般说来,怀孕超过32周但不足35周的孕妇乘机,需要填写《特殊旅客运输申请表》,并提供航班起飞前72小时内,由县级以上医疗单位盖章和医生签字的诊断证明。怀孕35周以上的孕妇,预产期在4周(含)以内的孕妇和产后不足7天的产妇,原则上不予承运。一般在旅客订座、登机时,须提供预产期证明,航空公司将据此判断是否能够接受运输。

2. 孕妇的心理特征

①孕妇的心理随着孕期的不同而有所不同。在孕早期,大部分孕妇的常有心理是恐惧、焦虑、紧张、敏感,还有的会有一种以自我为中心的心理。

②怀孕中期3～7个月时,孕妇对自身生理、心理的变化产生了适应能力,早孕反应也减轻或消失了,因此情绪比较稳定。

③在怀孕末期7个月到足月时,孕妇会感到疲劳,行动不便,精神容易比较紧张,担心早产或难产,生怕胎儿发生意外。

3. 对孕妇旅客的服务要点

对孕妇旅客,乘务人员要热情、细心、体谅。

孕早期的孕妇的体型变化不明显,如果本人不说,乘务人员可能看不出旅客是孕妇。这就要求乘务人员细心观察,注意适龄妇女的言谈举止有无特别之处。在合适的地点和时机可以悄悄询问一下,但要注意询问的语气和技巧。

孕中期开始,孕妇的体形变化明显,乘务人员很容易辨别出来。孕妇旅客登机后,乘务人员要主动了解孕妇的身体情况,帮助孕妇旅客提拿、安放随身携带物品,安排入座。入座后,乘务人员应向其介绍机内服务设备如安全带、呼唤铃、手调式通风孔、洗手间等的使用方法,起飞、下降时,给孕妇在腹部垫一条毛毯或枕头,协助孕妇将安全带系于大腿根部,使其更舒服、更安心。

在航程中,乘务人员要及时了解孕妇的情况,并给予适当、适时的照顾。如果孕妇出现身体不适,可帮她调换座位,让她平躺或坐得更宽敞一些。陪同人员可以通过聊天、开玩笑等缓解孕妇的紧张情绪。如遇空中分娩,应及时报告机长,并将孕妇安排在与客舱隔离的适当位置,并请求医务人员或有经验的女性旅客协助。

孕妇的座位不应安排在应急出口、通道处,但也应方便孕妇本人活动及乘务人员工作,也可按照孕妇的要求进行安排。在紧急情况下,指定两名援助者协助孕妇撤离飞机。

除了以上几类常见的特殊旅客,客舱乘务人员还会遇见其他一些需要特别照顾的旅客,比如残障旅客,这类旅客由于身体或精神上的缺陷或障碍,在上下飞机、飞行途中,包括紧急疏散,以及在机场地面服务过程中,都需要他人给予特别的照料。残障旅客的自尊心特别强,一般不会主动要求帮忙,不愿意别人过度地关注自己,尤其介意别人用同情的眼光看待自己。因此,在为他们服务时,乘务人员要尊重他们,要充分考虑旅客的实际情况及自身要求,不要触碰旅客残疾患病的部位,不要伤害旅客的自尊心。要特别注意服务的方式、方法,运用含蓄的服务语言,体现服务技巧。

考考你

1. 重要旅客的心理特征和需求有哪些?怎样做好重要旅客的服务工作?
2. 无陪儿童具有什么样的心理特征?如何做好无陪儿童的服务工作?
3. 老年旅客的心理特征是什么?如何做好老年旅客的服务工作?

第十章

客舱乘务人员心理素质的培养与提升

- 第一节 乘务人员的服务意识
- 第二节 乘务人员的能力品质
- 第三节 乘务人员的意志品质
- 第四节 乘务人员的心理健康

乘务人员对旅客的服务基于交流，是一个人与另一个人的相遇，是心灵的碰撞，是价值观的交锋。乘务人员是民航服务最重要的执行者之一，他们需要具备哪些能力呢？他们也是人，或许不经意间就犯了错误，那么，为了使旅客满意并保障旅客的安全，乘务人员需要提升哪些素质呢？

第一节 乘务人员的服务意识

乘务人员这一角色承担着多种任务，作为飞机客舱的主人，要对旅客迎来送往，要帮助他们顺利就座，要让每个人的基本需求获得满足，要让每个旅客产生"宾至如归"的满意感，而重中之重，是要保证所有旅客的安全。本节将重点探讨乘务人员的服务意识、安全意识和服务的关键时刻三个问题。

一、乘务人员的服务意识

所谓服务意识，指的是航空公司员工在为旅客服务时所表现出来的热情、周到，以及主动服务的愿望和意识。服务意识具有超前性，即使旅客没有明确提出，通过观察，乘务人员会发现旅客的需要，从而及时、有效地提供优质服务。服务意识是发自内心的，是服务人员的一种本能和习惯，可以通过培养和训练而获得。

客舱服务中，有的乘务人员具有良好的服务意识，想旅客之所想，急旅客之所急。有的乘务人员却像算盘珠子一般，拨一拨，动一动，更有甚者，拨了也不动，可想而知，这样的乘务人员在具体服务过程中可能会引起旅客的不满，甚至引发冲突，直接影响公司的企业形象。这是乘务人员缺乏服务意识的表现。

所谓服务意识，指的是航空公司员工在为旅客服务时所表现出来的热情、周到，以及主动服务的愿望和意识。它是发自内心的，是服务人员的一种本能和习惯，可以通过培养和训练获得。

那么，为什么有些乘务人员会缺乏服务意识，服务意识又该如何提高呢？

1. 乘务人员缺乏服务意识的主要原因

前面讲过，服务意识是可以培养的，为什么有的乘务人员没有形成服务意识，或者，越来越淡漠了呢？

（1）对客舱服务工作缺乏正确的认识

客舱乘务员大多年轻靓丽，在家里是父母捧在掌心的明珠。走上工作岗位后，面对繁重的工作，有时甚至被旅客呼来喝去，心里会很不平衡，会感到委屈。"为什么我要这么'低三下四'？""为了挣这点钱，付出这么多值得吗？"在这种心态的影响下，其工作懒散懈怠，得过且过，甚至表现出讨厌旅客、讨厌工作的情绪和行为。

（2）职业懈怠感

客舱乘务人员工作时间长了，可能是因为对工作环境和工作内容已很熟悉，自然而然就会放松下来。也可能是因为工作比较单调、辛苦,或多或少会产生职业懈怠感。

(3)信心不足

部分乘务人员对自己的服务技能缺乏自信,由于担心旅客不满意,或者自己应付不了某些情况,就干脆退缩了,心想"等旅客叫时再说……"

(4)环境文化的影响

一些乘务员害怕冒尖,担心如果自己表现得很积极、很主动,同事会嘲讽或嫉妒自己。于是,在工作中随大流,不求有功,但求无过。

(5)个人性格因素的影响

服务意识表现为主动、热情、周到,有些乘务人员性格内向、被动,缺少社会经验,对旅客的观察不够细致,也不能敏感地对旅客的需要进行回应,结果看起来好像对旅客比较淡漠、不太热情,这其实是性格原因,并非有意为之。

2. 如何提高客舱乘务人员的服务意识

(1)航空公司的选拔和培训

航空公司在招聘和选拔中要将员工的先天气质和性格因素考虑在内。乘务人员的专业潜能包括体貌、能力优势、生活经验以及对待服务行业的态度,一位好学、乐观、灵活、诚实而又热爱服务行业的员工,会给客舱服务团队注入新的活力。另外,航空公司要加强对入职新员工的培训,不仅要培训其服务技能,还要评估其未来对团队文化建设的贡献。当然,员工上岗后,要把服务意识作为重点考核内容之一,要公正、透明地奖优罚劣,促进乘务人员服务意识的进一步养成。

(2)乘务人员要自觉提升服务意识

首先,乘务人员要端正自己的态度,对工作有一个清醒的认识。旅客是航空公司的衣食父母。没有旅客,就没有公司的利润和发展,就没有员工的薪酬和福利,也没有员工的成长空间。其实绝大多数旅客都是通情达理的,对乘务人员也没有过多过高的要求。即使在航班延误或取消后,在遇到一些服务问题后,他们尽管有诸多抱怨,甚至责备,可大多数都是对事不对人。既然选择做了乘务人员,就要放下原有的观念,比如"凭什么我要受委屈","我可是一个骄傲的人"等想法,因为在工作中,你承担着乘务人员这一角色,是在完成这一角色赋予你的责任和任务,这一角色要求你放下骄傲,要受得委屈。

其次,面对工作的懈怠感,乘务人员要调整自己的心态。比如一旦发现自己有懈怠感,要给予自己一些积极的心理暗示,如对自己说:"这可不行,我可以做得更好;懈怠一时是正常的,但是不能一直如此哦"。也可以寻找一个更高的目标,一个好榜样,鼓励自己保持好的工作状态。乘务人员还要善于在单调的工作中寻找乐趣,在平凡的工作中发现积极的意义。

再次,乘务人员要不断提升自己的自信心。在客舱里,乘务人员是"主人",旅客是客人。即使在服务中存在瑕疵,只要态度积极、谦虚,顾客很容易谅解你。另外,一个人的经验和能力终归是有限的,乘务人员要善于借助团队的力量帮助顾客解决问题。这样不仅能提高服务质量,还能在团体里形成一种互帮互助、积极向上的凝聚力。

最后,乘务人员要敢于表现,敢于"冒尖",只要对旅客有利,对团队有利,哪怕遭到部分同事的嘲讽,也有坚持的价值,久而久之,就会对团队氛围带来积极的影响。

二、乘务人员的安全意识

自"9·11"恐怖事件发生后,客舱安全成为全球话题,对乘务人员来说,服务于旅客,让旅客满意固然重要,保证旅客安全却是工作的第一要责,因此,乘务人员的安全意识是一根不能松懈的弦。

一般而言,客舱乘务人员为了杜绝安全隐患会对客舱设备进行多方面的检查和准备,也会不断地提醒旅客系好安全带,正确使用机上设备;当出现安全隐患或紧急情况时,训练有素的乘务人员严格执行客舱服务操作规范,大多数情况下可以成功地帮助旅客免受"伤害"。然而,客舱安全隐患总是存在,似乎很难根治。比如机上盗窃导致旅客财产损失,旅客被开水烫伤、被掉落的行李砸伤,飞机剧烈颠簸时旅客未系安全带导致撞伤,电子设备使用问题,超大行李占道问题,都算得上常见的机上安全隐患。

因此,乘务人员只有具备充足的安全意识,才能最大可能地避免安全事件的发生。那么,乘务人员哪些心理现象会导致安全意识薄弱呢?

1. 导致安全意识薄弱的心理现象

(1)时间紧张导致情绪急躁

航班落地后,乘务人员的地面工作是清理客舱、检查设备及摆放供应品,保证机舱内没有外来物品及外来人员,准备迎接下一批旅客。然而,由于航班延误或其他原因,留给乘务人员做地面工作的时间非常有限,有时仅有10～15分钟,这种情况下,乘务人员难免情绪急躁,各项工作都匆匆忙忙,难免留下安全隐患。

(2)怀有侥幸心理,导致意识松懈

有些乘务人员或许觉得"没那么容易出事",或者已经观察到某些安全隐患,如超大行李,怕麻烦没有要求旅客去托运,结果超大行李占用过道甚至紧急出口。有的乘务人员端着一杯热水,注意力不集中,很有可能造成热水洒出烫伤旅客。有的乘务人员产生违章操作,就是因为盲目自信,认为违章也无妨。侥幸心理的另一种表现是没有及时对乘务人员的工作失误进行通报和处理,其他人也难以获得警示,使得相同的错误一犯再犯。

(3)执行力不足

安全问题常有许多相似之处,其中一个重要原因是乘务人员执行不到位,或者出现工作失误。比如有的乘务人员错误地执行了别的任务,而没有执行分配给他/她的职能。还有的乘务人员对操作规范不熟悉,或者事先准备不足。一位资深乘务长曾讲述过这样一件事:"我曾经和一位刚放单一段时间的乘务员执行A320航班,在操作分离器解除预位时,我发现她操作完手柄后拿着安全栓在犹豫,不确定将安全栓插在哪里。后来我询问她,她说她放单后执行的航班非常少,有点忘记了……"后来,在乘务长的指导下,该乘务员顺利完成了工作。这件事充分说明了乘务员在工作执行方面需要严格管理,才能避免安全问题。

(4) 怕得罪人

中国人历来有"和为贵"的思想。我们这里不讨论这一思想的社会意义,主要探讨在客舱管理中"和"字带来的影响。如果一个团队从管理者到执行者都崇尚一团和气,有意回避冲突,那该团队的执行力恐怕要大打折扣了。深受中国文化熏陶的日本人对"和"字有不同的理解,他们认为看到别人的错误而不指出,那才是对别人的不负责任与不和不善,这一理解值得我们借鉴。还有的乘务人员在旅客有违规行为时,怕得罪旅客而放弃了原则,这也是导致安全问题的原因之一。

(5) 推卸责任

有的乘务员在思想上缺乏风险意识,认为安全和乘务员关系不大,是安全员的事,岂不知,这是一个错误的工作认识。不要说很多安全问题来自乘务员的工作失误,即便是识别和处置机上罪犯,乘务员在线索获取、周旋控制与沟通谈判等工作中都需要参与。

(6) 身心疲劳

在航空公司航线增加、人员紧缺的情况下,乘务人员往往超负荷飞行,其不容乐观的健康状况,本身就是客舱安全的隐患。身心疲劳的乘务人员,其注意力、观察力、判断力都有所下降,一旦出现烟雾、着火、人为破坏等险情时,乘务员不能及时反应,不能准确地评估当下的情况并作出是否撤离的决定,后果是非常可怕的。

2. 如何提升乘务人员的安全意识

要想避免安全事故的发生,乘务人员自身的安全意识和工作执行力非常重要。乘务人员在克服侥幸、偷懒心理的基础上,还要严格执行民航运输规范,不怕得罪人,团队成员间既要相互尊重,又要相互提醒,形成重视安全、绝不把安全当儿戏的团队文化。当然,旅客有一定的安全知识,能够自觉地遵守机上规范也相当重要。下面,我们探讨一下乘务人员如何在具体工作的执行中提升安全意识,以及如何引导和管理旅客。

千万别把安全带当摆设

(1) 强化执行力度

无论是匆忙、侥幸还是偷懒,都可能使工作的执行力不足,从而导致安全问题。时间再匆忙也要认真、负责地进行清舱及检查工作，越是时间紧，越要忙而不乱。管理者要振奋精神，以身作则，避免因疲劳而产生的消极情绪在团队中漫延。对于携带超大行李旅客，要坚决要求其办理托运，对于在飞机升降时使用电子设备的旅客，要及时制止。团队内要指令清晰，通过确认、检查等方式确保执行到位。

（2）细心观察

在旅客登机时，优秀的乘务员善于观察每位旅客，把他们的一举一动都记在心里，并加以分析，从而尽量杜绝可疑人员行动得逞。某航空公司一名安全员，在旅客登机时细心观察，敏锐地发现了一名企图行窃的男子，在安全员的密切关注中，该男子行窃失败，旅客的财物获得了成功保护。

任何客舱安全问题的发生，都会有一些蛛丝马迹，乘务人员通过细心观察能及时发现问题和异常。观察要注意时间和方式，时间是指观察旅客的重点时段，如登机时、乘务员忙于客舱服务时、旅客使用洗手间时等；方式是指观察的办法，比如观察旅客体貌特征、观察行李大小、观察某些旅客的同行者等，都可以获得有用的线索。

（3）妥善安排特殊旅客

如果同一航班出现较多的儿童、老人，甚至他们中的一些人被安排在紧急出口处，这都是安全隐患。如果机上有婴儿旅客，乘务人员通过卡片或言语，对其父母应有所提醒，比如"不要把婴儿同父母一起系在安全带中""飞机起飞或降落时，请让婴儿吸吮奶嘴或奶瓶，以减轻婴儿不适。"针对特殊旅客群，乘务人员要特别关照，比如儿童、老人及病人，协助他们系上安全带、保证餐食不会过热、防止其滑倒摔倒等。

（4）重视声音和气味

在飞行的任何阶段，要充分利用感官，对声音、气味作出判断和分析，乘务员的经验往往很重要，哪些声音和气味是正常的，哪些是特殊和异常的，这需要一定的敏感度。但也不要草木皆兵，一惊一乍，影响到正常秩序。

（5）抓住重点，协同"作战"

安全隐患较多的重点区域包括卫生间、厨房及餐车等。据相关统计发现，部分空中安全事故与旅客在飞机上吸烟有直接的关系。个别烟瘾大的旅客偷偷躲在洗手间抽烟，还用杯子或湿毛巾堵住烟雾报警器。这些旅客一旦没有处理好烟头，引起火灾，后果不堪设想。另外，厨房也是容易出现安全隐患的重点区域。厨房里设备多，电源多，柜子多，安全事故包括厨房失火、电源跳闸、餐车冲出厨房、人员被砸伤等。餐车安全也不容小觑，尤其在飞机颠簸时，如果乘务员依然推着餐车为旅客发放食品，极易发生热饮洒出、倾倒而烫伤旅客，同时，乘务员也会因身体失去平衡而撞伤。要想避免此类安全问题发生，乘务人员要紧密协作，对卫生间和厨房要定时巡查，严格按操作规范进行操作，及时关闭电源，及时扣好锁扣，绝不能偷懒或马虎。

（6）教育与引导旅客

提升旅客安全意识是保证客舱安全的另一途径。通过视频、文本资料进行宣传，增加机上安全知识广播，乘务人员口头提醒，以及旅客互相监督，都是可行的好办法。旅客需要具备基本的安全常识，也需要了解必须遵守的安全规范，比如安全带要全程使用，机上禁止使用电子设备、严格禁烟，什么是防撞安全姿势等。

案例分析

都是开水惹的祸?

某年8月,任菲与4名同事从夏威夷乘坐美国西北航空公司的NW21航班回国。起飞不久,飞机开始提供午餐。任菲回忆说,当时她向服务员要了一杯开水。可就在服务员送完水转身的一瞬间,开水杯倒了,开水全部洒在了她的小腹上。当时她穿的是件绸质衣服,当即感到阵阵灼痛。

航班机长获悉此事后,将任菲请到头等舱休息。任菲说,在此期间,机长让她签署了一份事故报告,并允诺在东京转机时安排救治。飞机在东京降落后,任菲在美国西北航空公司两名员工的陪伴下步行到了诊所。但由于没有随身带钱,医院拒绝为其诊断。由于伤口没得到及时处理,回到南京后,任菲的伤口已严重感染并化脓。经鉴定,构成2度烫伤。为此,任菲治疗了3个多月。

回国后不久,任菲致信美国西北航空公司,要求给个说法。该公司最终表示愿意赔偿1.3万美元,但任菲拒绝接受。2001年8月,任菲委托美国当地律师向夏威夷法院提起诉讼。任菲说,她起诉的目的并不在于得到赔偿,而是要求对方公开道歉。

分析与讨论: 你认为乘务人员应该如何避免这起伤害事故?航空公司应该承担责任吗?如何处理比较合适?

三、服务的关键时刻

1. 什么是服务的关键时刻

服务的关键时刻,简称MOT(Moment of Truth),是服务界最具震撼力与影响力的管理理念与行为模式之一。这一理论是由北欧航空公司前总裁詹·卡尔森创造的。卡尔森指出:平均每位顾客在接受公司服务的过程中,会与五位服务人员接触;在平均每次接触的短短15秒钟内,顾客的内在感受就决定了整个公司在他/她心目中的印象。

因此,与顾客接触的每一个时间点即为关键时刻。关键时刻就是顾客与职员面对面相互交流的时刻,是指客户与企业的各种资源发生接触的时刻。这个时刻决定了企业未来的成败,是影响顾客满意度及忠诚度的重要因素。

在关键时刻,服务人员要特别注意自己的外表(Appearance)、行为(Behavior)与沟通(Communication)这三方面,简称ABC印象管理。有一个公式可以说明服务人员留给顾客的印象是怎样的:

$$印象 = 外表 \times 52\% + 行为 \times 33\% + 沟通 \times 15\%$$

从这一公式可以看出,决定服务人员在顾客心目中印象的因素中,外表是最为重要的,这说明视觉信息在顾客感受中占有较重的比重,外表不仅包括体貌如何,还包括面部表情、身体动作及姿势;行为选择和沟通策略在印象形成中的重要性虽然次之,但或许在关系维持方面有更深远的影响。

2. 怎样抓住关键时刻

(1)向员工输入"关键时刻"理念

在对旅客服务过程中,每一个员工都是航空公司的代言人,旅客常常是通过与员工的接触来认识企业的。因此,管理层应在日常的工作及培训中努力向员工灌输MOT理念,让员工形成"与旅客接触的任一时刻都是MOT"的认识。服务人员在和旅客的接触中,要抓住机会、满怀热情,以熟练的技巧展示优质服务。管理人员也应以身作则,为员工作出表率。

(2)每个服务接触点都是"关键时刻"

旅客完成一次旅行大致要经历以下几个环节:订票、值机、安检、候机、机上旅行以及到达提取行李。在机场逗留期间,可能还会去问询,去商场,还会到行李查询处查询行李信息等。整个过程中,旅客和服务人员有很多接触点,虽涉及不同的公司和部门,但对于旅客来说,这些都是民航运输部门,任何一个接触点的感受都会影响飞行体验。

客舱乘务人员和旅客接触的时间在所有旅行环节中是最长的,少则2～3个小时,多则十几个小时。和旅客接触的点也最多,包括迎来送往,提醒安全事项,讲解安全知识,照顾餐饮、休息,解疑释惑等,乘务员的工作是民航运输的最前线,是展示民航公司服务水准、塑造企业形象最重要的窗口。

(3)把握"关键时刻"

为了利用好与旅客接触的那些重要瞬间,乘务人员必须做到眼到、心到、嘴到、手到。

眼到:乘务人员要善于观察,留心客人的各种情况或状态,在与旅客交流时,对眼神也要运用得恰到好处。

心到:乘务人员观察到旅客的情况之后,要预先想到他们可能会有哪些需求,需要我们提供什么样的帮助或服务,做到细心、热心。

嘴到:乘务人员在和旅客接触时,要用服务用语,注意用词、语音和语调,配合自己的表情和目光,增加亲切感,拉近与旅客的距离。

手到:乘务人员了解了旅客的需求之后,还要把服务工作落到实处,不能当作没看见,或者光说不做,要切实解决旅客的问题或困难。

(4)实行走动管理,监控处理失控的"关键时刻"

在服务过程中,可能会由于种种原因导致关键时刻失控,引起顾客对服务的不满,甚至于投诉服务人员。目前国内一些企业普遍对基层员工"授权"不足,员工在遇到顾客不满和投诉时,第一反应往往是向上级汇报,这中间就会出现一个时间差。顾客在心情不愉快、火气比较大的情况下,再让他/她等待较长时间,他/她会更加不满意。如果能实行走动管理,部门经理或主管经常出现在服务第一现场,不但会增强一线员工的自信心,处理投诉或安抚客人就会变得及时有效,这使基层服务人员的工作得到了有力支持,同时也能及时解决顾客的困难。走动管理对于航空公司来说也非常值得借鉴。

延伸阅读 新加坡航空公司"新加坡女孩"计划

新加坡航空公司赢得了许多航空行业和旅游业的大奖,2004年被评为年度最佳航空公司;2007年被评为五星级航空公司(全世界只有六家航空公司获此殊荣)以及年度最佳航空公司。新加坡航空是《财富》杂志评选出的"全球最受赞赏的公司"之一。在20年间19次获得Condé Nast Traveller杂志颁发的最佳国际航空公司奖。

新加坡航空公司成功的一个重要原因是他们的"新加坡女孩"计划,此计划是通过客舱乘务员,即新加坡女孩,提供给旅客无微不至的关怀和服务,而这正是MOT理念的具体体现。

乘客想要一份素食,但飞机上没有专门的素食配餐,这时候该怎么办?直接告诉乘客说不供应素餐吗?新加坡航空公司的要求是,员工要灵活应对,想出解决方案,比如把各种水果和蔬菜放在一个盘子里,让乘客尝试一下,而不能只知道按照服务手册照本宣科。

为了创造正面的MOT,新加坡航空公司鼓励员工参与到创新中来,以培养他们的创造性与灵活性。因为员工在掌握了所有的基本程序后,就有能力随机地进行个性化服务,揣测乘客的需要。

另外,如果一线员工必须通过传统的指挥链向上级请示,才能处理个别乘客的疑难杂症,就不仅会影响处理时效,更会陆续丧失忠诚的旅客。新加坡航空公司赋予一线员工指挥权,使得他们有权处理个别顾客的需要与问题。

第二节 乘务人员的能力品质

一、能力概述

能力是人的心理特征之一,是人们顺利完成某项活动的条件,直接影响着人的活动效率。它包括天赋、知识、经验及技能。

人们能力的生理基础是大脑,由于大脑的功能模块位于不同的位置,比如数理逻辑和语言功能由左半脑来完成,而想象、直觉、形象记忆的功能区主要位于右半脑。所以,如果一个人左半脑具有优势,其逻辑运算能力会比较强,而一个人如果是右脑优势,其形象记忆能力会比较强。不同的人拥有不同的能力优势,因此,既要尽可能地开发自己的优势,又要有意识地提升不足的方面,从而获得全面发展。

乘务人员要想顺利完成为旅客服务的工作任务,必须具备相应的能力,主要包括观察能力、注意能力、表达能力、倾听能力及劝导能力。

二、如何提高客舱乘务人员的能力

1. 观察能力

观察是指一种有目的的、有计划的知觉。乘务人员的观察能力主要指乘务人员通过观察旅客外部表现去揣摩、了解旅客心理的一种能力。具有敏锐、细致的观察能力对一个优秀的乘务人员是不可或缺的。

乘务人员应如何培养良好的观察能力呢?

(1)明确观察的目的、任务

例如,乘务人员对旅客观察的意义非常重大,一是可以通过观察了解旅客的服装、配饰、言行举止,区分出旅客不同的国籍、职业、个性或习惯,来预测其需要和行为,二是可以有目的地"锁定""特殊"旅客,比如年龄较大、身体不适的旅客,以便有针对性地为他们提供服务。另外,细心观察还可以及时发现安全隐患,避免安全问题的发生。理解了观察的重要性,乘务人员的观察就会更加仔细、用心,观察效果也会更好。

(2)要积累一定知识与经验

乘务人员要不断学习多方面的知识,比如社会学、心理学、营销学、礼仪学以及公共关系学等,积累的知识多了,就会融会贯通,成为"识人"高手。另外,不断地总结成功与失败的观察经验,经常和同事交流心得,是另一个有效提高观察能力的方法。有了足够的知识与经验,一个人观察的敏感度和把握重要信息的能力就会提高,就仿佛具备了某种"直觉"或某种"心灵感应",很快就能够准确地了解对方的主要特征。

(3)观察要细心

旅客形形色色,其心理现象也十分复杂,有的喜怒哀乐溢于言表,有的则形不现于色。乘务人员要善于观察旅客的言行变化,有时一个微笑、一个眼神、一个细微的动作或只言片语,就具有很高的价值。乘务人员要充分运用自己的智慧和经验,揣测到他们的心理状态和变化。

案例分析

智擒飞贼

在青岛飞往北京的某航班上,熟睡的旅客陈某被乘务人员叫醒,让他检查行李中有没有丢失东西。打开行李架上的公文包,陈某惊讶地发现包里的五千元钱不翼而飞。乘务人员报了警。

飞机落地后,在乘务人员小张的配合下,很快就抓到了小偷。据小张回忆,飞行途中,她发现一个穿夹克的男青年站起来打开行李架,拿了一个黑色的公文包然后进了洗手间。几分钟之后出来,又坐在座位上翻包找东西,之后慌张地把公文包放回了行李架。整个过程中,男青年的眼神躲躲闪闪,表情很不自然。所以乘务人员叫醒了睡着的旅客询问。

经警方调查,小偷吴某是一名惯偷,刚刑满释放不久,嫌弃现在的工作工资太低,每月只有一千多元钱,就重操旧业。因为觉得坐飞机的人都比较有钱,所以选择了在飞机客舱里作案。

分析与讨论:乘务人员小张主要观察到了小偷吴某的哪些言行举止,从而产生了怀疑?

2. 注意能力

注意是指心理活动对一定对象的指向和集中。注意的指向是指人们的心理活动有选择地指向一定的对象,而同时离开其余的对象。注意力的集中是指人们的心理活动在某一对象上具有优势兴奋的特征。注意力是保证人们完成各项活动的基本条件,注意力涣散、走神或者分配不平衡,都可能使人无法完成任务,哪怕是简单的任务。

注意分为无意注意、有意注意和有意后注意。无意注意是指具有鲜明特征的外部事物引起了人的注意力,比如学生在上课期间,教室窗外突然响起一声巨响,学生扭头看向窗外,这种注意力吸引被称为无意注意。有意注意是指某人要完成一个多少有些困难的任务,他/她得打起精神,用意志力调控自己的注意力,使之投入到那一任务之中,并坚持完成,因此,有意注意最大的特征是有意志力的参与。有意后注意是指某人要完成一个并不容易的任务,开始投入注意力,他/她渐渐产生了稳定的兴奋和热情,并不需要很多意志力参与,就可以顺利完成任务,这样的注意现象被称之为有意后注意,这种注意力投入让人感到愉快而且享受,有时甚至废寝忘食却不觉得辛苦。

客舱乘务人员工作繁杂,既需要集中注意力,又需要良好的注意分配能力,下面我们详细讨论乘务人员良好的注意能力表现在哪些方面。

(1)注意的稳定性与持久性

注意的稳定性与持久性是指服务过程中乘务人员的注意力投注在一定事物上所能持续的时间长短,如果一个乘务人员可以持续工作却没有精神涣散,就可以说该乘务人员具有稳定、持久的注意力。乘务人员工作时间长,有时会感到疲劳,难免注意力不集中,其实,越是觉察到自己的情绪不愉快,或者觉得累了,越要有意识地打起精神,排除干扰,坚持到底,久而久之,注意力就会越来越具有稳定性和持久性。

(2)注意的范围

注意的范围是指乘务人员在同一时间内所能注意到的对象数量。注意范围的大小和个人的注意力特征有关,也与一个人的知识经验有关。有的人注意力集中的程度比较深刻,但注意的范围较为狭窄,表现为沉浸于某一世界,对周围其他的信息不再注意;有的人则表现为注意的范围较广,但集中的程度没有那么深刻。对于越熟悉的东西,注意的范围就越大。乘务人员的注意范围需要一定的广度,因为经常要同时关注、观察多名旅客,同时还要检查设备、分析情况。

(3)注意的分配

注意的分配是指乘务人员在一定时间内将注意力分配到两种或者几种不同的动作上。注意的合理分配是完全可能的。比如很多人可以一边吃饭,一边说话,还一边看电视。比如乘务人员在为旅客送餐时,一边听取旅客的要求,一边准备餐食,同时很可能在与同事交流,这是"一心多用"的典型表现,因此,乘务人员确实应该具备一定的注意分配能力。

(4)注意的灵活性

注意的灵活性是指乘务人员能够根据需要,及时将注意力转移到新的注意对象上去。乘务人员服务的对象千差万别,所要处理的事务也各有轻重,当他/她解决完一件事情后,要及时、灵活地将注意力转移到另一对象、另一事务上去,否则就容易出错,或者引发旅客不满。

案例分析

旅客用餐时发生……

某航班上旅客正在用餐,一位乘务人员应旅客的要求打开行李架去拿枕头。坐在此行李架下的一位女性旅客马上表示要找乘务长。乘务员说:"您好,您有什么事,能和我说吗?""把你们乘务长找来。"乘务长来到该旅客面前说:"您好,我是本次航班的乘务长,我能为您做些什么吗?"旅客很气愤地说:"我要投诉你们,你问问,刚刚那个乘务人员在这里做了什么?"听了这话,乘务长去找乘务人员了解情况,当她再带着乘务人员回到旅客面前尝试解释时,这位旅客很气愤地说:"我不要听她解释,我就要投诉你们,你们没看到我在吃饭吗?拿东西也不打招呼,灰都落我饭菜里了,这饭我还能吃吗……"

分析与讨论:该旅客认为乘务人员做错了什么?从注意能力的角度分析一下乘务人员应该如何改进自己的工作。

3. 表达能力

客舱乘务人员的表达能力是指乘务人员在与旅客进行交往时运用语言、动作和表情传递相关信息和感情的能力。这种能力的强弱直接关系到服务的成功或失败,关系到服务质量的好坏。乘务人员的表达能力主要包括两大部分。

(1)乘务人员的语言表达

乘务人员说话应注意以下四点。首先要多用敬语,说话内容既要规范、准确,又通俗易懂,过多的专业术语会让旅客听得云里雾里,要发音正确、吐字清晰。其次,乘务人员说话不要啰唆,要简明扼要。第三,为让自己的表述更生动、更明白,乘务人员可以通过举例、打比方、比较等方法表达自己的想法。最后,乘务人员讲话要注意对象,要使用适合于对象的表达方式,比如对老人、对儿童,讲话方式与对普通成人乘客是不同的,这些我们在第九章"特殊旅客的服务"中描述过。与旅客交谈中要注意避讳,比如年龄、婚姻状况、收入等隐私话题尽量不要谈及,不要随便议论宗教话题。

小 贴 士

言语沟通的要点(CLEAR)

Clarify	表述清晰,通俗易懂
Listen	认真倾听,心身贯注
Encourage	鼓励表扬,满足自信
Agree	寻求一致,避免异处
Reflect	及时反馈,同步理解

案例分析

"什么?我要杯可乐你们就疯了?"

在某国际航班上,飞机快要着陆了,乘务人员做了一切着陆前准备。由于飞机要停留过夜,所以要求乘务人员把一切留在飞机上的供应品,包括饮料、用具用封条封好,保存。"饮料车封了吧?"一位乘务人员问。"封了。"另一位乘务人员答。

这时,一位刚刚睡醒的旅客拦住一位乘务人员:"小姐,来杯可乐吧!"该乘务人员刚在厨房里与几十个储物柜、餐车奋战过,好不容易将全部东西存放妥当,一听到旅客这么说,急了,脱口而出:"啊?可乐?我们都封了!""什么,我要杯可乐你们就疯了?"

分析与讨论:乘务人员与旅客之间发生了什么问题?如何避免?

（2）非语言表达

一个人的非语言表达，包括表情、目光、声音、动作、姿势及空间距离等。非语言信息与语言信息相比，通常更能体现一个人的表达习惯，有时是当事人无意中流露出来的，因此，非语言表达非常重要，比口头语言更能体现双方内心真实的想法和情感。

> **小贴士**
>
> 非语言表达技术（SOLER）
>
> | | |
> |---|---|
> | Straight | 直面对方 |
> | Open | 运用开放的身姿 |
> | Lean | 适当前倾 |
> | Eye | 保持柔和的目光注视 |
> | Relax | 自然放松 |

> **把你的声音当作非语言线索来使用**
>
> 当你说话时，文字本身固然包含了许多信息，但是你说这些话的方式可以让你的听众更清楚、更全面地了解你的意思。你可以找一个普通的句子，再用你说话的不同方式赋予它不同的意义。试着大声念出"为您服务是我的荣幸。"这个句子，用你说话声音的高低、速度、音量的不同，以及强调某一字眼，来传达出下列各种情绪。
>
> 生气的时候；讽刺的时候；害怕的时候；惊讶的时候；厌恶的时候；快乐的时候。
>
> 和你的同学结对做此练习，一个说，一个听，说完后，让听者猜猜你表达的是哪种情绪。同学们可以分享一下其中的技巧和感受。

4. 倾听能力

研究显示，在日常生活中，人们用于听的时间是读的三倍，是写的五倍，是说的一倍半。还有研究指出，人们在互相交往时，听的时间几乎占到所有交流时间的40%～66%。由此可见，倾听在社会交往中占有重要地位。

良好的倾听意味着乘务人员可以排除干扰，有效地接收到对方的信息，并理解信息的内容和对方的情感，要做到这些，并非易事。

（1）要注意力集中

飞机上比较嘈杂，飞机噪声、广播的声音，还有旅客谈话的声音，乘务人员容易分心，或者听不清旅客在说什么，有时旅客声音偏小，或者说话有地方口音，这些干扰因素都是倾听的障碍，乘务人员要十分专注，有意识地仔细分辨对方的意思，才能听明白。

（2）倾听时要注意自己的非语言信息

表情、动作以及身体姿势都会"出卖"一个人的内心。开放的姿态、柔和的目光可以鼓励对方放心地表达，帮助双方建立信任、安全的关系。如果乘务人员一边在听，一边目光游离，或者有一些不耐烦的表情、动作无意间流露出来,旅客马上会觉察到,感觉到自己没有被尊重,这样的交流其实已经面临失败。所以,乘务人员在倾听时要适当地和旅客保持眼神接触,面带微笑,有节奏地点头,必要时把旅客说话的要点重复一遍,语调要平和,尽量让旅客感觉到被尊重、被关注。

(3)适时地总结和提问,可以使交流更集中、更有效

并不是每一个旅客靠自己就能把所有信息表达得又清楚又有条理,而交流常有一定的时限,这就要求乘务人员能引导旅客有效地进行谈话。乘务人员在适当时刻对旅客前面所说的话进行简要的总结,一方面可以表示自己理解了旅客的叙述,另一方面也可以让旅客有机会确认对方是否已听懂自己所说的话。通过总结,乘务人员还可以借机把话题引向更深入的层次,使谈话更有效率。

提问是倾听过程中的必要环节,经由提问,乘务人员可以引导旅客叙述更多有用的信息,旅客也因此感到乘务人员的关注和兴趣,好的问题还会让旅客对乘务人员的专业性、权威性心生敬意,使双方的关系更加信任。

(4)倾听中的言语运用

倾听虽以听为主,但并不意味着倾听者不说话。乘务人员可以一边听,一边用语言鼓励对方:"请继续讲,我听着呢"。也可以不断地用语言反馈给对方自己所听到的信息,比如说:"哦,我了解了,您正在担心误了转机。"反馈可包含信息内容本身和信息所暗含的情感两部分,当然,不是每一次反馈都需要包括两部分内容,大部分时候反馈信息内容即可。这种反馈就是前面章节中所述之"同理心",也被称作"共情"。共情可以让旅客感到乘务人员对自己的理解,从而在心理上获得安抚和愉悦。

技能练习

倾听游戏:copy不走样

分小组坐,教师设计一个信息较多的通知或一段话,对每组第一个学生讲这段话,然后由第一个学生开始传给后面一个学生,后面的学生再传给他/她后面的学生……直到最后一个学生。最后一个将他/她听到的话说给老师听,与原话比较相符的,说明该组同学传递信息与接收信息都做得不错,可以获得奖励。

5. 劝导能力

客舱乘务人员的劝导能力指在服务的过程中,通过乘务人员的劝导,使旅客的态度有所改变的能力。这对乘务人员来说是非常重要的。本书第六章"客舱服务中的态度转化"中详细讨论了乘务人员劝说旅客的原则和过程,这里不再赘述。

乘务人员在劝说旅客时要注意安抚旅客情绪。旅客情绪激动时,认知能力会暂时性下降,比如注意力狭窄,判断力下降,看起来听不到或者不愿意听别人讲话,如果他/她感觉到劝导者并没有和他/她站在同一条"阵线"上,就会很失望,不仅听不进劝,还会更激动。所以,虽然态度的转变以认知转变为核心,但安抚情绪的工作要做在前面,比如乘务人员可以找个地方让旅客坐下来,倒杯水,认真地倾听,从言语、表情及动作上表达关心和尊重,使旅

客的情绪先平静下来,然后再解释规则,或探讨解决问题的方案,这时,旅客会感受到乘务人员的诚意,更愿意合作。

第三节 乘务人员的意志品质

一、意志概述

意志是指一个人自觉地确定目的,并根据目的来支配、调节自己的行动,克服各种困难,从而实现目的的心理过程。

"宝剑锋从磨砺出,梅花香自苦寒来",美好的事物都是在战胜困难以后才涌现出来的。我国历史上伟大的史学家司马迁因直言进谏而遭宫刑,不但身体受损,人格也受到极大的侮辱。悲痛欲绝的他曾经想过自杀,可他又想"人固有一死,或重于泰山,或轻于鸿毛",死的轻重意义是不同的,于是决定活下来,发愤著书,创作了名震古今中外的史学巨著《史记》,为中国人民、世界人民留下了一笔珍贵的文化遗产。

无论《史记》的诞生,还是宝剑的铸造,都需要不断地克服困难,坚持正确的方向,最终成就"伟业",这就是意志行动。人类大部分时候都要依靠意志行动才能完成任务。学生为了提高成绩,工人为了更好地完成工作,运动员为了提高运动技能,都要战胜自我,顽强拼搏,这都是意志行动的体现。因此,意志行动有其典型特征:其一为计划性;其二为与克服困难相联系;其三,意志可以有效地调节人们的行为。

延伸阅读   承 受 挫 折

挫折承受力也叫挫折容忍力,是指一个人忍受挫折,保护自己心理健康,维持正常适应的能力。挫折承受力的高低由两个方面的因素决定:一是人的身体条件;另一个是在成长过程中经受挫折的经验与价值观的稳定程度。

大量的心理学研究表明:身体条件好的人要比身体条件差的人具有更好的挫折耐受力。另一方面,如果一个人在成长过程中经常身处逆境,生活风浪的冲击会提高他/她应付生活困难、摆脱心理冲突的能力。此外,在成长过程中受到良好教育,价值观念统一而稳定的人,也可以百折不挠,表现出超人的挫折承受力。

二、乘务人员良好意志品质在工作中的表现

1. 意志的自觉性

自觉性是指乘务人员对于自己的工作有正确的认识,目标明确,经常认识到自己行为的后果和对别人及社会的影响,工作具有计划性、自主性。乘务人员要在工作中自觉地虚心听取旅客意见,学习别人的长处,改进自己的不足,克服各种困难,主动提高自己的服务质量。

被动与盲目则是缺乏自觉性的表现。

2. 意志的果断性

果断性是指乘务人员在处理工作中的各种问题和矛盾时，反应敏捷、判断迅速、勇于负责，能够比较稳妥地处理问题。反之，优柔寡断，犹豫不决，做了决定又后悔，这些都是缺乏果断性的表现。

3. 意志的坚持性

坚持性是指乘务人员以充沛的精力和坚韧的毅力，不屈不挠地、坚持不懈地去完成工作，实现最终目的。客舱服务工作比较辛苦、繁重，而具有坚持性的乘务人员，无论碰到什么样的旅客和困难，都能够排除外部干扰，想尽办法克服困难，急旅客之所急，想旅客之所想，提供高质量的服务。

4. 意志的自制力

自制力是指乘务人员在意志行动中善于控制自己的情绪，约束自己的言行。一名自制力较强的乘务人员通常镇定自若，分寸把握得当，能很好地控制自己的情绪，不会有"出格"行为。若自制力较弱，往往情绪冲动，意气用事，说话做事不计后果。

案例分析

飞机降落后起火……

某航空公司一架航班在飞机着陆时由于起落架出现异常，着陆后整个机身几乎被火焰吞噬，客机上共有12名乘务人员，其中7人在着陆后失去知觉，但另外5名乘务人员为救援付出了巨大努力。在紧急时刻，乘务长首先冲进驾驶舱追问是否要疏散乘客，一开始得到的答复是"稍等"，但随后机长要求紧急疏散。于是，机组人员大声呼喊"紧急疏散"，并协助乘客逃生。此时，乘务长已经冲到最危险、也是伤员最多的飞机尾部。当看到一些乘客表现得不知所措时，她立刻冲上前去，疾呼"赶紧离开"。有几名乘客被卡在座椅上。根据乘客和当地消防局的陈述，乘务人员们在燃烧的飞机上接过当地警察递过来的多用刀割断安全带，帮助乘客逃生。

一位乘客说："一名娇小的空姐一边流泪，一边在机内四处跑动搀扶受伤乘客。她是位英雄。"乘务人员小金的腿严重受伤，但她不顾伤痛背着一名学生逃到500多米开外的安全地带。

分析与讨论： 此案例中乘务人员们表现出哪些意志品质？

三、如何培养良好的意志品质

1. 找到负面经验的意义

人一生经历很多事情，有的是积极的经历，让人感到愉快、幸福，有的则是消极的经验，使人痛苦、难过，但每一种经验都是人们的宝贵财富，尤其是消极经验。古语说："吃一堑，长一智"，外国谚语说："Learn to fail, fail to learn"，这些古老的智慧告诉我们，每件事都有其意义，都有积极的一面。只要有此乐观心态，你就能自觉、专注地工作、生活，相信困难反而能带给你更多的智慧和能力。

2. 兴趣能够激发毅力

兴趣是最好的老师,也是一个人最好的动力源泉。一个人一旦对某事或某项工作拥有内在、稳定的兴趣,那么,即便遇到很多困难,也会自觉地想方设法克服困难,表现出强大的毅力。所以,要想培养自己的意志,试着在你所做的事情中寻找乐趣,通过自己钻研、与同伴讨论,把知识运用于实际生活,来提升内在的兴趣。

3. 强化训练

有一些锻炼意志的小办法,比如从椅子上起身和坐下30次;把一盒火柴全部倒掉,然后一根一根地装回盒子;坚持体育锻炼,坚持某项艺术活动,都可以增强意志力。在练习中,一定别忘了鼓励自己。

4. 从小事做起

意志良好的人,通常在日常生活中也表现得有条有理、坚持不懈。有一句话叫:"大事做小,小事做细",世界上所有大事都是由一件件小事组成的,而小事的完成乃至是否完美都是由细节来决定的。因此,当一件事情摆在你面前时,无论大事小事,都要有意识地坚持到底,不要半途而废,同时注意不断调整策略,尽量用最有效的方法解决问题。久而久之,你会发现自己已然成为一个意志力坚强的人了。

5. 学会激励自己

如果出色地完成了某项任务,可以及时总结并奖励一下自己,如给自己放个假、给自己送点礼物、吃点美食等。自我激励就是无论身处怎样的境地,都要将自己的热情、能力调动起来,形成强大的推动力。我们遇到困难,也需要激励自己,"吃饱饭,加油干",鼓励自己不要轻易放弃。

心理测试　　　　　　　　**意志力自我测试**

你是否每年都替自己订下大量的计划?你是坚持到底还是半途而废?请按照你的实际情况来选择选项。

1. 你正在朋友家中,茶几上放着一盒你爱吃的巧克力,但你的朋友无意给你吃。当她离开房间时,你会:____

　　A. 立即吞下一块巧克力,再抓一把塞进口袋里

　　B. 一块接一块地吃起来

　　C. 静坐着,抗拒它的诱惑

　　D. 对自己说:"什么巧克力?我很快就有一顿丰富的晚餐。"

2. 你发现你的好友未将日记锁好就离开房间,你一向很想知道她对你的评语及她和男朋友的关系,你会:____

　　A. 根本没想过要看

　　B. 匆匆翻过数页,直至内疚感令你停下来为止

　　C. 立即离开房间去找她,不容许自己有被引诱偷看的机会

　　D. 急不可待地看,然后责问她居然敢说你好管闲事

3. 你从朋友珍妮的日记中发现了多个秘密,极欲与别人分享,你会:____

　　A. 立即告知海伦,说珍妮迷恋她的男朋友

B.不打算告诉任何人,但会让珍妮知道你已经发现了她的秘密,使她不敢太放肆

C.什么也不做,你和珍妮能做好朋友,正因为你能守秘密

D.请催眠专家使你忘记一切秘密

4.你正努力储钱准备年底去旅行,但你看到了一条很适合与他约会时穿的裙子。你会:____

  A.不顾一切买下它,宁愿哀求父母借钱给你去旅行

  B.自己买衣料,缝制一条一样的裙子,但价钱便宜很多

  C.放弃它,没有任何东西能阻碍你的旅游大计

  D.每次经过那店铺时都蒙住眼睛,直至过了约会日期

5.你深信自己深深爱上了他,但他只在无聊时才想起你,在一个狂风暴雨的夜晚,他要求与你见面,你会:____

  A.立即冒着雨去找他,纵然数小时也是值得的

  B.挂断电话。虽然你很不情愿,但你需要一个更关心你的人

  C.先要他答应以后会更好地待你才答应去,他照例微笑着应允

  D.就是不去

6.你对新年所许下的诺言所抱的态度是:____

  A.懒得去想什么诺言

  B.只能维持几天

  C.到适当的时候就违背它

  D.维持2~3年

7.如果你能在早上6点起床温习功课,但是晚间有更多时间,你做事更有效率。你会:____

  A.算了吧,睡眠比温习更重要

  B.虽然每天早晨6点闹钟准时叫醒你,但你仍然在床上直至8时才起来

  C.约在6点半起床,然后淋热水浴使自己清醒

  D.把闹钟调到5点半,以便能准时在6点起床

8.你要在6周内完成一项重要任务,你会:____

  A.限期前30分钟才开始进行

  B.每次想动手时都有其他事分神,你不断告诉自己还有6周时间

  C.立即进行,并确定在限期前两天完成

  D.在委派后5分钟即开始进行,以便有充足的时间

9.医师建议你多做运动,你会:____

  A.每天漫步去买雪糕,然后乘计程车回家

  B.最初几天依指示去做,待医生检查后即放弃

  C.只在一两天照做

  D.拼命运动,直至支持不住

10.朋友想跟你通宵看录像带,但你需要明早7点起床做兼职,你会:____

  A.视情绪而定,要是太疲倦就告假

B. 看通宵,然后倒头大睡
C. 看到晚上9点半回家睡觉
D. 拒绝,好好地睡一觉

记分方法与自我评估

1. 记分方法:每题选A得0分;选B得1分;选C得2分;选D得3分。
2. 自我评估和建议。

分数为8以下:你并非缺乏意志力,只不过你只喜欢做那些你有兴趣的事,对于那些能即时获得满足感的工作,你会毫无困难地坚持下去。你很想坚持你的新年大计,可惜很少能坚持到底。

分数为9~18:你很懂得权衡轻重,知道什么时候要坚持到底,什么时候要轻松一下。你是那种坚守本分的人,但遇到极感兴趣的东西时,你的好玩心会战胜你的决心。

分数为19~30:你的意志力惊人,不论任何人、任何情形都不会使你改变主意;但有时太执着并非好事,尝试偶尔改变一下,生活将会充满趣味。

3. 愿意的话,与同学分享一下你的测试结果,讨论一下如何提高自己的意志力。

第四节 乘务人员的心理健康

一、心理健康概述

世界卫生组织对"健康"的解释包括躯体健康、心理健康、社会适应良好和道德健康四个方面。通常人们比较重视躯体健康,当身体感到不适,就会寻医问药,积极治疗。但对于心理健康、社会适应以及道德健康却容易忽视。心理健康指人们的心理处于良好状态,感到有安全感,情绪稳定,能较好地融入社会。社会适应特指人们对环境、人际关系、职场等的适应,适应能力不足会使一个人处于长时间的焦虑、紧张情绪中。道德健康是指人们不能损害他人利益来满足自己的需要,能按照社会认可的行为道德约束自己。违背社会道德会导致一个人感到紧张、恐惧,进而会影响躯体健康。所以,健康的四个方面是相互影响的。

那么心理健康的标准是什么呢?以下十条标准可以作为参照。对于每一条,你可以试着选择:a.不是或不能;b.基本上是这样;c.完全是这样。

1. 是否有充分的安全感?
2. 是否对自己有充分的了解,并能恰当地评价自己的行为?
3. 自己的生活理想和目标是否切合实际?
4. 能否与周围环境事物保持良好的接触?
5. 能否保持自我人格的完整与和谐?
6. 是否具备从经验中学习的能力?
7. 能否保持适当和良好的人际关系?

8.能否适度地表达和控制自己的情绪?
9.能否在集体允许的前提下,有限地发挥自己个性?
10.能否在社会规范的范围内,适当地满足个人的基本要求?

如果你在某一条回答"不能或不是",比如不能保持良好的人际关系,或不能适度表达自己的情绪,那么显然,你在这方面是不适应的,心理健康在这一方面是不足的。如果你在某一条回答"基本上是这样",代表你在这一条健康水平不错。如果回答"完全是这样",代表你在这一条表现得很健康。值得注意的是,心理健康水平并没有绝对的满分,它是一个相对的范围。

案例分析

从那次考试以后

一位年轻的乘务人员曾经经历过一段"灰色"的日子。

"我曾经那么喜欢飞,现在却对飞行有了抗拒。每当坐车到达飞机下面时,我的心开始透不过气,心跳加速,两腿都是软的,甚至听不清同事在跟我说什么……后来去医院检查,医生说我是'中度抑郁'。回想起来,我的心结是从参加两舱培训和考核开始的。培训时,我发现队里人际关系比较复杂,教员喜欢别人奉承她,而我属于你不喜欢我、我也不喜欢你那种。到考试那天,没想到事情会那么夸张,我被百般'挑剔',明明没问题的动作也被否定、被呵斥,我说话的声音都是颤抖的,忍着眼泪,做了一遍又一遍……当然,我没有通过这次考核。就是从那一天起,我的痛苦开始了,我抑郁了。"

分析与讨论:引发这位乘务人员抑郁的原因有哪些?对于这位乘务人员,你有何建议?

二、乘务人员的心理健康

1.乘务人员的心理健康状况

有研究指出,乘务人员因为工作特点及个人原因,相比其他人更容易出现身心健康问题。比如,乘务人员长期在封闭的高空环境中工作;作息时间不规律,使饮食与睡眠受到不良影响;面对乘客需要持续保持积极的情绪状态,负面情绪得不到及时释放;与家人聚少离多,情感上得不到及时、充分的支持。该研究以90项症状自评量表(Symptom Checklist 90, SCL-90)对某航空公司在职乘务人员进行测量,发现13.6%的乘务人员有明显的心理问题,主要包括躯体化症状、人际关系不良、偏执、强迫、敌对等。

延伸阅读　　什么是亚健康

亚健康状态有24种症状,包括浑身无力、容易疲倦、头脑不清晰、思想涣散、头痛、面部疼痛、眼睛疲劳、视力下降、鼻塞眩晕、起立时眼前发黑、耳鸣、咽喉有异物感、胃闷不适、颈肩僵硬、早晨起床有不快感、睡眠不良、手足发凉、手掌发黏、便秘、心悸气短、手足麻木感、容易晕车、坐立不安、心烦意乱。

如果长期出现以上症状中的一项或几项,就表明可能处于亚健康状态。

亚健康与不良的饮食结构及生活习惯有重要联系,比如摄取的食物维生素少、脂肪含量高,生活方式不规律,运动与休息安排不当等。另外,吸烟、酗酒以及环境污染也是产生亚健康状态的重要外因。

2. 乘务人员如何维护心理健康

每个人心理健康状况都由多个因素综合影响所致,比如遗传因素、家庭成长环境、个性因素、工作团队文化及个人生活事件等。哪怕在相同环境中,有的人可能适应良好,有的人却备感焦虑,这说明个人因素在起作用。

做一个心理健康的人,是每个人的愿望。如同维护身体健康一样,乘务人员对自己的心理健康,也需要有意识地进行维护与提升。

①学习评估自己的心理状况。人的头脑中充满了无数的念头、情绪,每天被各种信息包围着,心情犹如大海中的小船,要想保持稳定,实属不易。所以,乘务人员在工作及生活中,要敏感于自己的所思、所感,尤其遇到人际冲突或让人特别矛盾的事,要保持冷静,及时评估到底发生了什么?你的情绪如何?是不是在可控的范围内?一般来说,情绪、人际关系是心理健康最敏感的指标。如果这两方面比较稳定、积极,基本说明心理健康水平是不错的;反之,要警惕。

②学会调节自己的心理状况。心理健康的人,心理处于稳定、平衡、能包容的状态。如果开始变得失衡、失控、狭隘,要及早进行调整。调整的方法很多,最有建设性的是思考、整理,冷静地反省。有时你会发现是环境、文化引发了你的焦虑和失控,你可以自问自己能做些什么吗?如果能,或许行动本身就会帮助你找回自己的控制感;如果不能做什么,那就需要暂时接纳环境,不必过于焦虑。有时你会发现并非环境影响了你的心理状况,而是你的性格、价值观使你陷入了某种困境。这种情况下,其实不必过于自责或怪怨别人,抓住自我探索的机会,沿着某个方向发现自己,可以使自己更完整、更成熟。

③预防是维护心理健康的重要方法。由于乘务人员的工作时间和工作方式本身是乘务人员的压力源,所以,乘务人员要有意识地维持健康的生活方式,比如饮食要规律,保持适量体育运动和健康的休闲活动,与亲朋好友保持积极接触,适当地倾诉与分享,以减轻压力、预防心理问题形成。

④学会求助与分享。就像你需要大大方方咨询医生问题、找医生看病一样,心理健康的维护也需要专家的参与。当你感觉内心混乱、无助,持续时间比较长,睡眠、饮食、生活明显受到影响时,你需要专业人士的帮助。不用感到羞愧,这是每个人的需要。专业人士可以提供安全的空间,帮助你放松下来,和你一起寻找问题的症结,让你学会用新的思路去看待引发负面情绪的事件,更深刻地了解自己的心理结构,恢复心理的稳定与平衡。

心理测试　　　　　　　　**抑郁自评量表**

请对照下列20条描述,根据你最近一周的实际情况打分(分值1~4):
A. 没有或偶尔　　　　B. 有时　　　　C. 经常　　　　D. 总是如此

1. 我觉得闷闷不乐,情绪低沉。
2. 我觉得一天之中早晨最好。
3. 我一阵阵哭出来或想哭。
4. 我晚上睡眠不好。
5. 我吃得跟平常一样多。
6. 我与异性密切接触时和以往一样感到愉快。
7. 我发觉我的体重在下降。
8. 我有便秘的苦恼。
9. 我心跳比平时快。
10. 我无缘无故地感到疲乏。
11. 我的头脑跟平常一样清楚。
12. 我觉得经常做事情没有什么困难。
13. 我觉得不安而平静不下来。
14. 我对将来抱有希望。
15. 我比平常容易生气激动。
16. 我觉得做出决定是容易的。
17. 我觉得自己是个有用的人,有人需要我。
18. 我的生活过得很有意思。
19. 我认为,如果我死了,别人会生活得更好些。
20. 平常感兴趣的事我仍然感兴趣。

计算得分:

以上20个项目中,第2、5、6、11、12、14、16、17、18、20共10项的计分为反向计分,即选A得4分,选B得3分,选C得2分,选D得1分。其他项目正向计分,即选A得1分,选B得2分,选C得3分,选D得4分。把20个项目的得分相加,为总分。总分乘以1.25后取整,即得到你的标准分。

标准分在53分以上的,表明存在抑郁症状。得分越高,情况越严重,建议寻求专业帮助。

拓展与练习

表达与倾听

1. 三人一组,一人主讲,一人主听,另一人做观察者。
2. 三人都确认掌握了表达的要点(CLEAR)和倾听的要点(SOLER)。
3. 围绕某一话题(比如感兴趣的电影电视、印象深刻的见闻以及希望诉说的任何事)进行交谈,注意每个人都要扮演好自己的角色。一轮3～5分钟。停止交谈后,观察者向其他两位反馈自己所观察到的,对两位的表现进行鼓励性评价。
4. 三人轮换角色。时间同样为3～5分钟。停止交谈后,观察者反馈。

5.时间足够的话,再做一次轮换。
6.轮换结束后,各组代表和大家分享收获。

1.什么是服务意识?乘务人员应该怎样培养与提升自己的服务意识?
2.如何提升乘务人员的安全意识?
3.乘务人员在工作中应该具备哪些能力?
4.一个人应该如何培养自己的意志品质?
5.乘务人员应如何维护自己的心理健康?

第十一章

特别情境下的客舱服务

- 第一节 航班延误后的服务
- 第二节 机上非犯罪情境下的服务
- 第三节 犯罪情境下的应对

"8月16日,成都双流国际机场由于机场范围内受到雷暴及强降雨天气影响,主要进出港航路持续被雷雨覆盖,导致出现今年(即2020年——引者注)以来最严重的一次大面积航班延误,截至15:00,当日已取消航班234个。针对今日雷雨对航班的影响,双流机场于凌晨5:30发布大面积航班延误预警,7:40启动大面积航班延误黄色预案,11:20启动大面积航班延误橙色预案,并根据当时气象预报,及时与空管及各航司会商协调航班安排,全力配合航空公司做好不正常航班的服务,妥善安排受影响的旅客。目前,双流机场航站楼内秩序良好,广大旅客比较理解和配合。"

这是四川成都某报关于民航航班延误的一则新闻。

在民航服务过程中,航班延误及其他特殊情境会给民航工作人员带来巨大的工作压力,乘务人员只有充分了解特殊情境下的旅客心理,才可能进行有效的引导和说服,减少误会和冲突,进而提高服务的质量和效率。

第一节 航班延误后的服务

航班延误是指航班降落时间比计划降落时间延迟15分钟以上或航班取消的情况。我国是一个航空运输大国,但就航班的准点率来看,有许多值得研究和提升的空间。根据中国民用航空局发布的数据,以2018年为例,我国各航空公司共执行航班434.58万班次,其中正常航班348.24万班次,平均航班正常率为80.13%,不正常航班占比为19.87%。

航班延误是旅客与工作人员发生冲突的重要原因,很多民航群体性事件的发生都与航班延误有关。如何治理航班延误、提高航班正常率,化解因航班延误而导致的冲突、纠纷,是亟待解决的问题。

航班延误的原因主要包括天气原因、空中管制、飞机故障及飞机调配等,旅客也是导致航班延误的因素。其中,天气原因是造成延误的主要原因,其次是空中管制。飞机故障和调配属于航空公司方面的原因,造成的航班延误相对较少。

下面从航班延误后旅客与乘务人员面临的身心压力、可能发生的群体影响、如何进行有效沟通和补救等几个方面来阐述航班延误后的服务问题。

一、身心压力

当人们遇到困难时,心理上会备感压力,会产生困惑、焦虑、愤怒甚至恐慌等情绪。这些困难就是压力源,可能是人、事或环境。面对相同的压力源,不同的人可能感受到的压力大小并不一样,这与每个人如何看待压力、如何自我调节有关。

1. 旅客的压力

①旅客的压力源。在面对航班延误的时候,大多数人心理上都承受着压力。确实,一旦航班不正常,旅客就可能面临着各种损失和不便,如不能按时抵达可能造成工作上的损失,

难以履行对家人的承诺,行程计划被打乱,在机场或机上滞留时感觉时间特别漫长,各种不方便和不舒服,无法正常休息,饥肠辘辘等,会给旅客造成压力。压力还会引发身体反应,如体温升高、心跳加速、易出汗、大脑对外界信息的加工范围变窄等。

②旅客情绪的变化与发展。由于处在压力环境中,旅客会产生负面情绪,如焦虑、易怒、不安、迷茫等。焦虑是压力下最基本的感受之一。在焦虑的情绪中,旅客的各种负面经历和感受都容易被唤起。比如,有的旅客被通知飞机即将起飞后,却迟迟不见飞机有动静,会感到被欺骗、受愚弄;当旅客向工作人员询问相关事宜的时候,工作人员含糊的回答或者不冷不热的态度,会让旅客产生被厌恶、被轻视的负面体验,甚至会在焦虑的"催化"下被扩大、被加强,积累到一定程度,就会转变为愤怒。

当旅客开始与乘务人员发生冲突时,表明其愤怒情绪正在爆发。其实,在旅客负面情绪的形成期与上升期,心理上处于忍耐与等待的状态,情绪并不会爆发。只有他们的期待不断落空,心理压力不断增加时,其情绪才会不断累积,一旦超过其控制能力,很快就进入爆发期,会付诸行动,向航空公司及工作人员"发难"。另外,旅客的情绪会互相传染,一位旅客的焦虑、愤怒会引发周围旅客的共鸣,这是群体"维权"的情绪条件。

所以,乘务人员在航班延误的早期就应及时、快速地采取服务补救措施,使旅客的情绪不会到达爆发阶段,也就不太容易产生服务纠纷与冲突。

案例分析

冰水的作用

在一架从海南开往北京的航班上,由于空中管制的原因,航班已经延误了一段时间,旅客们在客舱里开始抱怨,看起来已经面露不快。这时乘务人员送来了冰水,有效地缓解了旅客的燥热和干渴,同时也释放了旅客们的焦虑情绪。趁着这个机会,几位乘务人员分别与不同的旅客攀谈起来。在这种情况下,没人会介意聊上两句,客舱里的气氛立刻不那么紧张了。

在这次航班延误的处理中,乘务人员及时满足了旅客的身体需求和心理需求,有效降低了旅客的焦虑情绪,使旅客的负面情绪得到了释放和疏导,同时与旅客建立了友好的沟通关系。试想,如果没有冰水缓解焦虑、降低压力,旅客会有多少耐心和乘务人员聊天呢?这种友好关系的建立大大降低了旅客"发难"的可能性。

2. 乘务人员的压力

和旅客相比,乘务人员常常面对同样甚至更强的焦虑。当航班延误,旅客开始面对延误的事实,身心感到不适时,乘务人员也承受着巨大的工作压力,焦虑感上升,或许会达到爆发的临界点,或许会麻木倦怠。相比旅客,乘务人员不能够自由地释放焦虑,心理压力之大可想而知。此时,工作团队是乘务人员相互支持的宝贵资源,如果团队协作出了问题,比如信息沟通不畅、互相拆台、负面情绪相互影响,那么不仅不能减轻个人的心理压力,反而会雪上加霜,造成更大的矛盾冲突。同时,这样的乘务团体在乘客面前显得缺乏专业素养,使旅客难以依靠和信任。

> 教你一招

心理减压操

减轻心理压力的方法很多,常用的是向朋友、家人倾诉所发生的事,尤其是自己的感受,也可以找些轻松的事情做,让自己慢慢恢复放松与理性。下面再介绍几个行之有效的方法。

1. 呼吸调节

很多人都有过这种感受,深呼吸可以使心情平静下来,这种方法对乘务人员同样有效。关注自己的呼吸,将注意力集中到呼吸上面来,尽量放慢吸气、呼气的速度,感觉一丝丝的空气慢慢渗入或排出自己的鼻腔。只要持续十次以上,一定会快速地平复你的烦躁心情。如果环境允许,在调节呼吸的同时可以听一些舒缓轻松的音乐,跟随音乐的节奏调节呼吸的频率。

2. 冥想练习

在较为安静的环境中保持舒适的坐姿,闭上双眼,想象一幅让自己放松愉悦的画面,例如草原或者海边。画面因人而异,只要能够让你觉得身心舒畅的都可以。想象自己处于这种环境中,比如在海边,可以想象海风吹过,微微拂起你的头发,空气中有淡淡的海水味道,隐约传来海浪拍向岸边的声音。过一会儿,有海鸟的鸣叫传来,一些海鸟落在沙滩上四处张望,另一些则翱翔于天空,与白云交相呼应。不断添加细节,让自己逐渐放松,专心于画面中,忘记自己真实所处的环境。

3. 自我对话

这种方式比较适合一些擅长思考自省的人,因为不断变化思考的角度是相对有难度的。可以选择闭上双眼,在脑中模拟出两个人,一个是正在承担压力的自己,另一个是倾听者、分析者或者共鸣者;也可以想象相对摆放的两把椅子,一把椅子上坐着有压力的自己,另一把坐着可以帮助自己的人。形式并不重要,只要将两个角色清晰分开就可以。当你需要讲述和宣泄压力的时候就站在"自己"位置上,或坐在"自己"的椅子上;当需要对方倾听或者分析的时候就站在或坐在"自己"的对面,跳出自己的角色,以客观的角度和他人的立场进行沟通,分析问题。

4. 体育运动

上面的三种方法都是偏于静态的,体育运动则是动态的。适量的体育运动能够促进新陈代谢,增强身心耐受力。在身体的骤然紧张和疲劳后到来的就是松弛的快感,这种身体状态的变化可以很大程度地缓解心理压力。同时,运动的冲击性也能构成压力的宣泄口,使压力被良性地引导出来。

在这里需要明确的一点是,适度的压力是有益于身体健康、有利于工作学习的。压力可以转化成动力,可以促进人的发展,但一定要适度,不可以过强,否则会导致身心俱疲。所以压力是柄双刃剑,需要人们善加利用。

二、航班延误后的群体影响

在大多数的航班延误导致的冲突事件中,可以观察到冲突的双方大多以群体的形式出现,所以乘务人员需要从群体的角度了解航班延误时旅客的心态变化。航班延误后,同一航班的旅客因利益和处境一致,情绪又互相传染,极易形成利益共同体,以群体形式向航空公司或工作人员"维权"。关于群体的详细理论,可参考第八章"乘务人员与旅客的群体行为"。

航班延误后,乘务人员应如何引导旅客,预防群体性事件发生呢?

①采取"点面结合"的处理方式。在群体当中,人们会去寻求观点一致,一旦发现有共同的诉求和观点,就会偏向于将观点表现得更为极端和强烈。当个别旅客表达不满的声音得到认同后,会快速产生"多米诺效应",导致更多旅客表达自己的不满,甚至将语言升级为动作。因此,乘务人员在安抚旅客的过程中,既要照顾面,又要照顾点,做到心中有数,从容面对。

"点"是指部分或个别旅客,通常是群体中煽动性比较强、情绪表达较为明确而强烈、反应比较极端的人。他们的语言和行为往往会成为群体行为的"方向标"。及时捕捉到这些旅客的动向和意图,可以在一定程度上控制即将到来的冲突。

"面"是指旅客整体。旅客们的感受和反应是乘务人员选择工作策略的基本依据。航班延误后,乘务人员可以及时提供航班信息来满足旅客的知情权,提前提供餐食满足旅客的生理需要。旅客有一些特别的需要,如航班改签,乘务人员要认真、真诚地为其提供个性化服务。乘务人员的积极态度对旅客来说是非常有说服力的,这样大部分旅客的情绪会保持稳定,对乘务人员的工作也会表示理解和配合。

②态度大方得体、热情有度。很多乘务人员发现较为难缠的旅客后,为了防止其情绪"爆发",对其过分热情,关怀备至。这样的做法虽然暂时能够约束这类旅客的行为,但可能会带来新的麻烦。因为别的旅客看在眼里会产生错误的认知和归因,认为"会哭的孩子有奶吃""乘务人员会向难缠的旅客妥协退让",于是会试图通过非理性的行为方式来索取服务和关注。所以,乘务人员在服务过程中要把握好分寸,照顾旅客们的整体感受,做好对旅客群体整体性的引导。

③缩短旅客的感知时间。航班延误后,旅客对时间的感知发生了变化,仿佛时间变慢了,时间变得难熬了。因此,如果能帮助旅客打发时间,会极大地起到安抚旅客沮丧心理的作用。其中最有效的方法是转移注意力。比如机上放置有吸引力的杂志、报纸,客舱内播放好听的背景音乐,或播放热点新闻、精彩视频等,以吸引旅客的注意力,减轻其情绪上的焦虑,使旅客感觉时间变快了。有些航空公司在航班上配备延误服务用品箱(内含魔方、扑克牌、彩笔等),也有的航班免费向乘客出借平板电脑,这些做法都可以帮助旅客"缩短"等待中的感知时间,有效稳定旅客的情绪。

三、乘务人员的沟通技巧

航班延误后,乘务人员的沟通技巧非常重要,恰当的语言、非语言及行为可以有效地安抚旅客,避免冲突的发生。

1. 微笑和尊重

表情可以奠定沟通的情绪基调。微笑代表着愉快,让旅客能够感到乘务人员与其交谈时是心情愉快的,是愿意与之沟通的。在这样的氛围中,在"镜面效应"的作用下,绝大多数旅客会选择以礼相待,用相似的情绪回应服务人员。大多数情况下,旅客不会对真诚微笑的服务人员恶语相加。

尊重是贯彻沟通始终的原则，是各种沟通技巧中都需要秉持的精神。乘务人员本着对旅客真诚、尊重的态度进行交流，表现出良好的个人职业素质，可以满足旅客身为消费者的心理需求，是良性沟通的基础。尊重表现在很多方面：如在语言上，下达指令时多用"请"，表达歉意时多用"抱歉"和"对不起"，询问时多用"可以吗"；在态度上，不打断、不批评、多称赞旅客的话语和建议，保持中立和耐心；等等。

2. 观察旅客

乘务人员对旅客的观察从旅客登机的一刻便开始了。经验丰富的乘务人员经常会提到，不同的旅客可以运用不同的对待方法，这不仅是经验之谈，更是服务中较为高级的一个"境界"。那么，这样的经验从何而来呢？第一步便是观察旅客。对于陌生旅客的观察不应只局限于衣着、表情及语言等外部特征，还要观察旅客的性格、职业、身份地位、行为习惯等推测衍生特征。在航班延误中，这样的观察有利于锁定需要关注的旅客，在整体上照顾旅客群体的情绪。

比如，面对西装笔挺、言语不多、专心阅读，即使偶尔表现出焦急，但仍旧安静等待的旅客，乘务人员不要过多的打扰，适时送上一杯水，询问一次是否需要帮助就足够了，因为这类旅客有较强的自控力，可以有效地控制情绪，注意力也比较集中，相对容易沟通一些。乘务人员要多注意情绪易冲动、组织能力较强的旅客，他们更容易成为"群体领袖"。可见，这样的观察有利于乘务人员合理地分配服务，从而更好地掌控全局。

3. 适度的眼神交流

眼神交流是沟通中至关重要的一部分。为了促进交流，乘务人员需要有规律地注视旅客，眼神要温和坚定，让旅客感受到尊重、关切之意。需要注意的是，如果旅客对于眼神交流表现出明显的回避，并且表现得不专心、不耐烦，乘务人员可以适当减少直视旅客，或许这样的眼神交流加剧了旅客的焦虑感。

眼神可以传递出情感，当面对焦急等待的旅客时，乘务人员的目光具有一定的安慰作用。在完成和一位旅客的交谈后，乘务人员用温和关切的目光环顾四周的旅客，让其他旅客也感受到关心，从而可以缓解紧张的氛围。

4. 勇于承认错误

航班延误确实给旅客带来了不便，在安慰焦急等待的旅客时，乘务人员无论从语言还是行为上都应放低姿态，平和、耐心地对待问询和抱怨。在与旅客的沟通中，勇于承认错误和不足是表现低姿态的一种方法。在面对很多旅客的要求、询问、抱怨时，有限的乘务组人员难免会出现对旅客照顾不周，忘记个别旅客要求的情况，有时忙得焦头烂额，无意间流露出疲惫心烦的情绪，对待旅客不够耐心，如果因此引起了旅客的不满，作为乘务人员要勇于承认自己工作的疏忽，向旅客说声"对不起"，及时调整改正，以此换取旅客的理解和原谅。

在航班延误的进程通报中，会出现信息的临时更改，比如航班延误后预计的起飞时间由于某种原因再一次被推迟，而乘务人员之前已经通报了起飞时间，在这样的情况下，相当于乘务人员失信于旅客，乘务人员一定要主动诚恳地向旅客道歉。有些乘务人员认为这样的事情又不是自己的责任，自己不过是"传话筒"，只要继续传话就可以了，这样的想法很容易造成旅客与乘务人员之间的冲突。在旅客看来，信息的发布者是乘务人员，如果信息不准确，那么乘务人员就是欺骗行为。因此，向旅客致歉，简单明了地解释原因，尽量争取旅客的信任,才是正确的做法。

5. 信守诺言,但不轻易许诺

航班延误后,乘务人员恰当的语言与行为可以起到旅客情绪与行为缓冲带的作用,可以缓和旅客的身心压力,也可以制约旅客可能采取的极端行为。面对紧张复杂的情况,乘务人员要信守承诺,做到言必行、行必果,否则一旦失信,会激发旅客的不满和冲突。因此,乘务人员不要轻易向旅客做出承诺,比如航班的起飞时间等。万一向旅客做出承诺而不能履行时,要向旅客致歉,并解释清楚原因,做出相应的补救。对旅客的问题无法给出确切答案时,乘务人员可以向旅客说明原因,同时表示自己会尽力帮助旅客解决问题。只要旅客感觉到对方的诚意,这样的回应是可以被接受的。

6. 确定信息传递到位

在航班延误带来的焦急等待中,沟通质量会受到负面情绪的影响。比如,旅客对于信息的接收速度和质量都会有不同程度的下降,乘务人员也会出现更多的听错话、会错意的情况。在这种情境下,为了避免误会,乘务人员在与旅客沟通时,要有意识地核查自己是否正确理解了旅客的意思,也要核查对方是否清楚了解自己的意思。有一则笑话:一个旅客望着飞机窗外,云层下若隐若现一片湖泊,很惊喜地问旁边的旅伴:"这是什么湖?"没等旅伴回答,传来一句:"咖啡壶。"旅客诧异地抬起头,看见一位乘务人员正纳闷地捧着咖啡壶站在过道上。这是一次充满幽默感的误会,但是我们从中可以看到,信息的传递受到环境、语境影响,也受到说者及听者心理状态及行为习惯的影响。在正常情况下信息传递尚且可能不完全、不准确,更不要说航班延误后人们在封闭客舱中焦急等待这种特殊情境下了。

在确认信息时,乘务人员也不能表现得过于生硬,可以用婉转语调表达。比如,听旅客说完,可以简述旅客的话,再加一句"我这样理解对吗?""我说的是您的意思吗?"在确认旅客对自己的理解是否准确时,乘务人员可以这样询问:"不知道我解释清楚了没有?""我这样解释可以吗?"等。

7. 提升劝导技巧

在航班延误事件中,旅客和乘务人员存在分歧甚至发生冲突都在所难免。怎样才能化解冲突,达到和解的结果呢?主要还是要依靠双方的沟通,使得双方达成相互理解。作为沟通中主动的一方,服务人员对于旅客要耐心倾听,尽量通俗明白地进行解释,减少误解和冲突。

一旦发生误会与冲突,劝导工作就显得非常重要了。不同的乘务人员对旅客的劝导效果是不同的。工作级别越高的人说话越有权威性,不是因为他们真的可以提供更多信息,而是因为他们头上有"光环"。另外,说话的语气、语速以及身体语言也影响着劝导效果。较快的语速、精炼的用词、不卑不亢的语气,以及果断干练的手势和行动都更有助于征服听众。这就要求乘务人员在面对旅客时,要有足够的信心和准备,语言组织不要拖泥带水,更不能表现出模棱两可的态度,要使旅客明白,现有的情况到底是怎样的,乘务人员已经做了哪些工作,还有哪些问题需要解决。最重要的是,通过一定的沟通内容和形式,传递给对方一个信念:"我们承诺在努力工作,为旅客提供专业的信息,请相信我们!"

乘务人员表达的通俗性也影响着劝导效果。旅客经常抱怨听不懂工作人员在说什么,比如工作人员说航班延误是因为空中管制,但很多旅客不了解什么是空中管制,却宁愿相信这只是个借口。所以,乘务人员的表达要尽量通俗易懂,否则解释越多,可能误会越大。

8. 乘务人员要不断进行自身的心理调节

空中服务是项高尚而辛苦的工作,人们通常只看到它的光鲜亮丽,却不知其背后的辛酸和责任重大,乘务人员只有不断主动地进行身心调节,才能使自己一直精神饱满,保证优质的机上服务。

在航班延误的情况下,乘务人员承担了巨大的身心压力,这就需要团队的支持。首先,团队内要保持交流通畅,每一位乘务人员都有快乐、苦恼、困惑和委屈,要尽量与其他成员分享,从而及时获得来自外界的支持。埋头应对旅客、与团队隔绝的方式很容易造成工作的不便,也会使自己心理负荷过重。其次,团队中经验较为丰富的乘务人员应该主动承担责任,安慰鼓励其他组员,传授经验和心得。最后,在应对旅客过程中,每个乘务人员不仅要有"独当一面"的能力和责任感,也要具备团队意识,信任和依靠其他组员,相互分担,相互"补台"。

乘务人员自身的心理调节方式因人而异。在航班延误这种特殊情况下,乘务人员的心理调节要快速有效、简单易行,最重要的是不能影响工作。调节呼吸是较为常见的自我调节方法,在工作中可以运用其"精简版":闭上双眼,进行3～5个深呼吸,尽可能缓慢地把气吸入腹腔,再慢慢吐出来,这样的练习通常可以有效地缓解身体的紧张感。积极的自我暗示也行之有效,比如对自己说要坚持,挫折是对自己的磨炼;或者想象飞行结束后愉快、幸福的休息日,以此鼓励自己顺利完成工作。

案例分析

航班延误引发旅客"绝食"

一架由上海飞往伦敦的航班,旅客正常登机,正准备关门时,地面通知说还要增加12位旅客,但这些旅客还在厦门飞往上海的旅途中,约30分钟后降落上海,让机组人员及旅客在机上等待。结果,这一等就等了一个多小时,旅客纷纷表示不满,并开始质疑。乘务人员利用广播将基本情况告知旅客,同时发放书报杂志及饮料,但旅客还是很不满意。令旅客不满的不仅仅是航班延误,原定13:30起飞的航班,很多旅客都没有吃午饭,个个饥肠辘辘。厦门飞机落地后,旅客又被拉去安检、过关、办理行李托运,问谁谁也不知道还要等多久。

飞机终于起飞后,头等舱一位旅客在非常不满意的情况下提前睡了,一路上拒绝吃饭,十三个小时的航班,未吃一顿饭,未喝一杯水,使乘务人员非常不安。

分析与讨论:本案例中旅客主要有哪些心理状况?你认为乘务人员可以做些什么,才能避免让旅客如此不满?

第二节
机上非犯罪情境下的服务

对于绝大多数乘务人员来说,提供常规情境下客舱服务的能力是毋庸置疑的,但在出现

突发情况时常常会感到不知所措。除了机上犯罪,其他突发情况一般包括:飞机故障、旅客身体不适及旅客精神障碍等。在出现这类问题时,乘务人员应当始终将旅客的安全和情绪稳定放在第一位,通过沟通、疏导、发布指令及采取强制手段等方式维护客舱秩序,保障旅客和机组人员的安全,要做到这些,乘务人员需要充足的专业知识、过硬的心理素质和大量的实践经验。

一、飞机故障

当飞机遇到故障时,旅客的焦虑和不安是乘务人员面对的首要问题。如何安抚旅客,使旅客保持镇定,并且按照自己的指示去行动对乘务人员来说是至关重要的。有些乘务人员之所以在面对特殊情况时失去控制,因为他们没有从旅客的角度换位思考。对于乘务人员来说,一些颠簸和故障也许司空见惯,但对于旅客来说,如果他/她感觉到生命受到威胁,会感到极度的不安与危机感,其想法和行动都可能失控。如果这时乘务人员仍以自己的感受和习惯性反应来对待旅客,很可能会激发一些旅客比较极端的反应,从而控制不好客舱内的局面。

当旅客感知到飞机故障时,会出现哪些心理现象,乘务人员又该如何安抚旅客呢?

1.旅客的心理反应

(1)惊惧与恐慌

有些飞机故障是旅客能够感知到的,比如颠簸、机上设施使用受阻等。当旅客知晓飞机出现故障时,情绪通常会立刻变得紧张、恐慌,不安全感加剧。在这类情绪作用下,人的认知范围会变窄,比如听不懂别人的话,反应速度会变慢,行动也会没那么灵活,身体会出现排汗、心跳加快等一系列反应。有些旅客还会出现过度反应,比如大喊大叫,出现幻觉或幻想,觉得自己听到或闻到了什么,或者认为"这架飞机完蛋了",而实际情况并没有那么严重。

(2)从众心理

本书第八章的群体理论描述过群体对个体的影响,其中从众是群体中的个体很容易出现的行为,尤其是个体在情绪不稳定、六神无主的情况下,特别容易从众。比如,在一次故障处理中,后排的一位旅客突然捂着鼻部和嘴部,迫不及待地向前排奔去,附近的旅客不明就里,亦起身快步走向前排。乘务人员后来询问才得知,第一个跑向前排的旅客知道飞机出现了一点小故障,但还是非常紧张,越想越害怕,觉得爆炸马上就要发生了,强烈的心理暗示导致他好像闻到了焦糊味道,所以才向前排奔去,其他旅客则是在模仿他的行为。事实上,这个时候故障已经基本解除,是不可能有这种味道的,而当时其同排旅客也并未闻到任何味道。还有些旅客在异常紧急的情况下,不听从乘务人员指挥,反而跟随其他旅客乱来,耽误时间,严重的话可能会导致不可挽回的后果。这都是旅客在紧急情况下从众行为的表现。

2.乘务人员的服务策略

①及时安抚旅客情绪。遇到飞机故障,乘务人员除了冷静地向旅客通报相关情况、指挥旅客做好相应的准备之外,安抚旅客情绪是首要的。旅客大多都很紧张、焦虑,有的甚至感觉到恐惧,这些情绪源自对飞行安全的担心,因此,乘务人员要向旅客源源不断地输送信心和希望。这需要乘务人员具备一定的共情能力,要能充分理解旅客的内心感受,尽力站在旅客的角度,表达关心与安慰,使旅客情绪维持在理性、稳定的状态中。

飞机出现故障时,乘务人员与旅客之间可能出现各种交流场景,表11-1列出了乘务人员对旅客回应时表现出来的不同共情层次。共情层次越高,说明乘务人员越理解旅客的想法、感受和需要。表中第四、第五层次的共情对旅客表达了充分的理解,并且引导旅客的思路,使之转向积极、现实的方面,而不是任由旅客处于紧张情绪和胡思乱想当中。

技能练习

情境:旅客抱怨:"怎么这么倒霉,遇到故障,飞机还能出现这种事情。"乘务人员可能有不同的回应,如表11-1所示。

飞机故障时乘务人员共情表达的五个层次　　　　　表11-1

共情层次	语言回应	分析
层次一	先生(女士),故障很常见的	没有体察旅客的感受,完全忽视了旅客焦虑的心情
层次二	先生(女士),不用担心,马上就修好了	虽然意识到了旅客的感受,但并没有给予足够的尊重和关注
层次三	先生(女士),请您稍等,很快就会修好,我们已经在抢修了	对旅客的感受给予了重视,借助交代故障维修的进展来缓解旅客的焦虑
层次四	先生(女士),专业人员在抢修过程中,您不要着急,有什么需要的请随时告诉我们	既交代了故障维修情况,又安抚了旅客情绪,邀请旅客一起等待
层次五	先生(女士),请您不用担心,专业人员正在抢修,相信很快就能够修好了,您需要些什么吗	交代故障维修情况,缓解旅客的焦虑,同时以疑问句结尾来引导旅客把思路转向自身需要方面,舒缓紧张气氛

从表11-1中,你感受到不同共情层次的不同了吗?假设一个类似的客舱服务情境,和同伴一起练习。假如你是一名乘务人员,在此情境下,你会如何表达对旅客的共情?

②应激状态下的信息沟通。当旅客的情绪处于惶恐的应激状态时,一般的对话沟通方式是不太奏效的。乘务人员要提高音量,以击掌等方式吸引旅客的注意,还要不断重复指令,尤其是那些重点操作和提示。对于情绪反应较大的旅客,尽可能地与其保持眼神接触与积极沟通,这样可以快速地传递积极信息,帮助其恢复现实感。

二、身体不适

航班飞行过程中遇到有旅客身体不适的情况并不多见,而一旦出现,就是对乘务人员团队专业能力的极大考验。不同的旅客群体可能需要不同的医护援助,婴儿和儿童大多有监护人,乘务人员可以迅速地了解情况,老年旅客如果是独自旅行就会棘手一些,需要专业医生的救助。另外,孕妇虽然是比较小的群体,在航班上出现突发状况也是有可能的。除了这些相对特殊的旅客群体,普通旅客如果感到身体不适也应引起乘务人员的关注。适当的询问和陪伴可以在一定程度上缓解旅客的紧张、无助,也可以降低因无法及时处置而带来的风险。在旅客出现身体不适时,乘务人员应如何处理呢?

1. 建立关系

在旅客出现身体不适时,乘务人员应上前询问,并提供帮助。尽管乘务人员受过专业的训练,并且表现出热情和善意,但并非每位旅客都会欣然接受乘务人员的帮助,这是因为旅客和乘务人员的关系还很陌生,而当人们在身体虚弱、需要他人照料时,更喜欢那些可以进入自己"安全范围"的人接近自己,这是人类出于自我保护使然,是人类千百年进化的结果,航班上的旅客也不例外。这就需要乘务人员首先要在极短的时间内与旅客建立信任关系。这里所说的关系并非完全的双向关系,更强调旅客对乘务人员的信任。在建立关系的过程中,尊重、理解、接纳与真诚等都是很重要的因素,下面我们重点强调四个细节:

(1)面向来访者

在询问旅客身体状况的时候,乘务人员要保持正面面向旅客,正面面向给人更尊重、重视和专注的感觉,有利于双方关系的建立。如果旅客坐在座位上,为了表达自己愿意的诚意,使旅客更少地感受到威胁和压力,乘务人员最好采用蹲姿,降低自己的高度,使旅客有微微俯视乘务人员的感觉。如果客舱环境不允许,无法蹲下询问旅客,只能采取俯下上身的动作,乘务人员一定要尽量将自己眼睛的水平线与旅客保持一致,不要俯视旅客。要注意调整与旅客之间的距离,如果乘务人员的位置造成旅客头部或身体的后移,要及时拉开距离,使旅客更舒适一些。

(2)目光交流

人们常说眼睛是心灵的窗户,在客舱服务当中更是如此。乘务人员的态度不仅要靠行动来表达,也需要通过眼神交流来传递。当旅客感到身体不适时,乘务人员的主动询问会拉近彼此的距离,同时,旅客常会寻求进一步的信息确认,目光交流就是一种直接有效的方法,乘务人员坚定、温和的目光可以向旅客传递"我们愿意帮助你,我们可以帮助你"的信息,使旅客感受到真诚的理解、尊重和接纳。

(3)主动聆听

所谓主动聆听,是指乘务人员在交流过程中主动回应旅客,而不是木然地接收对方的信息。比如,旅客在尝试描述身体不适的感受时,乘务人员要及时反馈,主动询问自己的理解是否正确,从而确认旅客的身体到底哪里不舒服、需要怎样的帮助等信息。在不断地重复和解释中,让旅客感受到乘务人员在认真地聆听,并且重视他所有的感受,那么,旅客自然会愿意接受更进一步的帮助。

(4)观察旅客的身体语言

乘务人员在与旅客的沟通中,要注意旅客的身体语言,如表情、动作及手势。有的旅客由于身体状况比较严重,无法准确地表达其身体感受,有的则因为对乘务人员心存戒备,不能完全告知乘务人员真实的信息。无论什么原因,当旅客的身体语言与其言语不符时,就需要乘务人员进行判别。例如,在一次飞行中,一位男士旅客感到胃部不适,乘务人员及时察觉并上前询问,旅客一边回答没事,一边将手下意识地放在胃部。乘务人员积极与其沟通,提出是否胃部不适、是否需要饮用热水、是否带药等问题,旅客感受到了乘务人员的诚意,最终欣然接受了帮助。

2. 注意文化差异

在世界一体化的推进下,各种文化的差异正在一点点缩小。但来自不同地区、具有不同宗教的人群间仍然存在着明显的文化差异。在客舱服务过程中，如果旅客感到身体不适或者遇到其他困难，文化背景并不是决定其是否会向他人求助的重要因素。

不过，当给予旅客照料的时候，要注意文化禁忌。比如，在西方，人们是回避"cancer"（癌症）这个词汇的，通常会用"the big C"来指代，如果某位旅客向你说明自己有"the big C"，所以现在感到不适，那么，乘务人员应该心领神会，避免再提"cancer"一词。在遇到来自阿拉伯国家的旅客时，如果发现其身体感到不适，应简单询问，不要表现得过于热情，尤其是对于女性旅客，更不要表现出"过分的关注"，因为在阿拉伯国家的习俗中，这样做是极为不礼貌的。

3. 注意性别差异

无论在东方文化还是西方文化，男性都被赋予强大坚毅的形象，这使男性在遇到困难时，不愿意或者不善于寻求帮助，在飞机客舱中也不例外。飞机上的乘务人员绝大多数都是女性，在一些男性看来，向女性寻求帮助是一件不太光彩的事，只有在万不得已时才有可能发出求助信号。当男性旅客拒绝乘务人员的帮助时，如果情况不是很严重，建议乘务人员尊重旅客的意愿，顺应旅客，不必再三劝说，但要对此旅客多加关注，观察情况是否有变；如果情况变得严重，旅客不适的感受加剧，要及时提供帮助和照料。

4. 运用权威的影响

在遇到旅客身体不适的情况时，级别越高的乘务人员越能给予旅客心理安慰。级别越高，表明该乘务人员权威性越高，经验越丰富，专业素养越高，旅客更加信任级别高的乘务人员，这是运用权威提升影响力的好例子。因此，当遇到有抵触情绪的旅客时，不妨把自己的级别和资质如实相告，以此换取旅客的信任，也许旅客的态度就会有所转变。

三、精神疾病发作

精神疾病在精神病学中有统一、专业的分类，在法律层面上患者是否具备责任能力，具体情况要具体分析。如果旅客在飞机上发作精神疾病，乘务人员首要考虑的问题是安全，包括该旅客的安全、其他旅客的安全以及飞行器本身的安全。

乘务人员要注意两点。其一，乘务人员不是专业的医疗工作者，对旅客精神状态的判断未必准确，但无论旅客的精神状态如何，一旦对正常的飞行秩序造成影响，甚至危及飞行安全时，乘务人员一定要有所行动，按照危机处置原则处理。在对精神障碍旅客的后续安排或处理中，各国或各大航空公司的规定有所不同。其二，乘务人员不是专业的法律工作者，对旅客刑事责任能力的判断也不一定准确，但这不应影响乘务人员对疑似精神障碍旅客的"破坏"行为进行制止。旅客精神状态和刑事责任能力的认定可交予地面医院和司法部门进行。乘务人员只需要简要了解常见精神疾病的症状，以便识别和控制客舱中精神疾病发作的旅客，保证航班的安全飞行。通过察言观色、评估情绪等方式，乘务人员可以及早判断某旅客在精神上是否表现出异常。如果旅客虽然表现异常，比如好像在和什么人对话，听起来不合逻辑，但他/她情绪比较稳定的话，那么乘务人员注意不要激惹他/她。关心有时是一种安抚，也可能成为一种激惹，所以在情况稳定的情况下，先采用"什么都不做，维持现状"的策略比较好。对于这类旅客，乘务人员的一言一行都需要小心谨慎，原则上不激惹、不冲突，保证安全。

旅客精神疾病发作后,可能有自伤行为或伤害他人的行为。下面从两个方面来阐述乘务人员的处置策略。

1. 自我伤害

很多精神疾病患者都有自残的倾向或行为,这也是这类患者需要受到约束的原因。如果从旅客登机开始,乘务人员就知晓哪位旅客需要特殊对待,情况就简单得多,因为在这样的情况下,该旅客会有专职的医护人员跟随。如果旅客登机时处于比较稳定的状态,没有专业医护人员或家人看护,在空间密闭狭小的客舱内,在某些条件刺激下,导致其疾病发作,就需要乘务人员独立进行处理了。在精神疾病发作期间,病人可能失去理性,有些患者可能会利用一切工具伤害自己,比如用头撞向四壁,同时语无伦次,可能还会将伤害展示给他人看。出现这种情况时,乘务人员,尤其是安全员,首先要做的就是将其制服,限制其行动,并将其与其他旅客隔离,派专人对其进行监管。

在一次飞行中,有一位旅客突然拿着一支铅笔,用笔尖抵住颈动脉,站在过道中间,威胁乘务人员不要靠近他。机组成员和其他旅客都被眼前的一幕惊呆了。该旅客带着哭腔说:"不要靠近我,我不回去,回去还不如去死……"过了一会儿,他又开始哼歌,询问周围的旅客是否认识他,说他是学校的"三好学生"。看到这些表现,机组人员基本判定其精神状态异常,必须予以制服。在这位旅客与其他旅客说话的空档,安全员成功夺下了他手中的铅笔,并将其按倒在地。后来经过调查,这位旅客曾患有精神分裂症,乘坐飞机前病情已经基本稳定,这次是去姐姐家,结果在航班上病情复发,如果当时乘务人员没有成功将其制服,他很有可能对他自己及周围旅客造成伤害。

2. 伤害他人

比起伤害自己的精神障碍旅客,那些会伤害他人的精神障碍旅客更需要乘务员和安全员的约束。很多精神障碍患者会对他人产生敌对,如被害妄想,认为有人要伤害自己,甚至无法识别他人身份、意识混乱、语言错乱,在生存本能的驱使下,不惜伤害他人以"逃离危险"。在这种情况下,乘务员和安全员为了避免其做出伤害其他旅客的举动,应该首先尝试通过谈话使其平静,不要过于强迫,以免其过于激动而挟持人质。同时要清楚,这位旅客精神状态不稳定,不具有长时间谈判的基础,他随时都有可能突然改变态度伤害他人,所以将其制服才是最终目的,谈判只是用来分散其注意力,为突袭做准备。

精神病人案例在机上并不很多,在国外资料中曾有这样一则记录:一名男性旅客坐在座位上紧张地四处张望,腿一直在抖动。乘务员注意到这位旅客并上前询问,这位旅客小声地告诉乘务员:他们来了,他们要杀我,他们就在飞机上。一边说一边不停地观察其他旅客。乘务员站起身环顾周围,没有发现可疑人员,遂告知旅客自己没有发现所谓的"他们"。旅客听后突然掐住乘务员的脖子,并大声叫喊:"我知道你就是,我要杀了你!"客舱内一片混乱,及时赶到的安全员击昏了这位旅客,解救了乘务员。后经调查得知,这名旅客患有较为严重的精神分裂症,最近一段时间内没有按时服药,导致病情恶化,他乘坐飞机离开家乡也是为了逃离其被害妄想中"追杀他的那群人"。

需要明确的是,并不是所有的精神障碍患者都会有攻击行为,通常,精神分裂症、偏执性精神病和情感性精神障碍患者中的一部分可能具有暴力攻击行为的可能性,我们要理性认识到精神障碍,避免形成偏见。

延伸阅读　　精神分裂症的基本症状

1. 幻觉

幻觉是精神障碍患者常见的一种感知觉障碍。其中幻听是最常见的,患者把他人的交流声、广播声、打骂声一概视为针对自己,经常无中生有的侧耳静听、恐惧愤怒、对空谩骂,甚至实施危险行为进行报复或自杀,还可导致恐怖情绪或被害妄想而产生冲动性伤害行为。幻视也较为常见,幻视内容既可能是鲜明、生动、具体的形象,也可能是模糊不清、难以捉摸的形象,多为恐怖、凶恶的妖魔、鬼怪、猛兽等。这些"景象"使患者恐惧不安,极力进行挣扎和反抗,此时可能发生难以制止的攻击行为。幻嗅是另一表现:精神分裂症患者出现幻嗅时,往往可加强其妄想信念,坚信别人为了毒害他而有意地施加了毒物,因而出现拒食或伤人行为。与幻嗅相似,幻味常与幻嗅及被害妄想同时出现,以尝到饮料或食物中有奇特怪味为特征,伴随出现被毒妄想时,就会实施伤害性行为。此外,还有幻触、内脏幻觉、运动性幻觉、感知觉综合障碍等。

2. 妄想

妄想是常见的思维过程障碍,被害妄想是精神分裂症患者基本症状之一,而且在被害妄想的驱动下,患者常常发生防御或攻击行为。

(1) 被害妄想。患者无端的坚信某人、某一集团对他进行打击和迫害,往往从怀疑开始进而发展为被害妄想。这种人出于报复和愤怒,可能书写和散布反社会言论,实施攻击、伤害等危险暴力行为;也可能自杀,或者拒食、绝食。

(2) 嫉妒妄想。表现为猜疑配偶有外遇,常常对其夫(妻)进行盯梢追迹,跟踪偷听。如果偶见其夫(妻)与异性交谈,便认为两人已发生两性关系,其怀疑嫉妒的对象可以泛化为很多人,虽然经各方面核实,证明其猜疑毫无根据,患者也往往以残暴手段威胁或逼迫其夫(妻)承认和"坦白交代",因而严重伤害对方的情感、尊严甚至生命。

(3) 关系妄想。患者将周围环境中本来与己无关的人、现象、情境或偶然巧合的事物,都认为与自己有牵连、与自己的利害得失相关,或认为周围一切都针对他。这种妄想早期不易引起人们的注意,待形成固定的妄想信念以后,就常会作出某些攻击、伤害性行为。

第三节
犯罪情境下的应对

　　机上犯罪对客舱安全是最大的威胁。毋庸置疑,乘务员和安全员都担负着保卫机上安全的责任。或许,有些乘务员有些不解,安全方面的事情不是有安全员吗?和我们有关系吗?其实,这是一个错误的观念,在客舱这样一个相对封闭、狭窄的空间里,没有人是可以离开别人而谈论自己的责任的,也没有人是不需要他人帮助而独自完成工作的,安全员需要乘务员的协助,乘务员也需要安全员来保障服务的顺利进行。

在众多机上犯罪中,劫机炸机是最严重的一种,自美国"9·11"恐怖袭击事件之后,各国已经把劫机炸机类事件从机上犯罪中独立出来,作为威胁国家安全的重大特大事件处理。所以,本节以下的内容也将对普通机上犯罪和劫机炸机分别进行探讨。

机上犯罪行为通常有较为严格的法律界定,在民航领域,民航法律法规和刑法是较为主要的定罪依据。乘务人员应该对机上犯罪有一定的了解,才能更好地识别和应对机上犯罪。机上犯罪类型按照严重程度可宏观划分为三种类型:一般犯罪、暴力行为和劫机炸机。其中一般犯罪泛指没有过多身体冲突、通常不会造成人员受伤的犯罪行为,如机上盗窃。暴力行为指涉嫌犯罪的旅客与空勤人员及其他乘客有一定的肢体接触,有可能伤害、威胁到他人生命及财产安全的行为,比如冲撞驾驶舱。劫机炸机则是严重危害空防安全的行为,也是现今民航领域最大的安全威胁。

一、应对一般犯罪

飞机上最常见的犯罪行为是盗窃,也有旅客故意散播虚假消息,扰乱航空秩序,还有旅客故意破坏、移动航空器上的设施,危及航空安全,我们将这些犯罪行为统称为一般犯罪。

乘务人员应该如何应对机上一般犯罪呢?

1. 团队协作

无论面对什么类型的犯罪,都需要明确:所有空勤人员是一个团队,团结协作才可能解决机上的犯罪行为。启动应对机制的是客舱安全的负责人——安全员,同时,空乘人员也要给予帮助,听从安全员的统一安排。

2. 通知机长,取得授权

在客舱中,安全员和乘务员对犯罪行为的处理全权负责,但这是基于机长的授权。机长在整个航班事务中拥有最高指挥权,众多的国际公约也无一例外地强调了机长在客舱中不容置疑的权力,所以在处理犯罪行为前,理论上要先通知机长,取得其同意,才可以实施处置。但客舱里的情况瞬息万变,在没有时间、没有办法与机长取得联系的情况下,不同的航空公司有着不同的规定和准则,未来是否会统一流程,需要进一步探讨。

3. 收集证据

在处置机上犯罪行为时,收集证据非常重要。机上安全员在客舱外并不具备处理犯罪行为的权力和资格,犯罪嫌疑人将被移交给地面公安机关,案件的审理将需要证据,因此,乘务人员收集机上犯罪证据是不容忽视的一环。

4. 安抚旅客

在封闭、狭窄的客舱空间内,机上犯罪行为的发生和处理很难不被其他旅客察觉,旅客一旦知道机上有人犯罪,很容易害怕、恐慌,因此,乘务人员除了应对犯罪嫌疑人,还要尽可能安抚其他旅客,使其不要慌乱,在安全的区域尽量留在自己的座位上面。将旅客对事件的知晓范围控制在最小,是一个不错的选择。如果不需要旅客协助,而犯罪嫌疑人又没有将犯罪行为暴露在外,不必告知旅客事情真相。如果犯罪行为已暴露,旅客已目睹事件过程,那么,乘务员的主要职责是安抚旅客,配合安全员应对突发状况,安全员则集中精力应对犯罪嫌疑人,制止其犯罪行为。

案例阅读

机上盗窃虽然成本较高，但由于收益可观，还是吸引了很多犯罪分子铤而走险。在一次执勤中，乘务员F告诉空警D有名乘客很可疑，经常起来拿东西，但找了半天什么都没拿就回座位了，没过多久又会起身在另外的行李架上面寻找。但在乘务员F的印象中，这位旅客并没有带太多的行李。空警D立即警觉起来，要求乘务员以送毯子为由借机询问刚才行李架下方的旅客，是否携带贵重物品或是大量现金，结果发现果然有位先生随身携带了一笔现金。乘务员按照空警的指示，示意旅客不要惊慌，不要打草惊蛇，将事件交给航班工作人员来解决。在通知机长之后，航班落地，地面公安介入调查，全体乘客暂时留在客舱内，不许走动。在乘务员和空警的配合下，地面公安很快锁定了犯罪嫌疑人，并找到了丢失的现金，将"空中飞贼"绳之以法。

二、应对暴力行为

在面对民航客舱里的暴力行为时，除了要注意如上文"一般犯罪"中所探讨的四点外，还要考虑航前准备会上的空防预案，由于空防预案牵涉到保密，本章就不进行详细讨论了。以下三点是乘务员和安全员都要努力做到的。

1. 尝试与暴力行为者沟通，尽可能展开对话和谈判

客舱中发生的暴力事件也属于危机事件，由于无法在短时间内获得地面力量支援，只能依靠机上的空勤人员，由于人力物力有限，对话和谈判成为一种首选的应对方式。对话或谈判在危机事件的解决中一直占有比较重要的地位，因为这种方式可以避免不必要的伤亡，把损失降到最低。危机谈判涉及很多原则和技巧，由于暴力行为和劫机炸机从情境上有相似之处，只是严重性不同，所以，关于危机谈判，我们将在讨论劫机炸机时详细进行描述。

2. 不仅要安抚旅客，更要时刻观察旅客，防止意外发生

在发生暴力事件的时候，安抚旅客的工作非常重要，不然人群的骚动很容易造成飞机失衡。同时，乘务人员要始终警惕，时刻观察旅客中是否隐藏着可疑分子，一旦发现，必须对其进行重点监控，防止其干扰事件的解决。这一职责通常由乘务员担任，因为乘务员对旅客更为熟悉，在服务过程中实施监控也更为方便。在此过程中，乘务员要保护好自己，不要轻易下结论或采取行动，观察时要耐心，并和可疑分子保持适当的距离。

3. 竭尽全力保证驾驶舱的安全

处理客舱暴力事件的原则之一就是保证驾驶舱的安全。如果驾驶舱失陷，随之而来的危险就不言而喻了。如果暴力行为者要求面见驾驶舱内人员，乘务员和安全员要做的就是尽量拖延时间，不能轻易满足其要求；如果暴力行为者试图强行闯入驾驶舱，那么，所有客舱工作人员都要对其进行阻止，保护驾驶舱。

案例阅读

在民航安检尚不严密的20世纪80年代,一位先生在航班起飞半个小时后,起身站在客舱通道中间拿出了早已准备好的水果刀,架在自己的脖子上面,逼迫乘务员带其面见机长。乘务员通过对这位旅客的观察发现,其精神状态异常紧张焦虑,额头不断有汗水流下。乘务员于是推脱说,现在飞机还没有平稳,机长不能离开驾驶舱,请这位旅客稍微等一下,等飞机平稳飞行后立即通知机长。乘务员表现出的态度非常诚恳,也没有试图接近这位旅客,这位旅客迟疑了一会儿,表示同意。接着,乘务员倒了杯水,放在距离该旅客两米的位置,并询问起旅客的情况。旅客开始不愿意应答,只是流露出很悲伤的表情。乘务员随即询问了其家庭,旅客立即激动起来,乘务员大致确定其异常行为的动机来源于家庭。乘务员继续与之沟通,诱导其讲述更多细节。果然,该旅客说,妻子与他离了婚,妻子限制其见孩子,他想利用劫机威胁警方,见上孩子一面,并说自己不想伤害任何人。乘务员继续和他探讨其他解决问题的方式,说认识很专业的律师,并且承诺会为他提供帮助。随后,有位年长的旅客也主动站出来劝导他,鼓励他放弃这种极端的方式。40分钟后,这位制造危机的旅客放下了手中的水果刀。不多时,飞机备降,警方控制了这名旅客。驾驶舱全程没有受到威胁,一次危险的劫机暴力事件得以和平解决。

三、关于劫机炸机

自从美国"9·11"事件发生以来,全球空防形势趋于紧张,一般来说,劫机炸机与恐怖主义有着千丝万缕的联系。下面我们从较为宏观的角度讨论劫机炸机,并重点介绍一下危机谈判。

1. 空防形势

空防形势的严峻是每个民航业成员都能感受到的。"9·11"恐怖事件的发生让所有人认识到:当民航客机被用作恐怖主义的武器时,民众、家庭、国家都会受到无法想象的伤害;劫机行为从"求生"转为"求死"。基于此,解决这类事件的主要方法和手段,从谈判安抚转为武力制服,航空公司对安全的重视也达到了一种空前的高度。

我国也曾深受恐怖主义困扰,尤其是新疆地区,曾经笼罩在恐怖主义的阴霾之下,发生过"6·29"恐怖劫机炸机事件。

2. 恐怖主义

"9·11"事件改变了世界对恐怖主义和恐怖分子的认识。从遥远的概念到实际发生在身边的灾难,短短几个小时让世界对恐怖主义的态度产生了巨大的变化。随着社会对恐怖主义认识的加深,更多的学术资源被投入到对于恐怖分子心理状态和动机的研究。在人们原本的印象中,恐怖分子都是精神变态者或精神病患者,这种既定形象正逐渐被新的研究成果所推翻。

"恐怖主义"是个负面词汇,连恐怖分子自己都不喜欢使用。实际上,绝大多数的恐怖分子从不认为自己是恐怖分子,他们将自己看作为了信仰和自由而随时准备牺牲的战士,是高尚的人。恐怖主义的门槛没有我们认为的那么高,恐怖分子更不是一群特殊的人:他们可能是平时和蔼可亲的邻居,也可能是曾经的法律捍卫者;而从普通人到恐怖分子之间的转化也并不是沧海桑田式的巨变,他们仍旧是他们,他们甚至会同情在恐怖事件中受到伤害的人们,并且拥有正常的认知和情绪体验。

恐怖主义的定义很多,在这里引用沃尔特·拉奎尔(Walter Laqueur)1987年的较为宽泛的定义:为了一定的政治目的,非法使用暴力来威胁他人或其财产。恐怖分子往往意欲胁迫或强迫政府、团体、个人,改变其行为或政治立场。恐怖行为大致分为四类:组织间的(如有组织的犯罪)、组织与国家间的(如塔利班组织和美国政府)、国家与组织间的(如纳粹屠杀)以及国家间的(如战争)。

延伸阅读　　　　　　　恐怖主义中权威的力量

在恐怖活动中有一种力量非同小可,那就是权威的力量。社会心理学家的研究很早以前就证明了权威在群体中的影响(Milgram,1971),顺从权威可以大大降低道德上的内疚感,将责任转移到权威身上。

斯坦福大学的心理学教授菲利普·津巴多在1972年曾设计和实施了著名的"斯坦福监狱实验"以模拟监狱,来验证角色认同对一个人行为的影响力,实验的过程如下:

津巴多在1972年和他的同事一起进行了模拟监狱实验。实验中津巴多雇用了24名学生,这些学生都满足身心健康、人格正常、遵纪守法等作为普通学生的特征,随机选择12名扮演"囚犯",12名扮演"看守"。实验为期两周,在这两周里,"囚犯"要像真的囚犯一样生活作息,而"看守"负责维持秩序、看管囚犯,完全模拟监狱里面的状态,除此之外,对这两组扮演者并没有过多的要求。随着时间推移,"囚犯"很快承认了"看守"的权威地位,"看守"也开始对"囚犯"进行虐待,扮演者们完全融入到了实验的角色中,丧失了理智。最后,实验不得不在开始后6天提前结束。

此实验说明,人们往往扮演着各自被赋予的社会角色,而一旦角色发生改变,行为方式也会跟着变化。这就不难理解为什么一些普通的民众在加入恐怖组织后,能作出惨绝人寰的事情,因为他们只是按照自己的新角色来要求自己罢了。

如果你对此模拟实验感兴趣,可以观看根据此实验改编而成的德国电影《死亡实验》(2001),或可获得更直观的感受。

3. 危机谈判

面对机上恐怖威胁,机组成员的冷静机智、团结协作是非常重要的。在最初面对恐怖分子时,乘务人员要努力与对方周旋、谈判,在能够对话沟通的时候绝对不应轻易采取武力制服的行动。虽然在多次恐怖分子劫机炸机的事件中,对话和谈判并没有发挥力挽狂澜的作用,但至少可以起到拖延时间、减慢对方的攻击节奏的效果。

在危机谈判的过程中,作为谈判员的安全员或是乘务员需要掌握的核心技术是"积极聆听"。只有听懂了危机制造者的语言,才可能作出恰当的反应,保护旅客和自己。积极聆听的技巧包括以下几个方面。

（1）反映。"反映"是指复述危机制造者的话，或是其关键字词。在刚刚介入危机谈判的时候，双方相互并不了解，为了避免沟通有误，也为了打破僵局，最保险的方法就是重复危机制造者的话，如果其语句过长，也可以抓住关键字词，简单复述，值得注意的是，谈判员不要轻易替换对方关键字词，因为每个人的认知加工系统不同，谈判员或许认为"同义替换"还是在复述对方的意思，但有可能引起对方的误解和反感，激化对方情绪。

例："我的父母不喜欢我，我做什么都得不到他们的称赞。"
反映："你觉得你做什么都得不到父母的称赞，对吗？"

（2）解释。"解释"与"反映"有所不同，虽然也是用来确定危机制造者的话，但谈判员所作回应用的是自己的语言。解释的使用不仅可以确保谈判员始终与危机制造者的理解同步，还可以表明谈判员专心、关注的态度，从危机制造者的角度理解其意图，也有利于双方建立良好的信任关系。

例："他们就这样炒了我，太不公平了，我为公司牺牲了那么多。"
解释："在你为公司付出很多，公司解雇了你，这太让你感到生气了，这是为什么你现在会做这些的原因。"

（3）确认对方的情绪。确认对方的情绪是指谈判员通过描述对方的情绪，来确认自己对对方情绪的感知是正确的，同时，这种对对方情绪的共情反应会使对方觉得谈判员愿意理解他，从而稳定对方的情绪。因为每个人读取他人情绪的能力各不相同，作为谈判员的机组成员能否在紧张的氛围中准确地捕捉到对方情绪，进而准确了解对方的身心状态，是异常重要的。如果谈判员不能

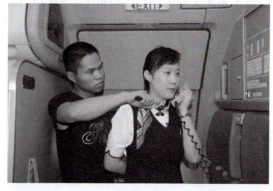

准确理解对方情感，很可能使对方更加不耐烦、更加生气，所以，情绪共鸣可以是谈判中的利器，不准确的情绪感知也可能使谈判效果适得其反。

比如，在一次自杀事件的谈判中，谈判员感觉到企图自杀者对父母怀有一定的愤怒，却忽视了其内心深藏的绝望，在这种情况下，谈判员开始长时间的疏导，企图自杀者似乎想明白了，但在谈判员试图稍微接近他的时候，他突然跳了下去，幸亏地面措施得当，避免了自杀者的死亡，但是很显然，谈判失败了。谈判员在事后总结自己的失败时回忆道，在谈判过程中，他察觉到了企图自杀者流露出的绝望的表情，但由于过分专注于他的愤怒情绪，没有询问其心理感受，从而错过了稳定自杀者情绪的机会。

例："你看起来有些沮丧，能和我说说发生了什么事吗？"
"听起来你很紧张，能告诉我出了什么事情吗？"

（4）总结。总结是谈判员把所有感受到的信息用自己的语言表达出来，以确认是否与对方的意思及情绪体验相符。总结是反映、解释和确认情绪的综合运用，当谈判进行了一段时间后，一个话题基本可以结束了，谈判员可以总结一下，确认自己的理解是否准确，同时引导

对方继续进行下一话题,这是谈判员对谈判过程引导作用的体现。

例:"你看看我有没有听明白你的话:你是因为公司破产了,而在这时候你的妻子也带着孩子离开了你,所以你才这样沮丧的,对吗?"

以上是危机谈判中"积极聆听"的技巧。

当今世界,反恐形势依然严峻,民航界的反恐需要每一位民航人严阵以待、积极参与。由于反恐问题的政治敏感性,很多内容不便公开探讨,希望以上内容能对未来的民航人及热爱民航的人们有所帮助。

考 考 你

1. 航班延误时旅客的心理有哪些变化?
2. 乘务人员在航班延误后要注意哪些沟通技巧?
3. 乘务人员应如何应对机上一般犯罪?
4. 危机谈判中积极聆听的技巧有哪些?

第十二章

客舱服务中冲突与投诉的处理

● 第一节　客舱服务中冲突的产生与化解
● 第二节　客舱服务中的投诉及应对

飞机落地前,一名旅客将自己的眼镜随手放在了旁边的座位上,当飞机落地刹车时,由于飞机制动冲力,眼镜滑下了座椅,从第20排滑到了第14排,一个镜片破碎。旅客认为飞机刹车过猛,导致其眼镜落地受损,要求航空公司赔偿其损失。

这位旅客在飞机上财物受损,要求赔偿,合理吗?乘务人员应如何应对此类情况呢?

尽管航空公司和工作人员想尽办法为旅客提供满意的服务,但对旅客来说,并非每一次航程都是愉快的,冲突与投诉在所难免。如果把投诉看作是旅客给予我们的改进的机会,那么快速、圆满地解决投诉,反而能够赢得旅客更多的信任。

第一节 客舱服务中冲突的产生与化解

一、客舱服务中冲突产生的原因

客舱服务中产生冲突的原因很多,主要有以下几个方面。

1. 乘务人员服务质量不到位

在一个航班上,一位乘务员不小心将饮料洒落到旅客的衣服上,尽管乘务员非常诚恳地道了歉,并主动要求帮助旅客清理干净,但旅客仍然非常生气:"我刚花2万买的外套,就被你弄成这样了!"乘务员鞠躬道歉:"实在对不起,我帮您清洗吹干,您若实在不满意,我赔偿给您。"听到这儿,旅客心软了,说"算了吧,你帮我洗干净吧。"至此,冲突总算化解了。乘务员在服务过程中,要尽量避免不必要的失误,时刻关注细节,否则,难免发生这种不愉快的冲突。

2. 航班不正常导致冲突发生

航班延误时,旅客的情绪容易不稳定,容易提出"非分"的要求,甚至作出一些出格的事情,引发冲突。

案例分析

"我在,门就在!"

某航班由于航空管制原因,迟迟不能起飞,旅客在闷热的客舱里待了很长时间。

这时,坐在紧急出口旁的一名男性年轻旅客突然按响呼唤铃,把乘务员叫过去,大声嚷道:"再不起飞,我就把这个门打开,从这里跳下去了。"乘务长赶紧过来,对年轻乘务员说:"麻烦给这位先生倒杯冰水吧,这个门的重要性,这位大哥可清楚了,因为他坐飞机的次数可能比你飞的次数还要多呢!是吧,大哥?""大姐,你可别这样叫我,我应该比你小。"乘务长微微一笑,"您比我小,可我没办法啊,如果你把这个门打开,我就得丢掉工作,像我这个年龄再找工作,您知道有多难吗?所以,为了不失业,我必须得叫您一声大哥。大哥,就请帮我一个忙把这个门看管好,可以吗?"周围旅客听了都哈哈大笑起来,小伙子也有些不好意思了,后来,小伙子拍着胸脯说:"大姐,您放心,我在,门就在,即使我不在,门一定还在!"

分析与讨论: 乘务长用了哪些技巧化解了当时紧张的气氛?

3. 乘务员与旅客沟通失败

客舱是封闭的,但并不是静止的,来来往往的旅客,尽管借助飞机这个交通工具到达的目的地可能是一样的,但每个旅客都有自己的个性和生活背景。在双方的沟通中,由于语言、文化背景、地域以及认知等方面的不同,沟通上难免出现障碍,进而发生误会。

一次机上送餐中,乘务员向旅客介绍:"我们有排骨和鱼,您吃什么?"答:"排骨。"乘务员将红烧排骨给了旅客,旅客生气地说:"我从来不吃红烧的,我要排骨汤!"乘务员没有意识到旅客的地域和文化背景,想当然地认为顾客要的排骨就是红烧排骨,如果事先能对旅客说明排骨的具体做法,就会避免不必要的误会。

二、客舱服务中乘务员与旅客冲突的化解

冲突的发生不仅使冲突双方感到非常不愉快,也破坏着航空公司的企业形象,那么,如何避免冲突的发生呢?

1. 提升乘务员的应变能力,预防冲突发生

应变能力,是指在有压力的情境下思考、解决问题,并能迅速而灵活地处理问题的能力。在空中服务过程中,旅客们会提出各种要求,乘务人员除了具备充足的专业知识和技能外,还需要培养自己眼观六路、耳听八方的服务习惯,充分培养自己视觉上、听觉上的感官能力,运用"望、闻、问、切",提升服务意识,只有在及时发现问题的情况下,才有可能迅速地解决问题。

2. 加强不正常航班后的客舱服务

在航班不正常的情况下,客舱服务是非常困难的,旅客情绪不稳定,产生了新的需求,而且容易把不满发泄在乘务人员身上。乘务人员要充分了解旅客心理特点,采取相应的解决对策,比如及时满足旅客的餐饮需要,不断地安抚旅客,耐心倾听旅客的抱怨,帮助解决后续航班的安排等。

案例阅读

2008年4月7日18:35,约有300多名旅客准备搭乘某航空公司的航班回深圳,没想到飞机滑进跑道后,机长突然表示忘带安全箱,飞机退回停机坪。等待1个多小时后,飞机再次滑向跑道,就在准备起飞时,机长又称飞机刹车有问题,飞机又滑回停机坪。旅客在飞机上苦苦等待4个半小时,没人理会。一直到4月8日凌晨1时许,广播通知可以起飞,但刚进入跑道,又说故障没有修好。凌晨4时许,300多名旅客在工作人员的安排下住进招待所。凌晨5时许,300多名旅客接到通知赶到机场,结果又被

> 告知飞机没有修好，还要继续等待。很多旅客只好选择改签其他航空公司的航班，其中100多名旅客改签S航空公司航班。大家登机后，把一肚子怨气发到S航乘务员身上，但空姐们的脸上始终保持着真诚的微笑，并在广播中一遍一遍地道歉。最终，S航乘务组以其良好的职业修养和优质的服务感动了旅客。
>
> 在该案例中，由于在前一航班受了气，旅客将怨气撒向无辜的人。如果没有良好的职业道德和服务意识，乘务人员怎么能做到始终保持微笑，时时让旅客如沐春风呢？对于旅客的怨气，S航乘务员非常明白：旅客之所以有怨言，是因为在别家航空公司受了委屈。正是了解了旅客的心理，S航乘务人员才能作出正确的行为选择，赢得了旅客的理解。

3. 提高旅客对航空服务的认识

良好的客舱秩序和高效的服务只靠乘务人员单方面的努力是无法完成的，旅客的配合也至关重要。由于个人修养及认识上的误区，个别旅客，特别是有些财大气粗的旅客，认为自己花了很多机票钱，乘务员就该无条件地满足自己的要求，稍有不满就挑衅闹事，投诉乘务员。航空公司有责任向公众普及飞行知识，帮助旅客对航空服务形成积极、客观的认识，社会媒体也有责任全面地报道各类航空事件，包括向公众普及航空法规及安全知识，不应片面报道旅客与航空公司的负面冲突，使公众产生负面的"心理暗示"。

4. 用法律与制度保障正常的服务秩序

航空公司可以利用旅客黑名单制度，行为恶劣的旅客一旦上了黑名单，就不再能够享受该航空公司的服务。航空公司之间也可以共享旅客黑名单，这样的话，如果一位旅客上了某家航空公司的黑名单，他/她就有可能无法乘坐飞机出行，这会对旅客的无理、滋事行为起到一定的威慑作用。

对于涉嫌违反航空法或者危及航空安全的冲突行为，机组人员应果断采取措施，首先确保飞行安全，同时请求地面司法机构协助处置。

总之，冲突事件发生时，乘务人员要以良好的职业修养和熟练的沟通技巧来化解矛盾，只要处理得当，使双方达成谅解，反而能够体现航空公司高超的服务水准。

❤心理测试   **人际冲突处理能力自测**

按照自己的实际情况，选择A、B、C、D四个选项。测试完毕后，反省一下你有哪些需要提高的地方。

1. 如果你被人误解干了某件不好的事情，你将怎么办？
   A. 找他们对质，指责他们
   B. 同样捏造莫须有的事加在对方头上
   C. 置之一笑，不去理睬
   D. 要求老师调查，弄清事实真相

2. 要是你与同学产生了矛盾，关系紧张起来，你将怎么办？
   A. 他不理我，我也不理他，他若主动招呼我，我也招呼他

B. 请别人帮助,调节我们的紧张关系

C. 从此不再搭理他,并设法报复他

D. 将主动接近对方,争取消除矛盾

3. 如果你的父母之间关系紧张,你将怎么办?

A. 谁厉害倒向谁一边

B. 采取不介入的态度,不得罪任何人

C. 谁正确就站在谁一边

D. 努力调解两人之间的关系

4. 如果有一天需要你去处理某件事,可能结果会得罪你的两个好朋友,你将怎么办?

A. 向他们两个说明这件事的性质,想办法取得他们的谅解,再处理这件事情

B. 瞒住他们,悄悄把这件事情做完

C. 事先不告诉他们,事后再告诉得罪的一方

D. 为了不得罪他们两个,宁可不顾当时的情况,而不去做这件事

5. 如果你的朋友和你发生了严重的意见分歧,你将怎么办?

A. 暂时避开这个问题,以后再说

B. 请与我们都亲近的第三者解决谁是谁非

C. 为了友谊,迁就对方,放弃自己的观点

D. 下决心中断我们之间的朋友关系

6. 当别人嫉妒你所取得的成就时,你将怎么办?

A. 以后再也不"冒尖"了

B. 走自己的路,不管别人对我持什么态度

C. 同这些嫉妒者争吵,以保护自己的名誉

D. 一如既往地学习和工作,但同时反省自己的行为

7. 如果你的父母老是为一些小事争吵不休,你将准备怎么办?

A. 根据自己的判断,支持其中正确的一方

B. 尽量少回家,眼不见为净

C. 设法阻止他们争吵

D. 威胁他们,如果再争吵就不认他们为父母了

8. 如果你的好朋友虚荣心太强使你很看不惯,你将怎么办?

A. 检查一下对方的虚荣心是否与自己有关

B. 利用各种机会劝导他

C. 听之任之随他怎么做,以保持良好的关系

D. 只要他有追求虚荣心的表现,就和他争吵

9. 如果你对某一问题的正确看法被老师否定了,你将怎么办?

A. 向学校领导反映,争取他们的支持

B. 学习、工作消极,以发泄自己的不满

C. 一如既往地认真学习、工作,找恰当机会与老师沟通

D.同老师争吵

10.如果你和朋友在假日活动安排上很不一致,你准备怎么办?
　　A.双方意见都不采纳,另外商量双方都不反对的意见
　　B.放弃自己的意见接受朋友的主张
　　C.与朋友争论,迫使朋友接受自己的意见
　　D.到时自己单独活动,不和朋友在一起度假了

"人际冲突能力自测"计分标准:

题号	1	2	3	4	5	6	7	8	9	10
A	1	1	0	3	3	0	1	2	2	2
B	0	2	1	1	2	2	0	3	1	3
C	3	0	2	2	1	1	3	0	3	0
D	2	3	3	0	0	3	2	1	0	1

你的分数是:

结果解释:

0～6分:表明你处理人际冲突的能力很弱。

7～12分:表明你处理人际冲突的能力较弱。

13～18分:表明你处理人际冲突的能力一般。

19～24分:表明你处理人际冲突的能力较强。

反省与提升:你对自己处理冲突的能力满意吗?你打算从哪些方面提升自己这方面的能力?

第二节
客舱服务中的投诉及应对

旅客投诉的根本原因是没有得到预期服务。投诉是旅客维护权益的一种行为,重视旅客投诉,把投诉看作旅客对民航服务质量的监督,才能虚心听取旅客建议,不断完善服务质量。

一、客舱服务中投诉产生的原因

旅客敢于投诉,是自我保护意识觉醒的一种体现。旅客通过合法的途径进行投诉,既是为自己,也是为所有消费者寻求利益保护。

旅客投诉的原因多种多样,有的对飞机设施、洗手间及食具等卫生不满意,有的因食品不洁或口味不佳,也有的对服务质量不满意,如认为乘务人员态度冷淡、语言粗鲁、答复或行

为不负责任、业务不熟练等。此外,飞机延误、中途着陆等给旅客造成不便,也是引起投诉的重要原因。

旅客投诉的深层心理动机主要有以下三种。一是宣泄心理,旅客对服务不满意时,情绪上很不愉快,甚至非常愤怒,通过投诉来发泄怒气,寻求心理平衡。二是希望获得尊重,当旅客认为自己没有受到应有的尊重时,心有不平,不吐不快,因而选择投诉。三是希望获得赔偿,当民航服务没有达到旅客的心理预期,并造成物质或精神上不同程度的伤害时,许多旅客会利用投诉这一渠道来寻求相应的补偿。

案例分析

"某航班,登机时乘务员的态度就很不好,服务时连个笑脸都没有也就算了,回答问题时不耐烦也算了,最后让我投诉她的原因是:到下机时,我们坐在座位上,打算等所有旅客都下了我们再下。结果,一个老奶奶拄着拐杖走在过道里,我们在那儿等着,那个空姐喊了句:'你们先走,她走得慢得很!'表情很不耐烦!"

该案例中,引起旅客投诉的原因是乘务员的服务质量问题:待人接物不热情、回答问题不耐烦、没有主动关心需要帮助的弱势群体,如老人、儿童,所以遭到投诉。

二、如何应对旅客投诉

旅客提出投诉表明他们仍然相信服务差错是可以改正或弥补的,所以,处理投诉要公正、及时、有效,努力做到合法、合理、合情,要尽量给旅客一个满意的交代。

投诉应对是一件复杂的事情,要根据事实,依法依规确定责任,然后再确定处理方案。以本章开头案例为例,旅客的眼镜在行程中损坏了,旅客要求航空公司赔偿,工作人员应如何处理呢?首先,确认事实。确认眼镜是如何损坏的,是谁的责任。经过与旅客交谈,旅客确认自己把眼镜放在旁边座椅上,没有采取必要的保管措施。其次,确定处理方案。在这个案例中,由于眼镜损坏是旅客保管不善造成的,所以航空公司不需要承担赔偿责任。旅客很不服气,还是强调刹车过猛导致了眼镜损坏的结果,工作人员表示遗憾的同时,耐心地向旅客解释在飞行过程中何种情况下物品损坏时航空公司会承担赔偿责任,比如如果当时眼镜是正常佩戴着或被放置于密闭空间,损坏后或可获得赔偿。工作人员运用列举法、假设法耐心地解释,使旅客相信其解释并非推诿,而是基于对事实的判断。最后该旅客虽然对不能获得赔偿感到不快,但还是接受了处理结果。

那么,乘务人员在接到投诉后的应对流程是怎样的呢?投诉应对流程如图12-1所示。

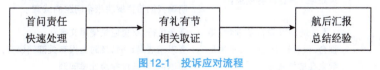

图12-1 投诉应对流程

1. 首问责任，快速受理

第一个接收到投诉的乘务员可被认定为首问责任人，不论投诉内容是否是该乘务员职责范围内的事，该乘务员都要给旅客一个满意的答复。接到投诉时，乘务员应耐心倾听、虚心接受、真诚道歉，并及时向乘务长汇报。如果有必要，乘务长要与旅客进行充分沟通，按实际情况，在第一时间采取补救措施，取得旅客谅解。如果旅客需要回复或进一步处理，乘务长可根据旅客要求，选择合适的处理方式，尽量让旅客满意。

2. 有礼有节，做好取证工作

在处理旅客投诉过程中，有时遇到双方对事实认定存在差异的情况，乘务员应在避免激化矛盾的前提下，尽可能做好相关取证工作，以配合投诉受理部门依据事实进行投诉处理。取证工作一般包括：如实记录事情的发生过程；以书面、录音、录像等形式获取其他旅客对该事件经过的描述，并留下证人旅客的个人信息、联系方式，同时要注意对证人旅客的隐私进行保护。

3. 航后汇报，总结经验

航班结束后，乘务长要做好对投诉事件的书面汇报工作，内容包括事件经过、已采取的处置措施、旅客反馈、相关旅客信息及经验教训的总结等。如有"旅客意见卡"，也应在航后第一时间交给投诉受理部门。

投诉受理部门应及时按照法律法规规律快速、合理地处理好旅客的投诉，并及时统计和分析旅客的投诉，尤其要分析投诉原因和类别。经过周密的调查研究，如果可以确定责任人，航空公司应按照公司制度对其进行惩罚；涉及制度漏洞的，应查缺补漏、完善制度，或改善服务流程；找出被投诉最多的部门及个人，进行调整、培训。投诉内容、处理经过和旅客意见，要及时反馈和通报，以便相关部门进行改进和完善。应建立、补充旅客投诉档案，将典型投诉案例编写成案例手册，用来丰富培训资料，以便进一步提升乘务人员的服务质量。

延伸阅读 接待不同类型旅客时的服务原则

旅客类型	旅客特点	服务原则
感情用事者	情绪激动，或哭或闹	保持镇定，适当让旅客发泄； 表示理解，尽力安抚，告诉旅客一定会有解决方案； 注意语气，谦和但有原则
固执己见者	坚持自己的意见，不听劝	先表示理解旅客，力劝旅客站在互相理解的角度解决问题； 耐心劝说，根据产品的特性解释所提供的处理方案
有备而来者	一定要达到目的，甚至会记录处理人谈话内容或录音	处理人一定要清楚公司的服务政策及行业有关规定； 充分运用政策及技巧，语调充满自信； 明确我们希望解决旅客问题的诚意
有社会背景、宣传能力者	通常是某重要行业领导，电视台、报社记者，律师，不满足要求会实施曝光	谨言慎行，尽量避免使用文字； 要求无法满足时，及时上报有关部门研究； 要迅速、高效地解决此类问题

拓展与练习

设计一个投诉案例,三人一组,一个扮演投诉者,一个扮演乘务人员,一个扮演观察者,按照"接待不同类型旅客时的服务原则",进行排练、演出。演出后,进行分享、讨论。

考考你

1. 客舱服务中乘务员与旅客发生冲突时,该如何化解?
2. 客舱服务中乘务员该如何应对旅客投诉?

参考文献

[1] 崔丽娟,才源源.社会心理学[M].上海:华东师范大学出版社,2013.
[2] 戴晓阳.常用心理评估量表手册[M].北京:人民军医出版社,2012.
[3] Elliot Aronson,Timothy D.Wilson,Robin M.Akert.社会心理学[M].侯玉波译.北京:中国轻工业出版社,2007.
[4] 理查德·格里格,菲利普·津巴多.心理学与生活[M].王垒,王苏译.北京:人民邮电出版社,2003.
[5] David R.Shaffer.发展心理学——儿童与青少年[M].6版.邹泓,等译.北京:中国轻工业出版社,2005.
[6] Dennis Coon, John O. Mitterer.心理学导论——思想与行为的认识之路[M].郑钢,等译.北京:中国轻工业出版社,2014.
[7] 时勘.心理健康教育[M].北京:外语教学与研究出版社,2014.
[8] 郑雪.社会心理学[M].广州:暨南大学出版社,2013.
[9] 乐国安.社会心理学[M].北京:中国人民大学出版社,2013.
[10] 张澜.民航服务心理与实务[M].北京:旅游教育出版社,2007.
[11] 于海波.民航服务心理学教程[M].北京:中国民航出版社,2008.
[12] 向莉,周科慧.民航服务心理学[M].北京:国防工业出版社,2009.
[13] 刘永俊,陈淑君.民航危机管理[M].北京:清华大学出版社,2011.
[14] 韩瑛.民航客舱服务与管理[M].北京:化学工业出版社,2012.
[15] 贾丽娟.客舱服务技能与训练[M].北京:旅客教育出版社,2015.
[16] 陈淑君.什么是服务[M].重庆:重庆大学出版社,2016.
[17] ＣＨ肯尼迪,ＥＡ左尔莫.军事心理学:临床与作战中的应用[M].上海:华东师范大学出版社,2008.
[18] 戴维·迈尔斯[美].社会心理学[M].北京:人民邮电出版社,2006.
[19] 罗大华.犯罪心理学[M].北京:中国政法大学出版社,2007.
[20] 汪向东,王希林,马弘.心理卫生评定量表手册[J].中国心理卫生杂志,1999.
[21] 王大伟,张榕榕.欧美危机警务谈判[M].北京:中国人民公安大学出版社,2006.
[22] 赵然.员工帮助计划:EAP咨询师手册[M].北京:科学出版社,2010.

[23] 顾胜勤,马广玲,庞美云.民航旅客服务心理学[M].北京:北京理工大学出版社,2005.
[24] 全国十三所高等院校编写组.社会心理学[M].天津:南开大学出版社,2008.
[25] 沙莲香.社会心理学[M].北京:中国人民大学出版社,2011.
[26] 卢小英.民航服务心理学[M].北京:民航出版社,2002.
[27] 海姆·G 吉诺特.孩子把你的手给我[M].张雪兰,译.北京:京华出版社,2006.
[28] 刘金花.婴幼儿心理教育[M].上海:上海科学技术出版社,2003.
[29] 赵影,钟小东.正确处理乘务员与旅客的关系,提高客舱服务质量[J].空运商务,2007(6):11-13.
[30] 张鑫.飞机客舱服务中乘客投诉原因及对策[J].中国商界,2010(2).
[31] 范莹."以人为本",打造安全客舱[J].中国民用航空,2008(5):21-23.
[32] 王璐.客舱部安全隐患消除之我见[J].空运商务,2009(10):8-10.
[33] 肖芸,张国军.客舱安全文化初探[J].交通企业管理,2010(10):65-66.
[34] 陈南,毛瑛.航班延误航空公司补救措施提升研究[J].现代商贸工业,2019(30):46-47.
[35] 张晓玉,章昊灵.航班延误引发的乘客心理问题与服务策略探析[J].成都航空职业技术学院学报,2019(2):67-71.
[36] 赵文静.空中乘务员心理健康状态调查及影响因素分析[J].中国卫生产业,2015(17):129-130.
[37] 邵荃,吴抗抗,周航.基于人群聚集特征分析的航站楼群体性事件预警研究[J].科学技术与工程,2012(33):8961-8966.
[38] 陈淑君.如何服务"特殊"旅客[J].中国民航报,2019.